年表纪事：
从远古到鸦片战争

墨白 编著

中国商业出版社

图书在版编目（CIP）数据

年表纪事：从远古到鸦片战争 / 墨白编著．—北京：中国商业出版社，2019.4

ISBN 978-7-5208-0697-8

Ⅰ．①年… Ⅱ．①墨… Ⅲ．①中国历史－古代史－通俗读物 Ⅳ．① K220.9

中国版本图书馆 CIP 数据核字 (2019) 第 037580 号

责任编辑：武维胜

中国商业出版社出版发行
010-63180647 www.c-cbook.com
(100053 北京广安门内报国寺 1 号)
新华书店经销
三河市华润印刷有限公司印刷
*
710 毫米 ×1000 毫米　16 开　19 印张　290 千字
2019 年 4 月第 1 版　2020 年 5 月第 2 次印刷
定价：49.80 元
* * *
（如有印装质量问题可更换）

前言

在中国这片古老而神奇的土地上，自元谋人、北京人、蓝田人、山顶洞人等相继出现，史前文明也随之出现。根据达尔文的进化论，我们的原始先祖在与自然抗争的同时也在改造自己，随着他们自身的进化，原始先祖们进一步发展，逐渐出现了大地湾文化、裴李岗文化、龙山文化、河姆渡文化、仰韶文化等。这些文化的发现，是古老文明的最直接的证据，说明我国是世界上人类文明的主要发祥地之一。

文明的出现，让远古先祖们更进一步认识自己，继而进入传说时代，这一时期炎帝、黄帝登上历史的舞台，他们是原始部落的首领，领导子民们种植五谷，驯养牲畜。特别是黄帝，在位期间播百谷草木，大力发展生产，始制衣冠、建舟车、制音律、创医学等。黄帝被尊奉为华夏民族的祖先，这就是把中华民族称为炎黄子孙的由来。炎黄以后，在黄河流域的部落联盟中，先后出现三个杰出的首领，他们分别是尧、舜、禹。当时，部落联盟规定，谁德才兼备就推举谁为联盟首领，尧是第一任首领。尧老了以后，舜成为第二任首领；舜老了以后，禹因治水有功成为第三任首领。这就是历史上有名的"禅让"。

禹当上部落联盟的首领后，会合诸侯，将中国分为九州，定贡赋的制度。特别要指出的是，贡赋的出现，标志着私有化已经形成，也是改变"禅让"制度的主要因素之一，大禹死了以后，他的儿子启自立为王，建立夏朝，"禅让"制度彻底遭到破坏。从此以后，王位传子不传贤的世袭制开始，"家天下"由此登上历史的舞台。夏朝的建立，标志着中国进入奴隶社会，贵族、奴隶主主导着社会的发展，奴隶是他们的私有财物，可以随意奴役、买卖等。中国的奴隶社会主要经历夏、商、周三个朝代，其间除了社会不断进步外，青铜文化得到空前的发展。

秦王政统一中国后，认为自己"德兼三皇，功过五帝"，因此自号为"始皇帝"。秦始皇结束分封制，实行中央集权制，设置"三公"以为辅佐，分别是丞相负责国家行政，御史大夫负责监察事务，太尉负责军事管理。秦朝虽是一个短命的王朝，却有着重要的历史意义。秦朝灭亡后，汉、魏晋南北朝、隋、唐、五代十国、宋、元、明、清依次出现。第一次鸦片战争标志着中国进入近代社会，孙中山领导的辛亥革命彻底推翻了封建王朝，中国进入新的历史时期。

其实，我们对中国历史的了解，基本上集中在中学和大学期间。面对浩如烟海的史学，如何去深度认识它，许多读者没少犯难。这本《年表纪事：从远古到鸦片战争》以时间为线，将上自远古下至鸦片战争，通过表格的形式向读者展示了各个历史时期的不同特点和历史大事。

本书结构严谨、资料翔实、篇幅精短，读之一目了然，让读者在阅读过程中不再为长篇累牍所苦恼，又能汲取精华、诱人深思，同时还能准确无误地将中国历史完整梳理一遍。本书既增长了知识，又增加了人生的厚度，不愧是一本引人入胜、精彩纷呈的历史书。

目录

第一章 原始社会至五帝时期

北京猿人：中国人的远古祖先 / 002
女娲造人与补天：美丽的传说实则是母系氏族社会 / 003
河姆渡文化：长江流域上的史前明珠 / 004
仰韶文化：中国古老文明的摇篮 / 006
涿鹿鏖兵：中国历史上第一次充满传奇色彩的大战 / 007
尧舜"禅让"：原始公社的民主制度 / 008

第二章 夏商西周

从禅让到家天下：中国历史第一个王朝建立 / 012
太康失国：夏王朝内部发生的内讧 / 013
少康中兴：开创夏朝由"治"到"盛"的局面 / 014
姒履癸亡夏：第一个奴隶社会宣告结束 / 015
伊尹流放太甲：中国历史上出现的第一贤相 / 016
盘庚迁都：在商代历史上有着重要的意义 / 018
武丁：开创商朝的鼎盛时代 / 019

商纣王荒淫亡国：历史的教训再次重演 / 020
周天子分封天下：分封制由此建立 / 021
管蔡之乱：周朝初年的政治危机 / 023
宗法制：贯穿整个中国封建王朝史 / 023
昭王南征：一次失败的伐楚军事行动 / 025
"国人暴动"引发"共和"行政：确切历史纪年的开始 / 027
宣王中兴：改革带来的辉煌 / 028
烽火戏诸侯：最终导致西周灭亡 / 029

第三章　春秋战国

周平王率众东迁：都于雒邑的东周时期开始了 / 034
掘地见母：孝道从来不会缺席 / 034
九合诸侯：春秋时期第一个霸主出现 / 036
宋襄公的仁义之战：仁义需要变通 / 040
晋文公退避三舍：知恩图报的最佳诠释 / 041
楚庄王霸气回应：不鸣则已，一鸣惊人 / 042
齐景公问政：对百姓一定要施行恩惠 / 043
伍子胥鞭尸：时机一到，有仇必报 / 045
百家争鸣：中国思想史上的"黄金时代" / 046
勾践卧薪尝胆：苦难是对意志的最佳磨炼 / 048
角逐与兼并：封建制时代开始的标志 / 049
商鞅变法：为秦国成就霸业奠定基石 / 051
围魏救赵：逆向思维取得神奇效果 / 053
孙膑减灶：中国战争史上设伏歼敌的著名战例 / 054
合纵连横：纵横家巧舌摆布下的战国 / 055
《诗经》和《离骚》：中国诗歌文学的两大源头 / 056
胡服骑射：让赵国在豪强中一跃而起 / 057
秦赵渑池相会：蔺相如不卑不亢保住赵王颜面 / 059

长平之战：赵国距离灭亡仅差一步 / 061
嬴政亲政：始皇真正开启秦帝国之路 / 063
荆轲刺秦王：燕国灭亡的导火线 / 065

第四章　秦汉

统一六国：秦帝国体制的建立 / 068
统一文字、货币和度量衡：国家制定同一标准 / 069
焚书坑儒：人类文明史上的一场浩劫 / 070
帝国的危机：秦始皇病死沙丘 / 072
楚汉相争：楚河汉界，中分天下 / 073
楚歌四起：刘邦建立西汉王朝 / 075
狡兔死，良狗烹：战神韩信之死 / 076
吕后称制：开太后临朝听政之先河 / 077
违背先帝誓约：吕后大肆封吕姓为王 / 079
缇萦救父：汉文帝废除肉刑 / 080
平七国之乱：清除西汉诸侯王的威胁 / 082
张骞出使西域：为汉武帝征服匈奴奠定基础 / 084
剑指匈奴：汉武帝的雄心前所未有 / 087
一代史家司马迁：成就中国历史上第一部纪传体通史 / 089
巫蛊之祸：汉武帝的确很糊涂 / 091
苏武牧羊：永不失节的汉王朝子民 / 092
昭君出塞：一位被画丑了的绝代美女 / 094
王莽篡汉：外戚专权的必然结果 / 097
绿林、赤眉起义：吹响恢复汉室江山的集结号 / 098
王之基业：光武帝刘秀建立东汉 / 100
察举制：士族把持地方的开始 / 102
天笙取经，白马寺传道：佛教传入中国 / 103
班超定西域：个人英推主义的光辉一页 / 105

窦宪勒石燕然山：汉出击匈奴造成的连锁反应 / 106
蔡侯纸：造纸术的突破，对文明的作用不可估量 / 108
汉朝的地球科学家张衡：精准的候风地动仪 / 109
宦官、外戚卖官鬻爵：东汉末年的黑暗政治 / 110
两次"党锢之祸"：东汉朝廷的贤臣几乎被迫害一空 / 112
黄巾之乱：乱世即将到来 / 114

第五章 三国两晋南北朝

挟天子以令诸侯：曹操在乱世中拔得头筹 / 118
官渡之战：曹操称霸北方的重要战役 / 119
赤壁之战：三国鼎立的关键战役 / 121
刘备称帝：皇叔在成都恢复汉室 / 123
白帝托孤：刘备把遗愿交给最信任的人 / 124
鞠躬尽瘁，死而后已：诸葛亮六出祁山 / 125
高平陵事变：司马氏集团获得实权 / 127
姜维北伐：蜀汉做最后的挣扎 / 129
魏伐蜀：蜀汉政权灭亡 / 130
司马氏夺权：西晋走上历史舞台 / 132
八王之乱：七个王因掌权的野心被杀 / 134
永嘉之乱：直接导致西晋灭亡 / 135
王马共天下：东晋的开端有点意思 / 137
桓温北伐：南方对北方的军事劣势 / 139
淝水之战：东晋与五胡的关键战役 / 141
淝水之战的影响：北方陷入更大的混乱之中 / 143
刘裕灭东晋：建立南朝宋国 / 144
宫廷争斗：九任皇帝六个是暴君 / 146
范缜发表《神灭论》：鬼神是不存在的 / 149
鲜卑族开创北朝：北魏与南朝的对峙 / 151

花木兰替父从军：巾帼英雄千古流传 / 153
北魏孝文帝改革：游牧民族对文明的追求 / 155
北魏内乱：高欢获得权力 / 157
周武帝释奴废佛：乱世中难得一颗慈悲心肠 / 158

第六章 隋唐五代十国

外戚夺权：杨坚受禅建隋 / 162
建立科举制度：彻底打破世袭关系和世族垄断 / 163
开凿运河：隋炀帝为了自己的享乐 / 164
三征高丽：隋朝元气大伤 / 166
李渊起兵：在隋末的群雄竞争中脱颖而出 / 167
玄武门之变：为争皇位，兄弟相残 / 169
贞观之治：唐朝的第一个太平盛世 / 171
武则天兴起：唐高宗废立皇后 / 172
"二圣"理政：取代李唐王朝仅差一小步 / 174
武则天称帝：一代女皇走上历史前台 / 176
政归李唐：武则天做出正确抉择 / 177
开元之治：唐朝的第二个太平盛世 / 178
诗仙李白：伟大的浪漫主义诗人 / 180
安史之乱：大唐盛世从此一去不复返 / 181
藩镇割据：节度使扩大自己的力量 / 183
牛党与李党：宦官与藩镇夹缝中的朋党之争 / 185
黄巢起义：昔日的大唐帝国岌岌可危 / 188
朱温废掉哀帝：唐王朝退出历史的舞台 / 190
后梁与后唐争霸：中国进入五代十国的纷乱时期 / 192
从后唐到后晋：石敬瑭的兴起 / 193
从后晋到后汉：被契丹操纵命运的后晋 / 195
周世宗改革：为北宋统一奠定基础 / 196

第七章 宋、辽、西夏、金

杯酒释兵权:宋太祖加强中央集权 / 200

烛影斧声:一桩发生在宫廷内的悬案 / 201

高梁河之战:辽宋关系的重要转折点 / 203

君子馆之战:宋军河北防线遭到重创 / 204

屈辱的"澶渊之盟":一种地缘政治的产物 / 205

张咏教宰相:寇准恍然大悟 / 207

党项族、李元昊和西夏:兴起于西北的少数民族政权 / 209

庆历新政:范仲淹完美士大夫的代表 / 210

狄青征战西夏:宋王朝重文轻武的缩影 / 211

王安石变法(上):君臣达成共识 / 213

王安石变法(下):遭权贵反对,新法黯然废除 / 214

苏轼三抄《汉书》:伟大文学家精于学问 / 216

海上之盟:原来是一场死亡之吻 / 217

靖康之难:北宋灭亡的标志 / 219

岳飞抗金:靖康耻,犹未雪 / 221

朱熹:一代理学大师 / 223

开禧北伐:宋、金订立嘉定和议 / 224

蒙古攻克燕京:迅速灭亡的金政权 / 226

文天祥:留取丹心照汗青 / 227

第八章 元朝

一代天骄成吉思汗:铁骑上奠定大元政权 / 232

四大汗国的建立:史上疆域最大的帝国 / 234

马可·波罗游中国:17年成就《马可·波罗行纪》/ 236

行省制度:地方政治渐入划省而治阶段 / 237

混乱中的帝国：兄终弟及的混乱 / 238
天历之变：两个短命的皇帝 / 240
四等人制度：元朝的民族政策 / 241
红巾军起义：石人一只眼，挑动黄河天下反 / 243
朱元璋扫平群雄（上）：高筑墙、广积粮、缓称王 / 244
朱元璋扫平群雄（下）：从乞丐到皇帝 / 246

第九章　明朝

废除相权：朱元璋强化君主专权 / 250
洪武施政：重本抑末，寓兵于农 / 251
皇明祖训：明朝皇帝的家法 / 253
靖难之役：骨肉相残，朱棣登上皇位 / 254
郑和下西洋：四海扬威，八方来贡 / 255
土木堡之变：明英宗与王太监不拿国家当回事 / 256
夺门之变：皇室内部的争夺和变乱 / 258
心学王阳明：从格物竹林到龙场悟道 / 259
倭寇袭扰东南：民族英雄戚继光抗倭 / 261
万历新政：张居正的改革 / 263
利玛窦来华：远来的和尚念圣经 / 264
三大奇案：明末不受控制的党争 / 266
后金崛起：建号满洲，改革政权 / 267
大明王朝成为过去：李自成进北京，清廷却渔翁得利 / 269

第十章　清朝

顺治帝亲政：清算与调整 / 274
少年天子的风度：康熙亲政，诛灭鳌拜 / 275
雅克萨之战与《尼布楚条约》：中俄边境和平一百多年 / 277

康熙帝御驾亲征：平定噶尔丹叛乱 / 278

驱除准噶尔军：康熙两次派兵入藏 / 279

雍正帝勤政务实：对康乾盛世做出巨大贡献 / 280

十全老人：乾隆的文治武功 / 281

编纂《四库全书》：东方文化的金字塔 / 283

马戛尔尼来华：中国与世界的距离 / 284

和珅专权：史上第一贪官 / 285

鸦片战争（上）：战争前的国际与国内形势 / 286

鸦片战争（下）：清朝走向没落，近代史由此开始 / 287

第一章
原始社会至五帝时期

中国的原始社会，起自大约170万年前的元谋人，原始社会经历了原始人群和氏族公社两个时期。氏族公社又经历了母系氏族公社和父系氏族公社两个阶段。随着时间的推移，进入三皇五帝时期，这一时期，先祖们对自然与自我的认识得到长足的发展，是中华文明史中闪亮的一页。

北京猿人：中国人的远古祖先

北京周口店附近有一座龙骨山，山上有一个天然的山洞。1929年的一天，有个人进入这个山洞，偶然发现两颗类似牙齿的化石，后经相关人士鉴定，是古人类牙齿的化石。龙骨山的山洞里发现古人类化石的消息不胫而走，考古工作者进入该山洞，进行考古发掘，先后发掘出六块完整的头盖骨，152颗古人类牙齿以及十万件石器工具。

由于是在北京地区发现的，考古工作者们将他们定义为北京猿人，简称"北京人"。根据相关仪器检测，他们生活在距今78万~50万年之间。北京猿人不管是在体形上还是在脑容量方面都更接近现代人。其上肢骨和现代人的接近程度甚于下肢骨，这表明北京猿人的下肢在长期直立行走和辅助性劳动中日趋完善，上肢在长期的劳动中为适应日益复杂的动作而变得十分灵巧。

其实，无论是北京猿人，还是世界其他地方的早期人类，火的应用，是人类发展史上的一大进步。

距今约 单位：年	时代	大事件
170万	旧石器时代早期	元谋人，因发现地点在云南元谋县上那蚌村西北小山岗上，定名为"元谋直立人"。伴随元谋人牙齿出土的，还有17件石制品，经研究鉴别，属旧石器，其类型包括尖状器、刮削器和砍砸器。
115万~70万	旧石器时代早期	蓝田人即蓝田猿人，学名为"直立人蓝田亚种"，1964年发现于陕西省蓝田县公王岭，生活在旧石器时代早期。
78万~50万	旧石器时代中期	北京人生活在远古的北京周口店，属于直立人，会使用天然火，打制工具，人类第一次取得了支配一种自然力的能力。

女娲造人与补天：美丽的传说实则是母系氏族社会

盘古开天辟地以后，用尽了力量，倒地而死，四肢骨架变成山脉，全身毛发变成树林，血液变成河流，眼睛变成了湖泊，世界才基本成形。

后来，女娲来到这个世界上，看到这山川河流很美，但是没有生机，于是女娲用黄土捏成自己样子的小泥人，吹一口气，泥人便活了，成了真正的人类。后来泥人越来越多，女娲有些累了，便用一根草绳在黄土浆里一蘸，然后用力甩出去，那些泥土团也变成了人类。女娲又教给人们男女婚姻，使人类能够繁衍不息。

可是好景不长，过了没多久，只听一声巨响，西边支撑天的四根柱子之一突然倒塌了，西天倒下来。顿时，暴雨如瓢泼一般倾泻下来，人们根本控制不住。大地也开始剧烈地震动，终于有一天，大地也裂开了一道巨大的裂缝，从裂缝喷出了大火，到处蔓延，人们流离失所，苦不堪言。

女娲看见天地被弄得一团糟，自己创造的儿女们正在遭受苦难，心里非常难过。她决心把天空的黑洞补上，把儿女们从水深火热中拯救出来。于是她来到昆仑山上。亲手熔炼了五色石子，把苍天修补好，天空又变得和先前一样美好了，她又砍下大乌龟的四只脚，用来代替天柱，竖立在大地的四方，将天空支撑起来。她还把那兴风作浪的黑龙杀掉，使得中原的百姓得以安生；然后她又把芦苇烧成灰烬，堆积起来，用它阻挡住滔滔的洪水。

经过这一番辛苦的工作，苍天补好了，四极稳固了，洪水也退下去了，恶禽猛兽被诛灭了，中原一带的灾难平息了，善良的人民得到了拯救，又过上了无忧无虑的生活。

女娲的传说也向我们展现了一幅古代母系氏族社会生活的历史画卷。

在母系氏族社会里，男子担任渔猎作战等事务，而采集植物，看守住地、烧烤食品、缝制衣服、养老育幼等繁重的工作，都落在妇女肩上，妇女责无旁贷地成为氏族公社经济的顶梁柱，享有较大的权力；同时，母系氏族社会实行群婚制，"民知其母，不知其父"，因而妇女享有无与伦比的统治地位。

距今约 单位：年	时代	大事件
20万	旧石器时代中期	丁村早期智人，1953年发现于山西襄汾丁村，1954年以来共发现化石地点14处，石器地点11处，同时发现了人类化石，计门齿两颗、臼齿一颗，1976年又发现婴儿顶骨一件。
10万	旧石器时代中期	许家窑早期智人，出自山西阳高和河北阳原交界的许家窑村附近。化石有头骨碎片、上颌骨和牙齿约20件，脑容量估计比北京人大。
7万~3.5万	旧石器时代晚期	河套人生活在萨拉乌苏流域，考古学家在这一区域先后发掘了23件河套人化石，其中包括顶骨、额骨、枕骨、下颌骨、股骨等。
3万	旧石器时代晚期	山顶洞人。其遗址在今北京周口店龙骨山的洞穴上部，这些远古人类已经具有了明显的黄种人的体态特征。山顶洞人不仅会人工取火，而且能够制造骨针等工具。山顶洞人过着氏族公社的群居生活，处于母系氏族社会早期。
2万	旧石器时代晚期	人类处于中石器时代，这是旧石器时代向新石器时代过渡的阶段。石器制造开始向细化发展，制造方法大量采用间接打击方法和压削法。人类发明了弓箭，并学会了驯化狗。

河姆渡文化：长江流域上的史前明珠

1976年，在浙江省余姚县河姆渡发现了一种过去不曾知道的原始文化，它位处江南，同黄河流域的仰韶文化同样古老，可是文化风貌却大不一样，别具特色。

比如仰韶文化中的主要农作物是"粟",可这里种植的却是水稻,稻谷堆积很厚,初出土时,稻叶色泽如新,叶脉清晰可数,须根也完好无缺,颖壳表面的稃毛都还明晰可辨,经鉴定,属于人工栽培的籼稻。

古书上说,神农氏"制耒耜,教天下种五谷"。可是,几十年来在黄河流域发现的原始农具只有石斧、石铲、石镰等,从来未能确知耒耜为何物。

公元前 单位:年	时代	大事件
7000	新石器时代	农业出现,人类发明制造出了耒耜等农业生产工具,农业逐渐进入了耜耕阶段。
7000～6000	新石器时代	淮河上游稻作农业与渔业、畜牧业共同发展,这是同期栽培稻作的最北地区。 骨、陶、石上出现了契刻符号,可能与汉字的雏形有关。 这一时期出现了七孔骨笛。
5500～4800	新石器时代	磁山文化、裴李岗文化、李村文化皆属于华北早期新石器文化,同时也是仰韶文化的前身。
5000～4000	新石器时代	河姆渡文化。河姆渡文化遗址地处浙江省余姚市河姆渡村,主要分布在宁绍平原,是长江下游的新石器时代较早的代表。此时已经出现了定居农业,人类会纺织,会积存稻谷,还能够建筑大型木结构房屋、打造水井等。在手工技术方面,能够烧制黑陶和使用生漆。
4800～4300	新石器时代	半坡文化。半坡文化遗址地处陕西西安半坡村,是黄河流域新石器时代较早的代表,也是北方农耕文化的典型代表。半坡文化时期已经形成了较为发达的粟作农业。居民还会种植粟和蔬菜,会饲养猪、狗、鸡,兼营狩猎、捕鱼,制造红陶和彩陶器皿,还会制革、纺织、制造石器和骨器等。

欣喜的是这次河姆渡遗址发掘中出土了几百件骨耜，有的骨耜出土时，柄与耜结合地方的绳索捆缚痕迹还清楚可见。这是考古工作中的一项重大发现，对研究长江流域的原始经济与社会形成有着重大的意义。

中国的木构建筑技术，是富有民族特色和历史传统的。比如北京天坛公园中的祈年殿，偌大建筑，完全是榫卯结构，互相咬合，没有一根铁钉。北京故宫的角楼，更是奇丽多姿，巧夺天工。这种传统的营造术始萌于何时何地，一直是个不解之谜。在北方发现过许许多多的古老遗址，大都是木骨泥墙，有的还采用过整个屋壁以大火烧结的技术，却没发现有木构建筑的痕迹，这次在河姆渡遗址中找到了大型木构干阑式建筑。这种建筑使用几千根木构件横竖咬合而成，室内地板离开地面有一米多，板与板之间采用衔接技术，接口处不见通缝，7000年前已有如此巧妙的营造技术，真是难能可贵了。

河姆渡文化的成就，不但使考古学家和历史学家们赞叹不已，并使他们不得不重新考虑：中国古老文化的摇篮，并非只有一个黄河流域，长江流域也是中华民族文化的一个古老摇篮。

仰韶文化：中国古老文明的摇篮

1920年，在河南省西北部的渑池县仰韶村发现了一种原始文化。

遗址中出土了许多磨制的石斧、石镰，以及蚌镰和陶镰，还发现有窖藏的粟（即谷子），在一个小陶罐中还存放着一些菜籽。

仰韶文化是以彩陶为特色的，半坡遗址出土的彩陶是其中的精品之一，显示着这一历史时期灿烂夺目的文化成就。

陶器中有一种陶甑，分上下两层，中间有气孔相通，下边起釜的作用，上边起蒸屉的作用，这说明半坡人已懂得利用蒸汽了。半坡人制作的尖底瓶，小口、大腹、尖底。陶器上的纹饰告诉人们，半坡人已懂得计数，并有了等边三角形和平行四边形的知识。

半坡彩陶上绘有人面鱼纹和蛙、羊、鹿等生动形象，堪称原始美术的杰作。所以，在中国美术史上受到了特别的称赞。

半坡彩陶上，还刻有22种文字符号，中国文字学家认为这是中国方块汉字的雏形，从而证明方块汉字已有6000年左右的历史。

河南郑州以北的大河村，发现了属于仰韶文化晚期的一处遗址，出土了一批带有日、月、星等天象纹饰的彩陶，绘制着太阳纹的彩陶钵上的太阳，恰好是12个，大概这是仰韶文化晚期已有了一年12个月的原始历法的反映，还有星宿纹残片上画有北斗星的一部分，可见当时人们已有斗转星移的一些天文常识了。这一发现受到中国天文考古学家们的特别重视，因为这是目前已知的中国天文学上最早的成就。

公元前 单位：年	时代	大事件
4800～2900	新石器时代	仰韶文化。仰韶文化遗址集中分布在关中、晋南、豫西一带。经过上千年的发展，在公元前3500年左右进入繁荣时期。它属于锄耕文化，兼营渔猎。农业耕种以粟为主，也有黍、稻。饲养猪、鸡。制陶技术发展成熟，彩陶尤为发达。
4000～3000	新石器时代	红山文化。因最早发现于内蒙古自治区赤峰市郊的红山后遗址而得名。其北界越过西拉木伦河，东界达辽河西岸，南界东段达渤海沿岸，西段抵华北平原。红山文化早期仍为母系氏族社会，晚期逐渐向父系氏族社会过渡。其经济形态以农业为主，兼以牧、渔、猎。
3300～2200	新石器时代	良渚文化。良渚遗址主要分布在太湖流域，出土有稻谷、玉器、纹刻黑陶等，尤以琮、璧类玉器最为精美。

涿鹿鏖兵：中国历史上第一次充满传奇色彩的大战

涿鹿之战是传说黄帝联合炎帝部族与东夷集团九黎族首领蚩尤在涿鹿（今河北涿鹿）进行的一次艰苦激烈的大战，这是远古时代一次大规模的战争。

相传神农氏为帝王时,各氏族、部落互相掠夺,危害百姓,其中蚩尤最为暴虐,神农氏、黄帝无力征讨。阪泉之战后,黄帝势力大增,蚩尤仍继续作乱,不肯听命。据说蚩尤族善于制作兵器,其铜制兵器精良坚利,且部众勇猛剽悍,生性善战,进入华北地区后,首先与炎帝部族发生了正面冲突。蚩尤族联合巨人夸父部族和三苗一部,用武力击败了炎帝族,并进而占据了炎帝族居住的"九隅",即"九州"。

炎帝遂向同集团的黄帝族求援。黄帝族为了维护华夏集团的整体利益,就答应炎帝族的请求。这样,便同正乘势向西北推进的蚩尤族在涿鹿地区遭遇了。

黄帝征集各部落、联盟兵众,与蚩尤大战于涿鹿之野。相传黄帝命应龙作水阵阻挡蚩尤,但被效忠于蚩尤的风伯雨师所破。黄帝又请旱神女魃作法,天气骤然放晴,旱热难当,使久习于东南方阴雨气候的蚩尤无法忍受,败阵南逃,在冀州之野蚩尤被擒杀。

公元前 单位:年	时代	大事件
2698～2598	五帝时代·黄帝姬轩辕	有熊部落酋长姬轩辕,代神农部落酋长榆罔为中国元首(共主),尊称"黄帝"。与苗族首长蚩尤大战于涿鹿之野(今河北涿鹿),蚩尤做大雾,姬轩辕做指南车,遂擒蚩尤。用甲子以纪年,并发明器具、舟车、货币、衣裳、教民耕种。其妻嫘祖教民种桑养蚕。仓颉发明象形文字,为中国方块字之始。姬轩辕在位111年,寿152岁,卒于桥山(今陕西黄陵)。

尧舜"禅让":原始公社的民主制度

传说黄帝给全天下"划野分疆",共分为九州,根据家庭数组成一级级的组织,设立官员,选拔官吏来管理部族。史称黄帝有25个儿子,其中14

人被分封得姓，这说明当时黄帝通过巨大的功绩（击败炎帝、蚩尤，发明新技术）已经确立了王权，并且国家雏形已经形成了。到尧、舜、禹时期，王权更替已经相当有规则了。

尧，号陶唐氏，是帝喾的儿子、黄帝的五世孙，居住在西部平阳（今山西临汾一带）。尧当上部落联盟的首领，和大家一样住茅草屋，吃糙米饭，煮野菜做汤，夏天披件粗麻衣，冬天只加块鹿皮御寒，衣服、鞋子不到破烂不堪绝不更换。老百姓拥护他，如爱"父母日月"一般。

尧在位70年后，年纪老了，他的儿子丹朱很粗野，好闹事。有人推荐丹朱继位，尧不同意。后来尧又召开部落联盟议事会议，讨论继承人的人选问题。大家都推举虞舜，说他是个德才兼备、很能干的人物。尧很高兴，把自己的两个女儿娥皇、女英嫁给舜，并考验了三年才将帝位禅让给舜。

舜，号有虞氏，是颛顼的七世孙，距黄帝九世，生于诸冯（今山东境内）。舜接位后，亲自耕田、打鱼、制陶，深受大家爱戴。他通过部落联盟会议，让八元管土地，八凯管教化，契管民事，伯益管山林川泽，伯夷管祭祀，皋陶作刑，完善了社会管理制度。他也仿照尧的样子召开继位人选会议，民主讨论。大家推举禹来做继承人，舜到晚年身体不好，依旧到南方各地去巡视，竟病死在去苍梧（今湖南境内）的途中。舜死后，禹做了部落联盟的首领。

尧舜"禅让"的历史传说，反映了原始公社的民主制度。

尧和舜生活在四千多年以前，是原始社会向阶级社会过渡时期。这时候，在氏族公社里，虽然生产资料如土地、牧场等仍归全氏族公有，但是，以前那种全氏族成员集体农耕、集体打猎的制度，渐渐被以家庭为单位的劳动生产所代替，生产由公共的事变成了个人的事。氏族内的私有财产日益增多，特别是氏族、部落的首领凭着手中的权势占有大量财富，成了贵族，阶级分化出现了。在战争中抓到的俘虏不再杀掉，而被留在氏族里从事劳动，作为父系大家庭有家内奴隶，奴隶制度开始萌芽。

公元前 单位：年	时代	大事件
2598～2515	五帝时代·少昊姬己挚	姬己挚为姬轩辕子，金天部落酋长，嗣位为中国最高领导者，尊称"少昊"，建都曲阜。用鸟名作为官名。
2515～2437	五帝时代·玄帝姬颛顼	姬颛顼为姬轩辕孙，高阳部落酋长。继少昊姬己挚为中国最高领导者。尊称"玄帝"。
2437～2367	五帝时代·訾帝姬俊	姬俊为姬轩辕曾孙，高辛部落酋长。继玄帝姬颛顼为中国最高领导者，尊称"訾帝"。
2367～2358	五帝时代·帝挚	姬挚为訾帝姬俊子，嗣位为中国最高领导者。不孚民望，诸部落酋长废之，另推选唐部落酋长伊祁放勋继任中国最高领导者，尊称"唐尧帝"。
2357～2258	五帝时代·唐尧	黄河泛滥，夏部落酋长姒鲧治水，九年不成。 杀姒鲧。 姒鲧子姒文命治水。 唐部落酋长姚重华摄政。 姒文命治水成功。 伊祁放勋卒，其子丹朱，被逐于丹水。
2255～2208	五帝时代·虞舜	诸部落酋长推选部落酋长姚重华为中国最高领导者，尊称"虞舜帝"。 肃慎国（今大兴安岭以东至海）进贡矢石弩。 征服三苗。 姚重华卒。

第二章
夏商西周

夏朝开始进入了"家天下"的时期,标志着中国的原始社会结束,数千年的阶级社会开始,在中华文明史上具有划时代的意义。和夏朝一样,决定商朝命运的,是来自各个诸侯及部族的支持,所以商朝君王的最大责任就是随时保持继续成为共主的实力。西周时期,境内的各部落与民族不断融合,华夏民族逐步形成。为巩固统治,周王朝采取了"众建诸侯,裂土为民"的分封制,农业是主要的社会生产形式,"井田制"是贵族生存的经济基础。

从禅让到家天下：中国历史第一个王朝建立

大禹年老后，按照禅让的惯例，应该选举一个有能力的继承人来接替他的位置。许多人推荐掌管刑法的皋陶，可是不久后皋陶就病死了。于是大家又推举当年同大禹一起治水的伯益。伯益在部落中威望很高，大禹也就确定了他的地位。可是，这时在氏族中实际掌管权力的人却不是伯益，而是大禹的儿子启。

不久，大禹死了，伯益为他举行了葬礼。当年大禹为舜举行葬礼后，曾将继承人的位置让给舜的儿子，但没被接受。这次，伯益也效仿大禹的样子避居起来，假意将王位让给禹的儿子启。

没想到却弄假成真，启并没有客气，而是堂而皇之地登上了王位。启是一个很有能力的人，在氏族中的威望并不亚于伯益。各部落首领看见启登上了王位，纷纷来都城表示祝贺。

伯益见此情况，不禁恼羞成怒，率领自己的部族攻打启。启对此早有预

公元前 单位：年	帝王	大事件
2205～2198	姒文命（禹）	诸部落首长推选姒文命为中国最高领导者，建夏王朝，尊称"夏禹帝"，建都安邑（今山西夏县）。 大会诸侯（诸部落首长）于涂山（今陕西潼关，但多数观点认为在安徽蚌埠）。 颁夏历，铸九鼎。 姒文命卒于会稽（今河南伊川），诸部落首长推选伯益为帝，姒文命子姒启不服。 禅让制度至禹去世后结束，但原因并非在禹。
2198～2189	姒启	姒启杀伯益，继任为帝，家天下制度开始。 有扈部落（渭水流域中下游）起兵反抗，姒启攻之，战于甘邑（今陕西户县），有扈部落溃败。 姒启卒，子姒太康继帝位。

料，从容应战。两军在甘亭（今陕西户县）大战，伯益战死。伯益死后，他的氏族有扈氏十分愤怒，又联合了其他部落攻打启，可同样遭到失败，战败后的有扈氏部族都沦为了奴隶。

伯益和有扈氏的失败，使启的地位得到进一步巩固，并使禅让制彻底改变为世袭制。于是中国历史上第一个王朝——夏朝建立了。从此以后，帝王把国家当成了他一家的天下，他死后，王位不再选举有能力的人来继承，而是由他的儿子继承，并且希望能这样世世代代继续下去。

太康失国：夏王朝内部发生的内讧

启在位39年死去，他死后儿子太康继承为夏王，太康是夏朝第三位国王。太康即位后将国都迁到斟鄩（今山东潍坊）。太康是个不恤民事的国王，整天游玩打猎，不关心国事，更不要说关心人民生活和生产。

他以为祖父禹一生艰苦奋斗，领导人民治水，建立了夏王朝，又经父亲启巩固了王位，王位继承制已经巩固，自己做国王就可以太平无事，安然享乐，于是每天打猎游玩，导致人民有怨言，方国（中国夏商之际时的诸侯部落与国家）也开始产生离心，夏王朝内部发生内讧。先有"五子"（太康的兄弟五人）争立，接着又有武观叛乱。这就使有穷氏后羿有机可乘，他"因夏民以代夏政"，一度夺取了夏王室的统治权力。

当太康到洛水打猎，长时间不返国都，给地处黄河以北的有穷国方伯后

公元前 单位：年	帝王	大事件
2189～2160	姒太康	太康迁居斟鄩（今山东潍坊）。 太康沉溺于游猎，有穷氏后羿掌握大权，史称太康失国。
2106～2147	姒仲康	太康卒，弟仲康立。
2147～2145	姒相	后羿再逐夏五任帝姒相，姒相奔斟灌（今河南清丰）。后羿继任为帝。
2145～2138	后羿	寒浞杀夏六任帝后羿，继任为帝。

羿造成进攻的机会。有穷氏后羿乘太康渡洛水畅游之机,拥兵占据夏都,以重兵把守洛水北岸拒绝太康返国。太康无奈,流落到东方,筑城住下来,叫阳夏,即现在河南太康县,这就是"太康失国"。

"太康失国"是夏王朝建立不久的事,说明在夏朝时诸侯和大臣篡权就已开始。有穷氏后羿篡位,开臣子篡权之先河。

少康中兴:开创夏朝由"治"到"盛"的局面

寒浞是伯明氏后代,其祖先为黄帝的车正哀,因哀有功于黄帝朝,黄帝将他封于寒(今山东潍坊一带),其属地称为寒国(也称伯明国),其族人后来便以寒为姓。后羿驱逐姒相后,自立为帝,寒浞取得后羿的信任后,逐渐掌握了实权,慢慢收买人心,最终暗杀了后羿,夺取了王位。因为害怕夏朝王族的人跟他争夺王位,寒浞开始追杀被后羿撵走的相。

相最终被寒浞杀死。那时候,相的妻子正怀着孕,她从一个墙洞里爬出,才捡回一条命,并逃到了娘家有仍氏部落,后来她生下儿子,取名少康。

少康长大后,以放牧为生。寒浞听说相的儿子还活着,又派人追捕。最后,少康逃到了舜的后代有虞氏的部族。部落首领虞思把两个女儿嫁给了少康,并给了他田地和奴隶。少康从小在艰难的环境中长大,练就了一身本领。他在有虞氏部族立足之后,开始招收人马,逐渐有了自己的队伍。后来,少康得到忠于夏朝的大臣和部落的帮助,率兵攻打寒浞,终于把王位夺了回来。

夏朝从太康到少康,中间经历了大约100年的混战,才恢复过来,历史上称作"少康中兴",夏朝由此进入了由"治"到"盛"的局面。

此时的夏朝有了历法,夏历是按月亮的运行周期制定的,又叫阴历。由于历法中有节气变化和农事安排,所以又称农历。夏朝制定的历法影响深远,至今仍在发挥着作用。

夏历对农业生产有着相当准确的指导作用,再加上木制农具的使用,使得当时的农业生产有了很大发展,粮食出现大量剩余。剩余的粮食大多被用来酿酒。在夏朝遗址——二里头遗址中，出土最多的就是酒器，饮酒用的青铜爵更是精美。

公元前 单位：年	帝王	大事件
2138～2079	寒浞	寒浞灭斟灌，杀姒相。姒相妻缗（失其姓）奔有仍（今山东济宁），生遗腹子姒少康。
2079～2058	姒少康	少康在有虞氏（舜的后代）掌管膳食，后来姒少康袭杀寒浞，继任为帝。史称"少康中兴"。
2058～2041	姒杼	少康卒，子杼立。
2041～2015	姒槐	杼卒，子槐立。
2015～1997	姒芒	槐卒，子芒立。
1997～1981	姒泄	芒卒，子泄立。先后征服畎夷、白夷、赤夷、玄夷、风夷、阳夷。
1981～1922	姒不降	泄卒，子不降立。讨伐九苑部落。
1922～1901	姒扃	不降卒，弟扃立。
1901～1880	姒廑（胤甲）	扃卒，子廑立。
1880～1849	姒孔甲	胤甲卒，不降子孔甲立。
1849～1838	姒皋	孔甲卒，子皋立。
1838～1819	姒发	皋卒，子发立。

姒履癸亡夏：第一个奴隶社会宣告结束

夏朝在第14位王孔甲统治时，逐渐走向末路。传说这位君主喜欢吃龙肉，专门叫人在王宫中养龙供他食用。除了这个怪癖外，孔甲还喜欢占卜，与鬼神交流。各地的诸侯对此十分不满，经常发动小规模的叛乱。这种混乱的局面一直持续到夏王朝最后一位君主姒履癸即位，矛盾越来越激化。

姒履癸算得上是文武全才，赤手空拳就可以搏斗虎豹。他本来可以成为一位英明的君主，可他却把所有的聪明才智都用到了暴虐和享乐上。姒履癸喜欢把王宫修建得异常豪华。他的妻子施妹喜，则喜欢听绸缎撕裂时发出的声音，于是姒履癸就命宫女在她身旁日夜撕裂绸缎。

夏朝在姒履癸的统治下危机四伏，四方诸侯纷纷背叛而去。于是，商族首领汤决定兴兵伐夏。夏、商二军在鸣条（今山西安邑）郊外展开决战，姒履癸战败出逃，后来死于南巢（今安徽寿县东南）。姒履癸死后，人们加到他头上的称号是"桀"，意为凶暴的君主。

公元前 单位：年	帝王	大事件
1819～1766	姒履癸（桀）	桀建琼宫瑶台，行乱政。 伐蒙山有施氏，得妹喜。会诸侯于有仍，有缗氏叛。 大夫关龙逄直言进谏，被桀杀。 桀召汤，将他囚于夏台，不久即释放。 汤修德，夏桀无道，诸侯皆归汤。 汤作《汤誓》，讨伐夏桀，击败桀后将其放逐南巢。
1766～1754	汤（天乙）	商汤即位，以亳为都城。

伊尹流放太甲：中国历史上出现的第一贤相

太甲是太丁之子、商汤的嫡长孙。相传太甲学习的《伊训》《肆命》《徂后》等均为伊尹亲笔所作，他这样做的目的是希望将太甲培养成一个明君。

起初，伊尹的教导和文章还是挺有效的，太甲也可以做到按祖规办事，态度十分恭谨。然而到了第三年，太甲看到天下归一，他觉得天下已经太平了，不应该再听伊尹的话了。

于是，他开始把伊尹的告诫当成耳旁风，充耳不闻，甚至还效仿桀用凶残的方法欺压百姓、残害人民，与商汤的做法背道而驰。因此，民怨之声不绝于耳。

看到这种情况，伊尹将太甲流放到了商汤坟墓所在的桐宫（今河南偃师），希望他认真反思自己的所作所为，学习先祖关心百姓疾苦、胸怀仁爱的品德，改过自新。

在流放桐宫的日子里，终日与太甲相伴的只有先祖商汤的坟墓。守墓的老人得悉太甲遭到流放的原因是因为其违反了祖制，于是就天天给太甲叙说当年商汤创业的经历以及他所制定的各种制度，以此来教导太甲学习商汤，做一个明君。

在太甲流放的过程中，伊尹始终留意着太甲在桐宫的一举一动。三年后，伊尹看到太甲已经洗心革面，心中非常高兴，于是他又率领群臣亲自将太甲迎回了商都亳城，并将王权庄重地重新交给了太甲。

公元前 单位：年	帝王	大事件
1741	太甲（太宗元年）	汤嫡长孙即位。
1744	太甲（太宗四年）	太甲被伊尹放逐到桐宫，伊尹代行摄政。
1747	太甲（太宗七年）	太甲归亳，伊尹还政于太甲。
1721	沃丁	太甲子沃丁即位。
1692	太庚	沃丁弟太庚即位。
1667	小甲	太庚子小甲即位。
1650	雍己	小甲弟雍己即位。
1638	太戊（中宗）	雍己子太戊，伊陟、巫咸、臣扈辅佐，诸侯归服，是商代良君。
1563	仲丁	太戊子仲丁即位，自亳迁都于嚣（今河南荥阳）。
1550	外壬	仲丁弟外壬即位。
1535	河亶甲	外壬弟亶甲即位，自嚣迁都于相（今河南安阳）。

有了前车之鉴，太甲办起事来始终遵循着商汤传下来的法度，认真听取群臣的忠言良策，大小事情都处理得井井有条。这时的商朝，政通人和，诸侯臣服，人民生活安定，重现了商汤之风，商朝由此走上了稳定发展的道路。

盘庚迁都：在商代历史上有着重要的意义

商朝自汤建国以来，前十个王都都在亳（今河南商丘附近），但自第十一代仲丁起到盘庚前的第十九代王阳甲止的九个王朝，竟五次迁都。

原来亳、嚣、相、邢、庇、奄六个王都，均在黄河两岸，显然是为了用水的便利。但黄河又是一条常出问题的河流。大雨一来泛滥成灾，汛季一到，水害更大，如邢就曾被水淹没。黄河泛滥时，大水冲毁良田，人民无所收获，而商人中的贵族豪富，大发国难财，这就更加剧了国家的财政恐慌，甚至造成王室穷、贵族富的局面。许多大户因此无视王权。故摆脱黄河水

公元前 单位：年	帝王	大事件
1526～1507	祖乙	河亶甲之子祖乙即位，自相迁都于耿（今河南温县）。命彭伯、韦伯辅佐，诸侯归服。
1507	祖辛	祖乙子祖辛即位。
1491	沃甲	祖辛弟沃甲即位。
1466	祖丁	祖辛子祖丁即位。
1434	南庚	沃甲子南庚即位。
1409	阳甲	祖丁子阳甲即位。
1402～1374	盘庚	阳甲弟盘庚即位。 盘庚下令迁都至殷（河南安阳小屯村，屡有司母戊大方鼎、甲骨文等发现，2006年商代殷墟遗址已列为世界文化遗产）。迁殷前，因人民抱怨，而作《盘庚》三篇。 殷复兴，诸侯来朝。至纣灭亡，未再迁都。

害,成了商政权,也是新当政的商王盘庚的重大问题。

盘庚是个能干的君主,为了改变当时社会不安定的状况,他决心再一次迁都。大多数贵族因为贪图安逸,都不愿意搬迁,甚至煽动平民起来反对,闹得很厉害。盘庚面对强大的反对势力,并没有动摇迁都的决心,坚持带着平民和奴隶,渡过黄河,搬迁到了殷(今河南安阳小屯村)。在那里盘庚整顿了商朝的政治,使衰落的商朝出现了复兴的局面。以后二百多年,商朝一直没有迁都,故此商朝又被称作殷商。

从那时候起,经过三千多年的漫长岁月,商朝的国都早就变为废墟。近代人们在安阳小屯村一带发掘到了商朝国都的遗址,称之为"殷墟"。

武丁:开创商朝的鼎盛时代

商朝在武丁时期达到鼎盛,社会繁荣,百姓生活安定。武丁是一位有政治才能的君王,雄才大略,有着远大的政治理想。他年少时曾在民间生活,为了使殷商复兴,他破格提拔了有才能的人傅说,任以为相,励精图治,对四周侵扰商王国的诸如羌方、土方、人方、鬼方、虎方、荆楚等进行了征讨。四方诸侯都臣服于商朝,国家出现了繁盛的局面。

这一时期,商朝的农业、手工业都有了很大发展,商业也繁荣起来,还出现了铜制的海贝货币,用来进行贸易。由于商朝是一个极其重视祭祀的王朝,青铜礼器十分发达,青铜制造业有很大的发展。青铜器皿种类多,制作非常精巧,像"司母戊"方鼎,重量有875公斤,高130厘米,鼎上刻着精细的花纹,可见当时的冶铜技术和艺术水平已达到了相当高的程度。

除了礼器,商代的青铜兵器种类也很多,且使用广泛。商王的近卫部队、商军主力和战车兵都是装备青铜兵器的,只有一些消耗量特别大的兵器,如箭镞,仍用骨石和蚌质兵器。

武丁在位的59年间,社会平稳,经济繁荣,使商朝达到鼎盛时代。

公元前 单位：年	帝王	大事件
1353	小乙	小辛弟小乙即位。
1325～1266	武丁	小乙子武丁即位。 武丁沉默三年，政事决定于冢宰。 举傅说为相，国大治。 攻克鬼方，妻子妇好也曾统兵征战。
1266	祖庚	武丁子祖庚即位。
1259	祖甲	祖庚弟祖甲即位。
1226	禀辛	祖甲子禀辛即位。
1220	庚丁（康丁）	禀辛弟庚丁即位。

商纣王荒淫亡国：历史的教训再次重演

　　帝辛执政之初也还算是一位明君。他专心治理国家，进行改革，不杀奴隶，发展生产；接受新思想，不祭神灵；他曾经在深山中训练军队，锻造兵器，还亲自领兵征讨徐夷，使商朝的势力延伸到了东南一带；他还对长江流域进行了开发，中原的先进文化和生产技术得以传入东南地区，从而加快了这些地方经济、社会的发展，打下了中华民族统一的基础。但是，与此同时，战争不仅将商朝的人力、财力消耗殆尽，还使人民的负担更加沉重，人民的生活也愈加痛苦了。

　　商朝疆域在帝辛平定东夷后更加广阔了，随着农业的发展，商朝财富、粮食越来越多。商朝的这种"中兴"景象，使帝辛过高估计了自身的价值，让他变得傲慢起来。

　　到了统治后期，帝辛更加专横、奢侈，满腔义愤的天下人就送给他一个绰号"纣"，指责他残害无辜、背离正义的行为，"商纣王"的称呼就由此而来。

　　纣王为和妲己纵情玩乐，大搞土木工程，建起了鹿台。鹿台中有一个池子，商纣王让人将好酒倒入池中，并把烤肉挂成树林一般，这就是有名的"酒池肉林"。此外，纣王还发明了一种新的刑罚，名叫"炮烙"，即把一些抹上油的铜柱子架在炭火上烧，当铜柱子烧得滚烫之时，纣王就让那些反对、斥责他的臣民赤脚在上面行走，没几步，那些人就被烫得皮开肉绽，跌到炭火中去了。

见纣王越来越昏庸、残暴，纣王的兄长微子也多次入宫觐见。在劝说无效后，他携带着商族祭器无奈地离开了。此后，纣王杀害了忠臣比干，又将箕子囚禁起来。他这些残暴的行为致使人民的愤怒达到了极点。纣王已处于了孤立无援、四面楚歌的境地。不久，周武王就以替天行道为名征讨商纣。

周商一战中，商军全面溃败，纣王回到商都，在鹿台之上自焚而死，商朝自此消亡。

公元前 单位：年	帝王	大事件
1147	帝辛（纣）	殷三十一任帝辛伐有苏部落（今河南温县），俘其女妲己为妃。
1144	帝辛（纣）	帝辛囚周部落酋长姬昌于羑里（今河南汤阴）。
1142	帝辛（纣）	释姬昌。
1136	帝辛（纣）	周部落自岐邑迁酆邑（今陕西西安西南）。
1135	帝辛（纣）	姬昌卒，子姬发继任首长。
1123	帝辛（纣）	帝辛杀少师比侯子干。囚箕子，微子出奔。
1122	帝辛（纣）	商、周二军交战于牧野（今河南淇县）。纣战败，逃往鹿台并自杀，商亡。

周天子分封天下：分封制由此建立

周天子自称"周命于天"，为了巩固奴隶主的统治，西周时期采取了分封诸侯的政治制度。周武王灭了商朝后，封神农的后裔于焦，封黄帝的后裔于祝，封帝尧的后裔于蓟，封帝舜的后裔于陈，封大禹的后裔于杞。

周代的大规模分封是在周公摄政和成康时期，是为了巩固周天子对广大土地的统治。《吕氏春秋·观世》上说："周之所封四百余，服国八百余。"《荀子·儒效》上说："（周公）兼制天下，立七十一国，姬姓独居五十三人。"《左传》中也记载了西周分封的状况："兄弟之国十有五人，姬姓之国者四十人。"

在西周分封的诸侯国中，按辈分来看，文王子辈的有管、蔡、霍、鲁、卫、毛、聃、郜、雍、曹、滕、毕、原、酆、郇等，武王子辈的有邘、晋、应、韩、凡、蒋、邢、茅、胙、祭等。这些封国的位置多在今关中地区和黄河中下游地区，是当时经济发展最好的地方。还有其他姬姓诸侯国，如芮、息、随、贾、沈、密、郑、虢、滑、樊等。除了同姓被封为诸侯外，西周时期，还有不少异姓被封为诸侯，如姜姓的厉、吕、申、向、许，妫姓的陈，嬴姓的江、黄，子姓的宋，曹姓的邾、邹，曼姓的邓等。在受封的异姓诸侯国里，最强大的是齐国，影响比较大的是楚国。从周初开始，诸侯国的分封延续了很长时间。

公元前 单位：年	帝王	大事件
1122	周武王	姬发战胜后遂称王，国号周。 分封功臣为各地诸侯，如封召公姬奭于燕、弟姬鲜于管、弟姬度于蔡、舜帝姚重华后裔胡公于陈等。 封箕子于朝鲜。修缮并封比干之墓，武王拜访箕子，箕子作《洪范》，不臣服于周。 齐太公姜尚诬杀隐士狂矞、华士。
1120	周武王	周自鄷邑迁都镐京（今陕西西安）。
1116	周武王	姬发卒，子成王姬诵嗣位。

管蔡之乱：周朝初年的政治危机

周武王在位没有多久就过世了，他的儿子姬诵即位，是为成王。由于周朝刚平定天下，周公害怕各地诸侯对年轻的成王不服而背叛周朝，因此代替成王处理国事。这反而使管叔、蔡叔怀疑起周公来，在国内不断散布周公即将对成王不利的消息，使得召公奭也对周公不高兴。周公就向太公望、召公奭解释他为什么如此不避嫌暂代摄政的理由，又列举历位辅佐商朝的名臣表明自己的立场，使得召公奭终于放下心来。

管叔、蔡叔终究联合了武庚和另一民族淮夷兴兵作乱，想要进攻雒邑（相当于今河南洛阳）。周成王命令周公出兵讨伐，经过三年终于诛灭武庚、杀管叔、放逐蔡叔，然后改立纣的兄长微子启于宋，以延续商朝的香火祭祀。除此之外，为了分治商朝遗民，而分封武王的另一位弟弟康叔于卫地。过了两年，淮夷也被平定。各地诸侯都服从周朝的领导，周朝初年不稳的天下局势终于渐渐地安定下来。

公元前 单位：年	帝王	大事件
1116	周成王	周成王姬诵年幼，周公姬旦以冢宰辅政。
1115	周成王	姬诵叔管侯姬鲜，蔡侯姬度、霍侯姬处，及殷遗民首领子武庚等起兵反叛，姬旦东征。
1114	周成王	姬旦杀子武庚、姬鲜，放逐姬度，贬姬处为平民。
1113	周成王	姬旦凯旋镐京。
1112	周成王	姬诵封叔姬封为康侯，弟姬虞为唐侯。

宗法制：贯穿整个中国封建王朝史

姬发建立周王朝，定都在镐京（今陕西西安以西），他抛弃了以往"帝"的称谓，改称为"王"。后世则尊称姬发为"武王"。

在周王朝，国王姬发最为尊贵，其次是贵族，包括诸侯（封国君主）、卿（政府最高级官员）、大夫（政府次高级官员）、士（武官）。再次是平民，即自由民，也被称为"庶人"。最低一级是奴隶，多是商王朝的遗民，还有其他被征服部落的俘虏。

这种划分被周王朝用法律的形态加以巩固，使得贵族永远是贵族，平民永远是平民，奴隶永远是奴隶。如果不安分守己，企图逾越已定的界限，就是违犯了法律，要受到严厉的制裁；同时，那也违反了礼教，要被人所不齿。

在这种社会基础上，周王朝以首都镐京为中心，沿着渭水下游和黄河中

公元前 单位：年	帝王	大事件
1110	周成王	姬旦于明堂接见诸侯。
1109	周成王	姬旦于郏鄏（今河南洛阳西金谷园）筑城，谓之"王城"。又于洛水之北筑城，谓之"成周"（今河南洛阳东白马寺东）。二城相距约20公里。 姬旦归政于姬诵。
1108	周成王	封姬旦子姬伯禽为鲁公。
1107	周成王	姬诵欲囚姬旦，姬旦奔鲁国。
1105	周成王	姬旦卒。
1089	周成王	姬诵大会诸侯于王城，四方蛮族来朝。
1079	周成王	姬诵卒，子康王姬钊嗣位。
1078	周康王	诸侯集王城朝觐。
1067	周康王	唐侯姬虞改国名为晋。
1063	周康王	鲁公姬伯禽卒，子考公姬酋嗣位。
1059	周康王	鲁考公姬酋卒，弟炀公姬熙嗣位。
1057	周康王	齐太公姜尚卒。
1053	周康王	燕召公姬夷卒。 康王姬钊卒，子昭王姬瑕嗣位。

游划出一块广大的土地，称为"王畿"，由国王直接统治。王畿以外的所有土地则全部分封。封国的面积很小，20个或30个封国联合在一起，也没有王畿大，各封国像群星捧月一样，环绕着王畿。封国内，君主对封国内的平民、奴隶具有绝对的权力；对国王则每年要到首都觐见并进贡。当周王对外作战时，各封国的君主都要率领部队，听候调遣。

各封国之间地位平等，但由于封国的面积不一样，所以国君的爵位也有高低之分。爵位，是周王朝的新生事物之一，分为公、侯、伯、子、男五级。封国的爵位也是世袭的，实行"嫡长子继承制度"，即以母亲的身份和儿子出生的先后，把所有的儿子划分为"嫡""庶"。在众多儿子中，只有嫡长子才是唯一有权继承爵位的人。庶子即使比嫡长子年龄大，比嫡长子有才能，也不能继承。即"传嫡不传庶，传长不传贤"。如果嫡长子死了，则由嫡长子的嫡长子（即嫡长孙）继承。所有庶子和嫡次子都不能问津。如果嫡长子没有留下后代，那么嫡次子才有可能继承王位。

周朝建立的这个宗法制度，防止了各级贵族对爵位、财产的争夺，有效地维护了社会秩序，因此被此后的历代王朝所接受，一直到清王朝覆亡，这种宗法制度才跟着消亡。

昭王南征：一次失败的伐楚军事行动

周康王死后，儿子瑕即位为昭王。周昭王一心要当一个威名远扬的天子，就亲自带着王家军队前去征伐，迫使二十多个小方国、部落向他俯首进贡。可是这中间，就居然有那么一个南方国家不肯买他的账，这个国家就是楚国。

昭王十六年，周昭王带着大臣和诸侯，率领千军万马，杀向南方。大军一过汉水，路可就不好走了。有一天，周军突然遇到一大群犀牛。这些畜生身上的厚皮比将士们的盔甲还坚固，而且力大无穷，尖角锐利，性情凶野。乱窜的犀牛撞得周军人仰马翻，死伤无数。精良的武器，雄伟的战车，庞大的军队，在这深山密林中也没有法子施展，昭王只好带着大军撤回去。

过了三年，昭王又亲自率军南征。这一次他吸取了上次的教训，不再带那么多兵马,只带了自己精锐的御林军——守卫镐京的"西六师"。这次南征,颇有轻敌之意,沿途疏于防范。在南渡汉水的时候,当地人民把一艘用胶粘起来的大船献给昭王,不料船行到汉水中间,船体的胶被融化,船就散了架,昭王掉到水里被淹死,昭王带去的六师人马也被楚人打得七零八落,几乎全军覆灭。

周昭王南征被淹死了,全军倾覆,损失惨重,是中国历史上的大事之一。此事不但象征着周王朝盛极而衰,而且象征着楚国已经非常繁荣富强,能够和周朝对抗。后来,楚国发展成春秋五霸之一,傲视南土,逐鹿中原。

公元前 单位:年	帝王	大事件
1037	周昭王	周昭王姬瑕,攻楚,遇大兕(一角青色野牛)。
1034	周昭王	姬瑕再攻楚,丧六军,败归。
1002	周昭王	姬瑕再攻楚,回军途中,渡汉水,溺死,子穆王姬满嗣位。
990	周穆王	周穆王姬满攻犬戎,俘其五王,及四白狼、四白鹿。
952	周穆王	姬满命吕侯作刑法,史称"吕刑"。
949	周穆王	姬满卒,子恭王姬伊扈嗣位。
944	周共王	周共王姬伊扈游泾水,密国(今甘肃灵台)君主康公随从,有三美女奔康公,康公未献于姬伊扈,姬伊扈乃灭密国。
936	周共王	姬伊扈卒,子懿王姬囏嗣位。
876	周厉王	淮夷侵洛阳,虢仲击之,不能胜。
863	周厉王	周政府封卫顷伯为侯。
856	周厉王	齐胡公姜静弟姜山杀兄自立,是为献公,国都自营丘(今山东昌乐东南)迁至临淄(今山东淄博东)。

"国人暴动"引发"共和"行政：确切历史纪年的开始

公元前841年，是我国历史上有确切纪年的开始。这一年，发生了一次具有重大历史意义的事件，西周都城镐京的"国人"发生暴动，赶走了周厉王。它成为西周衰落的转折点。

周厉王姬胡，是个暴虐的君主。他采取高压手段，派人监视"国人"的活动，禁止"国人"谈论国家政事，违反的人就杀头。他没料到，沉默的火山爆发了。以共伯和为首的贵族联合"国人"，包括王宫所属的工匠、卫兵全都参加暴动。周厉王仓皇出逃，渡过黄河，来到彘（今山西霍县），后来就在这个地方死去。他的儿子姬静躲藏到召穆公家里。"国人"包围了召穆公的住宅，要杀死周厉王的儿子。召穆公无可奈何，将自己的儿子交出来，冒充太子姬静，才算了事。"国人"推举共伯和"摄行天子事"，历史上称为"共和行政"。从此以后，周天子在诸侯中的控制权开始动摇了。

从现有的文献史料中能够得知：到目前为止，历史事件和发生时间可

公元前 单位：年	帝王	时间	大事件
841	周共和	元年	国人暴动，逐姬胡，姬胡奔彘邑（今山西霍县）。召公周公共同摄政，不另置君，史称"共和"。从当年起，中国开始有信史。 晋靖侯姬宜臼卒，子晋僖侯姬司徒嗣位。
838	周共和	四年	蔡武侯卒，子蔡夷侯嗣位。 楚部落酋长熊永卒，弟熊严嗣位。
835	周共和	七年	曹夷伯曹喜卒，弟曹幽伯曹疆嗣位。
832	周共和	十年	陈幽公妫宁卒，子陈僖公妫孝嗣位。 姬静令方叔率领豫南诸侯伐楚，大败。 申侯来朝，周宣王令申国南下伐楚。
828	周共和	十四年	周厉王姬胡死于霍县，其子靖正式即位，为周宣王，共伯和将还政于周宣王。 楚部落酋长熊严亡，熊霜嗣位。

以完全契合的年代，可以上溯到西周的"共和元年"。为什么是这一年？汉代大史学家司马迁在撰写《太史公书》(《史记》)时，其中有一篇《十二诸侯年表》。太史公司马迁以周朝纪年为基础，列举鲁、齐、晋、秦、楚、宋、卫、陈、蔡、曹、郑、燕，再附加吴等十三诸侯的每年大事，表中的起点就是周共和元年。将共和元年与公元历法对照，得知共和元年与公元前841年同年；从此年开始，史书对于年代的记录没有中断，直到今日。

宣王中兴：改革带来的辉煌

周厉王统治天下时，将姬静立为太子。后来发生了"国人暴动"，姬静躲到召穆公府中避祸。愤怒的人们听到风声后，将召穆公的府邸围得水泄不通。召穆公被逼无奈，把亲生儿子冒充太子交了出来。假太子被国人毒打致死。

姬静逃过一劫后，便冒充召穆公的儿子活了下来。过了14年，厉王在彘邑病逝，周定公、召穆公说服了诸侯，又用迷信手段平息了国人的愤怒，于是太子静即位，这就是历史上的周宣王。

周宣王冷眼观看了"国人暴动"和周厉王的结局，铭记在心，因此执政初期，尤为谦虚勤谨，励精图治。

在政治上，周宣王从谏如流，他事事征求臣民的意见，从不独断专行，例如当时铸就的铜鼎"毛公鼎"上便刻有文字说，周宣王发布的所有命令，一定要毛公签字后方能生效。

在吏治上，周宣王一再告诫大小官员，让他们恪守职责，切忌贪婪、嗜酒、作威作福。

在经济上，周宣王废除了厉王的"专利"方针，将山川林木开放给民众，还给奴隶分配了公田。

此外，周宣王还仿效周武王与周成王，将郑封给自己的弟弟友，将谢(今河南南阳)封给舅舅申伯，用来保卫周王室。

周宣王在位时，制定、推行了种种有利的政策，在某种程度上使内外矛盾和冲突得以缓解，不但使经济稳定发展，还维护了周王朝的政权，历史上将这段时期称作"宣王中兴"。

公元前 单位：年	帝王	时间	大事件
827	周宣王	元年	召公平淮夷。燕惠侯卒，子僖侯姬庄嗣位，命秦仲为秦国君主，攻西戎。
826	周宣王	二年	曹幽伯曹疆弟曹苏，杀兄嗣位，是为戴伯。
825	周宣王	三年	齐武公姜寿卒，子厉公姜无忌嗣位。
823	周宣王	五年	晋僖侯姬司徒卒，子献侯姬藉嗣位。
822	周宣王	六年	西戎攻杀秦国国君秦仲，子嬴也嗣位，是为庄公。自公元前826年起，四年不雨，今年始雨。楚部落酋长熊霜卒，弟嗣位。
818	周宣王	十年	鲁慎公卒，弟武公姬敖嗣位。
816	周宣王	十二年	武公姬敖卒，子懿公姬戏嗣位。齐厉公姜无忌暴虐，为国人所杀。
813	周宣王	十五年	卫僖侯卒，子卫余嗣位，卫余弟卫和杀兄嗣位，是为武公。
812	周宣王	十六年	晋献侯姬藉卒，子穆侯姬弗生嗣位，自曲沃（今山西闻喜）迁都绛城（今山西翼城东南）。
810	周宣王	十八年	蔡夷侯卒，子僖侯蔡所事嗣位。
807	周宣王	二十一年	公子姬伯御与国人攻杀国君懿公姬戏，嗣位。

烽火戏诸侯：最终导致西周灭亡

周王朝的大敌就是西北的戎狄。幽王即位后，曾经派军队去攻打"六济之戎"，结果连主将伯士都送了命。守卫京城的王家军队力量非常薄弱，为了对付戎狄的突然袭击，天子就同附近的诸侯们约定，只要看见报警的烽火，诸侯们都要带着本国的人马火速赶来救援。周幽王为了博得褒姒一笑，采用虢石父的馊主意，点燃烽火，假报敌情。

各路诸侯看到烽火后，纷纷带着本部人马星夜赶奔京城，当得知这是一出闹剧后，这可把各路诸侯气坏了。先来的，气愤地掉转马头就往回走，远处不明真相的援兵还正不断地源源赶来。这样一来，路窄车多，人马杂沓，又没有一个统一的指挥，全乱成了一团。有骂街的，有打架的，有撞翻车的……褒姒看到这种场面，不禁哈哈大笑起来。

幽王见褒姒真的乐了，心里甜滋滋的，当场把1000斤金子赏给虢石父。可他万万没有想到，这场儿戏最终导致了他的灭亡。

公元前771年，被废的太子联合自己的外公申侯和犬戎攻破镐京城郊，直扑镐京。

幽王听说申戎联军打来了，吓出了一身冷汗。他让人赶紧点燃烽火，可是诸侯们上当上够了，尽管烽烟都点着了，可是救兵一个也不见来。镐京城里的卫兵少得可怜，哪能抵挡得了强悍的西戎呢？时间不长，镐京就被攻破了。幽王见势不妙，慌忙逃窜。当逃至骊山脚下时，追赶上来的戎人将他逮住，结果了他的性命。小太子伯服也未能幸免，只有褒姒因为长得漂亮，戎人就把她抢回去献给了首领。

西戎愿意出兵援助申侯，目的就是抢劫。这回攻破了镐京，先是将王宫里的珍宝抢得一干二净，然后到处放火，将宫殿、民舍都烧了个精光，整个镐京最后变成了一片废墟。

公元前 单位：年	帝王	时间	大事件
781	周幽王	元年	陈武公妫灵卒，子夷公妫说嗣位。晋前太子姬仇，逐国君殇叔嗣位，是为文侯。
780	周幽王	二年	三川（泾、渭、洛）竭，岐山崩。褒国以女褒姒献于周幽王姬宫湦。
779	周幽王	三年	褒姒年十四，姬宫湦溺嬖爱。
778	周幽王	四年	陈夷公妫说卒，弟平公妫燮嗣位。秦庄公嬴也卒，子襄公嗣位。

公元前 单位：年	帝王	时间	大事件
776	周幽王	六年	周军元帅伯士攻六济戎，军败，伯士被杀。时四方蛮族交侵，西戎掳秦襄公兄嬴父。秦迁其邑于汧邑（今陕西陇县南）。
774	周幽王	八年	周王室任用郑伯姬友为司徒。
773	周幽王	九年	周幽王姬宫湦废申后及太子姬宜臼，立褒姒为后，姬宜臼出奔申国（今河南南阳）。 郑国自咸林（今陕西华县）迁于颍河以北，黄河以南之地（今河南新郑）。
771	周幽王	十一年	姬宫湦计划攻申，申侯与犬戎起兵攻镐京，杀姬宫湦于骊山下，掳褒姒。诸侯立太子姬宜臼为君，是为平王。 虢公郭翰另立王子姬余臣为君，是为携王，周王朝分裂。郑桓公姬友战死骊山，子武公姬掘突嗣位。

第三章
春秋战国

春秋时期，政治上，各种改革、变法接连不断，而成功进行变法的国家则强大起来，通过这种政治变革，奴隶制度最终消亡，新兴的封建制度逐渐确立起来。战国这一时期各国混战不休，到了后期各国先后被秦国灭亡，所以战国时代在时间上并不全然包含在东周王朝里面。

周平王率众东迁：都于雒邑的东周时期开始了

周幽王被犬戎杀害后，诸侯们就跟着申侯拥立原来的太子，也就是申侯的外孙宜臼为周王，以延续周朝的香火祭祀，是为周平王。

由于当时的犬戎实力强大，周平王即位后为了避开犬戎，只好率众东迁至雒邑。历史上就称建都于镐京的周为西周，周平王迁都雒邑后的时期为东周。周平王在位期间，周王室逐渐衰微，失去指挥控制诸侯的威望与力量，各地诸侯开始强并弱，大欺小，齐、楚、秦、晋日渐变得强大，政事与号令也渐渐改由这些雄踞一方的霸主所控制发布。迁都后的周朝展现出与迁都前截然不同的风貌。

公元前 单位：年	帝王	时间	大事件
770	周平王	元年	周平王迁都洛雒邑，由此历史进入东周。周室衰弱，齐、楚、秦、晋开始强大。
769	周平王	二年	郑武公用离间计让邻国国君杀掉了身边的名将和谋臣。然后，郑武公率领军队进攻邻国都城，邻国灭亡。
767	周平王	四年	郑武公因护送周平王东迁有功，周平王就把虢地赏给他。
760	周平王	十一年	晋文侯谋杀携王余臣，二王并立的局面结束，周王室得以统一。
753	周平王	十八年	秦初设史官"太史令"一职专门记事。
750	周平王	二十一年	秦文公征伐戎，大破之。文公将周遗民收纳在内。秦的势力范围到达岐，岐以东献于周。

掘地见母：孝道从来不会缺席

郑庄公之母姜氏，在生他的时候，受到惊吓，所以对庄公有厌恶之意，而偏爱其弟共叔段。平王四十九年（公元前722年），姜氏纵容共叔段谋反庄公，郑庄公设计杀死其弟，并将他的母亲姜氏送在远离京城的颍地居住。发誓说："不到黄泉，母子决不相见！"

时间一长，郑庄公又不忍离开母亲，更不想一辈子背上弃母不孝的名声，但已经立下誓言，后悔也来不及。这时，颍地有一个管理疆界的小官，叫颍考叔的，听到这个情况后就捉了几只鸮鸟，假装以献野味为名，去见庄公。庄公问："这叫什么鸟？"颍考叔回答说："这鸟名叫鸮，小的时候由母亲叼食喂养，长大之后却吃自己母亲的肉，这是不孝之鸟，所以捕来吃它。"庄公听后，一句话也没有说。庄公命令宰夫杀了一只羊招待颍考叔。吃的时候，颍考叔拣些好肉，用纸包着，藏在袖中。庄公看见奇怪地问他缘故。

公元前 单位：年	帝王	时间	大事件
722	周平王	四十九年	三月，鲁隐公与邾仪父盟于蔑。 五月，郑庄公平定共叔段之乱。 九月，鲁隐公与宋穆公盟于宿。
719	周桓王	元年	桓王对郑庄公不信任，起用虢公忌父取代庄公在朝之职。郑庄公不满，导致周郑关系恶化，周王室与郑国交换人质，这就是历史上说的"周郑交质"。
717	周桓王	三年	郑庄公入朝，桓王不礼（因桓王之父，曾为质于郑国，后死于郑国，桓王由此怨郑，后郑又私自收割天子田之禾，其矛盾愈深）。
712	周桓王	八年	郑庄公以许国不听周天子号令为由，约齐国、鲁国联合攻打许国。 鲁大夫杀国君鲁隐公，隐公弟允即位，是为鲁桓公。
707	周桓王	十三年	鲁桓公五年，周桓王免去郑庄公朝中司徒之职，又亲自带领诸侯联军讨伐郑国，被郑国的祝聃射中肩膀，史称"射王中肩"。

颍考叔回答说:"我有母亲,我奉献的食品她都吃过了,没有尝过国君的美味汤,请允许我带这些肉回家给老母做汤喝吧。"庄公说:"你有母亲孝敬,我却没有了!"说完,不禁凄然泪下长叹。颍考叔说:"姜夫人在家安然无恙,为什么说没有了母亲?"庄公说明了原因,并告诉他现在后悔了。颍考叔说:"共叔段已经死了,姜夫人只剩下你一个儿子了,你不养活她,这和鸦鸟有什么两样?如果以黄泉相见作为条件,我倒有一个办法,可以解决这个难题。"庄公问:"有什么办法可以解决?"颍考叔回答说:"如果把地挖到能见泉水,打个隧道,你母子二人在隧道里相见,又有谁说你们违背誓言呢?"

庄公听后非常高兴,于是命令颍考叔带领500名壮士,在曲洧牛脾山下,掘地深十多丈,泉水涌出,在隧道中架起一座木屋,木屋旁放下一个长梯,母子二人登上长梯于隧道中相见,和好如初。

九合诸侯:春秋时期第一个霸主出现

公元前681年,齐桓公奉了周天子的命令,向各诸侯发出通知,约定三月初一,在齐国北杏会盟,共同来确定宋国君位。由于当时齐桓公威望不高,到了会盟日期,只有宋、陈、邾、蔡四国诸侯到会,而鲁、卫、郑、曹等国都在窥测风向。齐桓公感到有些难堪,想改变会期,管仲劝道:"第一次会盟绝不可失信。常言道:三人成众。现在已然来了四国,可以按时会盟。"五国诸侯会见完毕后,共推齐桓公为盟主(因他手里有周天子的命令),并在会上订立了盟约。盟约规定:一、尊重天子扶助王室;二、共同抵御蛮、戎等部落侵入中原;三、扶弱济困,帮助有困难和弱小的诸侯。

会盟后,齐桓公首先率军灭掉了没来会盟的遂国,然后先后击败了鲁、郑两国,迫使他们求和。公元前679年,齐桓公又约各国在鄄地会盟,这一次各诸侯国基本上承认了齐桓公的霸主地位。

齐桓公做了霸主后,中原各路诸侯都归服他,按时向齐国交纳贡品。十多年后,齐桓公又率兵马,帮助燕国和卫国驱逐了入侵的山戎和北狄,并帮卫国修复了破败的城墙。凭借这些义举，他得到了中原各路诸侯的赞许和拥戴，威望进一步提高。只有南方的楚国不服齐国，并还想与齐国比高低。

公元前656年，齐桓公会同宋、鲁、卫、郑、陈、曹、许等七国军队，联合讨伐楚国。楚成王闻讯，立即调集了大批人马准备抵抗，并派使者去责问齐桓公："楚在南，齐在北，两国素无来往，可谓是风马牛不相及，为什么要来侵犯我们呢？"管仲反驳道："虽然我们两国相距遥远，但我们都是大周天子所封的诸侯。当初武王分封时，曾授权齐太公，如若诸侯有不服从天子者，齐国有权征讨。你们楚国为何多年没向天子进贡？"使者说："这几年我们没有向天子进贡，是我们的不是，以后一定恢复进贡。"使者走后，齐桓公不太相信楚国会这么轻易服输，便和众诸侯们连夜拔营，进军到召陵。楚成王不解其意，又派使者屈完前去探问。为了显示自己的实力，齐桓公请屈完一起乘车检阅中原的联军，果然是威武雄壮，兵精粮足。齐桓公趾高气扬地对屈完说："你看我们有这样兵强马壮的军队，焉能不打胜仗？"屈完不卑不亢地回答道："君侯扶助天子，济困扶弱，我们大家当然都佩服您。但如果您穷兵黩武，以势压人，我们楚国虽不很强盛，但我们用方城作城墙，用汉水作壕沟，你们兵马再多，也未必能攻进去。"齐桓公听屈完的回答挺强硬，估量打败楚国不是轻而易举的事。既然楚国已认错，答应恢复进贡，也就算在面子上服了软，该收场就收场，于是中原的各国诸侯和楚国订立了盟约，各国班师回国。

不久周王室发生了内乱，齐桓公又帮助太子平定了内乱，继承了王位，即周襄王。襄王为报答齐桓公的勋劳，特派使臣将太庙的祭肉作为厚礼送给齐桓公。齐桓公又趁机在宋国葵丘会合诸侯，招待天子使臣，并又一次订立了盟约，盟约规定：各国要和平相处；要修水利，防水患，不要损人利己；邻国有荒灾来买粮食不得禁止，不得搞壁垒政策，等等。这是齐桓公第九次，也是最后一次会合诸侯，所以历史上把齐桓公称霸的过程也称作"九合诸侯"。

公元前 单位：年	帝王	时间	大事件
696	周庄王	元年	宋、鲁、卫、陈、蔡再联军攻郑，不胜。卫左公子卫洩，右公子卫职攻国君卫公卫朔，立故太子卫伋弟卫黔牟为君。
694	周庄王	三年	鲁桓公及夫人至齐，齐襄公与其妹私通，鲁桓公察觉，大怒。齐襄公害怕，令力士杀鲁桓公。齐襄公众弟因齐乱，纷纷出奔，次弟纠奔鲁，三弟小白（后来的齐桓公）奔莒。
693	周庄王	四年	齐国侵略纪国之郱、鄑、郚，驱逐民众占领土地。齐师迁之郱、鄑、郚。
689	周庄王	八年	楚开始以郢（今湖北江陵西北）作为自己的都城。
686	周庄王	十一年	齐、鲁联军围郕国，郕恨鲁国之前的欺凌，遂向齐投降。齐大夫连称、管至父杀国君襄公姜诸儿，立其堂弟姜无知。齐大夫鲍叔牙奉公子姜小白奔莒国，另一大夫管仲则奉公子姜纠奔鲁。
685	周庄王	十二年	齐人杀无知，诸公子闻之，归国争位，齐桓公小白先入得立。鲁派兵送纠归齐，齐发兵拒之，鲁败，齐桓公遂令鲁杀纠，囚管仲至齐。齐桓公任用管仲为相，齐国大治，后称霸。
684	周庄王	十三年	春，齐桓公出师伐鲁，战于长勺（今山东莱芜东北，一说曲阜北），齐国大败。
681	周釐王	元年	齐桓公姜小白邀宋、陈、蔡、邾等国会盟，遂国不出席，齐遂灭遂国。
679	周釐王	三年	齐桓公姜小白号召宋、陈、卫、郑于鄄会盟，诸国推举姜小白为霸主，而霸主以"尊王攘夷"作为号召。

公元前 单位：年	帝王	时间	大事件
677	周釐王	五年	秦将都城迁徙到雍。
676	周惠王	元年	秦德公去世，终年34岁，长子继位，是为秦宣公。
675	周惠王	二年	周五位大夫蔿国、边伯、石速、子禽祝跪、詹夫，奉王子姬颓攻周惠王姬阆争位，兵败，姬颓奔卫国，五大夫奔温国，卫与南燕国联军再奉姬颓反攻，姬阆兵败奔郑国，姬颓自立为王。
673	周惠王	五年	骊姬使计离间了晋献公与申生、重耳、夷吾父子兄弟之间的感情，并设计杀死了太子申生，制造了"骊姬倾晋"。
671	周惠王	六年	楚成王杀其兄自立。
664	周惠王	十三年	冬，山戎侵伐燕国，燕国向齐国求救。齐桓公派兵救燕，讨伐山戎。
660	周惠王	十七年	冬，狄人侵伐卫国，杀卫懿公。
658	周惠王	十九年	夏，晋假道于虞征伐虢国，攻下虢国都城下阳。虢国遂将都城迁至上阳。
656	周惠王	二十一年	秦穆公为求将来与中原诸侯国友好，与当时力量强大的晋国联姻，与晋献公联姻，晋献公就把大女儿嫁给了他。秦晋之好由此而来。
655	周惠王	二十二年	晋骊姬作乱，太子申生自杀，重耳（春秋第三个霸主晋文公）开始了为期19年的逃亡生涯。
651	周襄王	元年	齐桓公在葵丘举行诸侯盟会，成为春秋五霸中的第一位霸主。 晋献公在位26年去世，遗命骊姬之子奚齐继位。

宋襄公的仁义之战：仁义需要变通

齐桓公去世，齐国陷入内乱，宋襄公自认为应该接过"尊王攘夷"的大旗。

周襄王十三年（公元前639年），帮助齐国平定了内乱的宋襄公认为自己已有足够的威望，于是召集各国国君举行盟会，最后楚、陈应邀前来。可是楚国国君的侍从在会议上暗藏兵刃，劫持了宋襄公，这让宋襄公的谋划落空，还差点导致宋亡国。

周襄王十四年（公元前638年）夏，做了几个月俘虏后被放回的宋襄公不顾大臣反对，出兵讨伐楚的盟国郑。战争扩大后，宋、楚在泓水对峙。两军对峙时，宋国将领建议宋襄公趁楚军立足未稳之时趁机攻击，宋襄公却说："不义之兵（偷袭）怎能胜过仁义之师呢？"他还特意做了一面绣着"仁义"的大旗，并带着它来到最前线。第二天，宋襄公高举仁义大旗等楚军渡过河，列完阵后才开战。由于楚强宋弱，结果宋军大败，宋襄公大腿中箭，不久死去，仁义的旗帜从此成了笑柄。

宋襄公仁义之战的败亡，表明了军事改革的趋势不可阻挡，此后几百年的战争史中出现了一系列军事变革。晋魏绛改车兵为骑兵，魏国的精锐魏武卒，军事名著《孙子兵法》的出现，这些都表明，当时我国的冷兵器作战军事水平在理念、武器、实战上完全领先世界。

公元前 单位：年	帝王	时间	大事件
649	周襄王	三年	王弟叔代谋袭王，王欲诛之，叔代奔齐。
645	周襄王	七年	秦败晋师，晋惠公割地，送太子质秦，与秦和。 管仲病逝。
643	周襄王	九年	齐桓公饿死宫中，五个儿子争夺王位，易牙等立公子无诡为君，为齐孝公。
638	周襄王	十四年	宋襄公伐郑，楚救之，与宋战于泓水。宋军大败，宋襄公受伤，第二年去世。
636	周襄王	十六年	晋惠公死后，重耳登上王位，为晋文公。

晋文公退避三舍：知恩图报的最佳诠释

晋文公重耳在外流亡时，曾经路过楚国。当时楚成王以礼相待，热情招待了他，使重耳非常感激。为了表示德义，重耳承诺，日后如果晋国和楚国的军队要打仗，晋国军队情愿退避三舍（90里）作为报答。

晋文公五年（公元前633年），因为宋国背弃了楚国与晋国联盟，所以楚国派军队去攻打宋国和晋国，晋与楚的军队在城濮交战。楚国军队摆开阵势之后，晋文公为了信守道义，命令晋国军队先退却30里表示回避。楚国的统帅子玉放弃对宋国的包围，而去追赶晋国的军队。晋国军吏纷纷请求说："以国君您的地位，却回避楚军的一个小小将领，这是耻辱。再说楚国军队已经被打得疲劳不堪了，必然要失败。为什么要退却呢？"

公元前 单位：年	帝王	时间	大事件
632	周襄王	二十年	晋楚城濮之战，晋大胜，楚成王怒杀楚将子玉。这是春秋时期第一场大规模战役，也是自春秋以来中原诸侯对楚的第一场大胜。
627	周襄王	二十五年	晋襄公率军在晋国崤山隘道全歼偷袭郑国的秦军，史称"崤之战"。崤之战是春秋时期，晋秦争霸战争中的一场决定性战役。
626	周襄王	二十六年	楚成王芈熊頵，欲废太子芈商臣，而立幼子芈职。芈商臣发兵围宫，芈熊頵自缢死，芈商臣嗣位，是为楚穆王。
624	周襄王	二十八年	秦穆公亲征晋以报崤之仇，晋人恐守城不敢出，秦国从此称霸于诸侯。
613	周顷王	六年	宋公、陈侯、卫侯、郑伯、许男、曹伯、赵盾，同盟于新城。 楚庄王即位。

晋大夫子犯说："各位忘记了国君在楚国时受到的好处吗？我听说，在战斗中，有理士气就高涨饱满，军队就壮盛；无理士气就会低落，军队就容易疲惫。如果我方做到以国君回避臣子，他还不撤退，那楚军也就理亏了。到那时我们再攻打它，也合乎道义。"

于是晋文公率领军队退却 90 里以回避楚国军队。楚国其他将帅打算停止进攻，子玉不同意，进军一直到城濮。晋楚两军终于爆发战斗，结果楚军被打得大败。

这是中国历史上著名的城濮之战。重耳退避三舍，既兑现了他先前许下的诺言，也表现了重耳善于以道义来勉励士气的智谋。

楚庄王霸气回应：不鸣则已，一鸣惊人

楚庄王被立为国君已经三年（公元前 613～前 611 年）。三年中，他不理朝政，却喜欢猜谜语。大臣成公贾入朝劝谏，庄王说："我禁止人们劝谏，你偏要来，为什么？"成公贾说："臣不敢劝谏，只是来说个谜语。"庄王说："你说吧。"成公贾说："有只鸟站在南方的土山上，三年不动不飞也不鸣，这是什么鸟？"庄王回答说："这只站在南方土山上的鸟之所以三年不飞，是想丰满羽翼；它之所以三年不鸣，是想借机观察形势。它不飞则已，一飞冲天；不鸣则已，一鸣惊人。我已经知道这谜语的含义了，你可以走了。"

第二天，楚庄王上朝，重赏了成公贾，痛斥了那些平时只会逢迎拍马的人，并当即提拔了十个有才德的人，罢免了五个无能之辈。这样，楚庄王在得力大臣们的辅佐下，很快就使国家富强起来。他于公元前 606 年率兵进逼周朝首都雒邑，问周鼎之轻重，使天下震惊。他又于公元前 598 年围攻郑国，迫使郑国投降。次年，楚军又大败晋军。其间，楚庄王还曾灭掉庸、舒等小国，击败过宋、陈等较大的国家。由于当时楚国在列国中最为强大，楚庄王成为诸侯的一代盟主，成为历史上著名的"春秋五霸"之一。

公元前 单位：年	帝王	时间	大事件
607	周匡王	六年	晋灵公姬夷皋暴虐益甚，大夫赵穿杀之，立文公姬重耳子姬黑臀，是为晋成公。
606	周定王	元年	楚庄王伐陆浑之戎，一直打到洛水边，"观兵于周疆"，在周都洛阳陈兵示威。周王派王孙满去慰劳，庄王竟问"鼎之大小轻重"，意欲移鼎于楚。
597	周定王	十年	楚庄王围郑，郑降，庄王罢兵。后晋救郑，楚与晋战，大胜。楚由此称霸。 晋灭赵氏族，赵氏门客程婴、公孙白以计保全赵氏遗孤。
594	周定王	十三年	秋，鲁国开始实行"初税亩"制度。
588	周定王	十九年	十二月，晋作六军，有僭越之意。
575	周简王	十一年	鄢陵之战是晋国和楚国为争夺中原霸权，这场战争后，晋、楚两国都逐渐失去以武力争霸中原的强大势头。

齐景公问政：对百姓一定要施行恩惠

齐景公到晋国进行国事访问，晋平公设宴款待，晋国的乐师师旷也在座。在中国历史古籍的记载中，师旷是一位具有神奇色彩的人物。他不但是一位杰出的音乐家，而且对政治、哲学都有着深刻的理解，他甚至能从音乐中感觉到国家的兴衰。

齐景公久闻师旷的大名，趁此机会向他请教政治上的问题，问："您有什么道理可以教导我吗？"

师旷说："一定对百姓施行恩惠，这就可以了。"

齐景公记在心里，但觉得师旷说得太简单了，心里不满足。当喝得酒酣耳热，宴席即将结束时，齐景公又问师旷说："您有什么道理可以教导我吗？"

师旷说:"一定要对百姓施行恩惠,这就可以了。"

齐景公两次得到同样的回答,不知道师旷是什么意思。当宴席结束,齐景公前往公馆,师旷送他出门时,又问道:"您有什么道理可以教导我吗?"

师旷还是那句话:"一定要对百姓施行恩惠,这就可以了。"

齐景公回到宾馆,对师旷的话感到不解,翻来覆去地想了很久,这才恍然大悟。原来,齐景公的两个弟弟,公子尾和公子夏,很得齐国民众的心。他们地位尊贵,家族富裕,百姓喜爱他们,两公子的势力几乎和国君差不多,对齐景公的统治形成了不小的威胁。师旷让齐景公对百姓施行恩惠,就

公元前 单位:年	帝王	时间	大事件
571	周灵王	元年	道家学派创始人老子诞生。
562	周灵王	十年	正月,鲁国季武子作三军,由孟孙、叔孙、季孙三氏各统率一军。
557	周灵王	十五年	晋楚于湛阪大战,楚又败。这一期间,晋秦、晋齐之间也发生过大战,晋获胜。
551	周灵王	二十二年	伟大的思想家,教育家,儒家学派的创始人孔子出生。
548	周灵王	二十四年	崔杼杀齐庄公立景公,楚国令尹(最高行政长官)子木在整顿楚国军赋时,推行"量入修赋"原则,楚国将发展农田水利定为国家的法典。
546	周灵王	二十六年	七月,宋大夫向戌倡求和罢战,邀请晋、楚等国在宋国会盟。
543	周景王	二年	四月,蔡国太子般弑景侯自立,是为蔡灵侯。十月,郑国子产为相,辅助国君治国。
538	周景王	七年	秋,郑国在子产的主持下"作丘赋"。
537	周景王	八年	正月,鲁国三桓季孙、叔孙、孟孙四分公室,季氏居其二,叔孙、孟孙各占其一。
532	周景王	十三年	五月,齐国陈桓子驱逐栾氏、高氏,陈氏势力由此开始壮大。

是要他同两个弟弟争夺百姓的拥护。只要齐景公能争得百姓的拥护,两公子自然威胁不到齐景公的统治,他的地位也就牢固了。

齐景公回国后,打开国库,把粮食散发给贫穷饥饿的百姓,把府库中多余的钱财赏赐给孤寡老人。粮仓中再也没有多余浪费的粮食,府库里也没有多余闲置的钱财,宫中多余的女子也都发嫁出来,70岁以上的老人,由国家定量供给生活费。齐景公通过这些恩惠的手段,来同两个弟弟争夺百姓的拥护,果然非常有效。两个弟弟当然争不过他。两年以后,两个弟弟只好都离开了齐国,公子夏逃往楚国,公子尾逃往晋国。

伍子胥鞭尸:时机一到,有仇必报

晋、楚争霸后兴起的南方霸主吴国,其中最重要的人物就是楚国人伍子胥。

伍子胥的父亲和哥哥被楚平王杀害,伍子胥逃到吴国,想见吴王僚,以寻求机会报仇,但没能见到。有个门客对公子光讲了伍子胥的情况,希望他见见伍子胥,公子光答应了,但是当见到伍子胥时,却讨厌他的相貌,不听他讲话就谢绝了他。门客问公子光为什么这样,公子光说:"他的相貌正是我特别讨厌的。"门客把这话告诉了伍子胥,伍子胥说:"这是容易的事情。希望让公子光坐在堂上,我在两层帷幕里只露出衣服和手来。让我借此跟他谈话。"公子光又答应了。伍子胥谈话谈了一半,公子光就掀起帷幕,握住他的手,然后跟他一起坐下。伍子胥说完了,公子光非常高兴。伍子胥认为将来做吴国国君的,一定是公子光。伍子胥回去以后,就在乡间田里干活,等待报仇时机。

过了七年,公子光取代吴王僚当了吴王。他任用伍子胥,伍子胥于是帮他整顿法度,举用贤良,选练精兵,演习战斗。这样又过了六年,在楚国南部一个边城柏举大败楚军,九战九胜,追赶楚国的败军千余里。楚昭王逃到随,于是吴军占领了楚国国都郢。

接着,伍子胥找到楚平王的墓,命令士兵挖出楚平王的尸体。伍子胥见到楚平王的尸体后悲恨交加,他高举铜鞭,狠狠地向平王的尸体打去,一口气打了 300 鞭，只打得尸首骨折肉烂，也算是为父亲和兄长报仇了。

公元前 单位：年	帝王	时间	大事件
519	周敬王	元年	六月，周景王的庶子王子朝攻入雒邑，周敬王逃到雒邑东边的狄泉，人称东王；王子朝被周世卿尹氏立为王，人称西王。东周暂时形成二王并立的局面。
517	周敬王	三年	鲁国三桓将昭公驱逐出去，昭公逃亡到了齐国。
516	周敬王	四年	冬，晋师帮助周敬王讨伐王子朝，王子朝等带着周王室的大量文献典籍逃往楚国。
514	周敬王	六年	吴公子光（夫差之父），令专诸刺杀吴王僚，然后自立为吴王，即阖闾。 根据历史事件的资料考证，孙子写出《孙子兵法》13 篇。
506	周敬王	十四年	吴军在名将孙武的统率下，攻入楚国都城郢都（今湖北江陵）。伍子胥掘楚平王墓鞭尸，申包胥向秦求助，秦出兵救楚。

百家争鸣：中国思想史上的"黄金时代"

春秋末期，各国纷乱不休，一切以"强大"为目标。为争夺有限的资源，各诸侯国纷纷鼓励每个人创新，发展学派，以便更多地获取资源，吸引他国人才；另一方面哲人们都在努力地探索如何治理国家，如何更有效地生产、分配、利用有限资源，并且互相借鉴吸收他人的经验，同时也免不了相互指责以抬高自己的学说。于是在思想文化上，百家争鸣的黄金时代来临。

春秋战国时期，百家争鸣主要的参加者有儒、墨、道、法、阴阳、兵、农、纵横、杂、小说等流派——在后世被称为九流十家。

以老子、庄子为代表的道家，更关注个人的生活方式，主张"小国寡民""无为而治"，统治者能自我控制欲望就可以让世界没有纷争了；儒家以孔子、孟子为代表，他们主张恢复西周的"礼"制，通过复古的制度约束各个阶层和势力；以墨翟为代表的墨家，代表中下层人民和手工业者的利益，希望统治者能公平对待各个阶层，同时反对一切战争；以孙武、司马穰苴为代表的兵家，则关注军事，希望通过统一战争带来和平；以商鞅、吴起和战

公元前 单位：年	帝王	时间	大事件
505	周敬王	十五年	六月，楚国大夫申包胥凭借秦国之师救楚，吴师败绩。
504	周敬王	十六年	吴国大败楚国，抓获潘子臣、小惟子及大夫七人，还俘获大量的财富珍宝。
502	周敬王	十八年	赵鞅改革亩制。 孔子欲出仕。
501	周敬王	十九年	郑国公布由邓析私造并写在竹简上的竹刑。 孔子为中都宰。
500	周敬王	二十年	中原地区百家争鸣，各种思想出现，其中有代表性的有孔子、老子等。 孔子行鲁相事。
498	周敬王	二十二年	孔子54岁，为鲁国司寇。此时孔子向鲁国国君提出"堕三都"，但失败了。
497	周敬王	二十三年	齐国送女乐给鲁定公与季桓子，鲁国君臣接受女乐，迷恋歌舞，55岁的孔子被迫离开鲁国，开始14年周游列国的流离生涯。
496	周敬王	二十四年	孔子56岁，在卫国被卫灵公夫人南子召见。子路对孔子见南子极有意见批评了孔子。 郑国子产去世，孔子听到消息后，十分难过，称赞子产是"古之遗爱"。 越王勾践即位，吴王伐越，结果大败，伤重而死。夫差即位。
495	周敬王	二十五年	孔子57岁，去卫居鲁。夏五月鲁定公卒，鲁哀公立。

国末期的李斯、韩非子为代表的法家，主张确立各项制度，通过法律的约束作用带来国家的安定并完成统一，结束战争；其他各个学派都就社会问题或者某个领域提出自己的主张。

这些流派之间互相争斗，比如孟子就经常和其他学派的人辩论，《庄子》一书中孔子成了反面大教材，墨子和他的门人则是"非儒即墨"。同时，思想家们也相互印证，比如李斯、韩非子的老师是大儒荀子，他们的学说则趋向于法家。不仅仅是学派间辩论激烈，学派内部、老师弟子之间思想观念也不同，比如商鞅的变法思想主张"王在法下"，而韩非子则主张"王在法上"，儒分为八，墨分为三，这些既有利益出发点的不同，更多的则是思想观点的不一样。

勾践卧薪尝胆：苦难是对意志的最佳磨炼

越王勾践被吴王夫差战败，困于会稽山上，被迫屈膝求和。越王深为会稽之耻而痛苦，一心伺机报仇。他睡不好觉，吃不好饭，不亲近美色，不看歌舞。他苦心劳力，对内爱抚群臣，对下教养百姓，经过三年，百姓都归顺了他。

为了更好地笼络群臣百姓，每当有甘美的食物，如果不够分，自己不敢独吃，有酒把它倒入江中，与人民共饮。勾践靠自己耕种吃饭，靠妻子亲手织布穿衣；吃喝不求山珍海味，衣服不穿绫罗绸缎。为了坚持磨炼自己的斗志，不过舒服的生活，勾践连褥子都不用，床上铺的是柴草，还经常预备一个苦胆，随时尝一尝苦味，以不忘所受之苦。他还经常外出巡视，随从车辆装着食物，去探望孤寡老弱病残，并送给他们食物吃。然后，他召集诸大夫，向他们宣告说："我准备和吴国开战，以拼死活，希望士大夫同仇敌忾，跟吴王肉搏而亡，是我最大的愿望。如果这些办不到，说明我们的国力无法与吴国对抗，从国外考虑结盟的诸侯也不能毁灭它，那么，我将抛弃国家，离开群臣，身带佩剑，手举利刃，改变容貌，更换姓名，去当仆役，拿着箕帚侍奉吴王，以便找机会跟吴王决战。我虽然知道这样做危险很大，要被天下人所羞辱，但是我的决心已定，一定要想办法实现！"

后来越国终于与吴国在五湖决战，吴国军队大败，越军包围了吴王的王宫，攻破城门，活捉了夫差，杀死吴国宰相。灭掉吴国两年后，越国称霸诸侯。

公元前 单位：年	帝王	时间	大事件
494	周敬王	二十六年	吴越会战，夫差大败越国，围勾践于会稽山，勾践请降，夫差答应勾践投降。
493	周敬王	二十七年	勾践、范蠡君臣入吴为奴，范蠡时年43岁。
486	周敬王	三十四年	秋，吴国迁都于邗，并开凿邗沟，由此沟通江淮之地。
484	周敬王	三十六年	五月，齐、吴两军战于艾陵，齐师败绩。
482	周敬王	三十八年	孔子结束周游，由卫国返回鲁国。 吴王夫差北上黄池争霸，勾践趁吴王发兵北征之机，发动了复仇战争，越国大获全胜。俘吴太子友，焚烧吴都姑苏。夫差回国后，与越议和。但考虑到吴国实力犹存，勾践答应了伯嚭的求和之请。
479	周敬王	四十一年	陈国真正亡国，成为楚国的疆域。 孔子逝世。
476	周敬王	四十四年	冬，周敬王卒，春秋时期至此结束。

角逐与兼并：封建制时代开始的标志

当吴、越在东南大动干戈的时候，中原地带，诸侯间的战事大大减少，代之以诸侯国内卿大夫间的角逐与兼并。齐、晋、鲁等国的内争都是相当激烈的。

齐国，始封于姜太公，故齐君以姜为姓。春秋初年，齐独霸列国，中叶渐衰，后期已面临崩溃的边缘。齐相晏婴讲到齐国的政治形势时也说是"快完了"。当时，公室仓廪中的布、帛、黍、粟都放得腐朽生虫了，而人民却生活无着，饿殍载道，起而抗争的人被镇压，遭到砍脚之刑的真不知有

公元前 单位：年	帝王	时间	大事件
475	周元王	元年	周敬王子姬仁即位，是为周元王。中国历史进入了战国时期。
473	周元王	三年	勾践灭吴，夫差自杀，越称霸。
468	周贞定王	元年	八月，鲁国三桓季孙氏、叔孙氏、孟孙氏联合攻打鲁哀公。
453	周贞定王	十六年	智伯割了韩、魏的土地，又胁迫韩、魏攻赵，相约灭赵后三分赵地。智伯堵水灌晋阳，将要破城的时候，赵派人说服韩、魏，放晋水倒灌智寨，灭了智氏，三分智地。三家分晋的局面基本形成。
441	周贞定王	二十八年	周贞定王卒，长子去疾即位，去疾即周哀王。哀王执政三个月后，弟姬叔杀哀王并取而代之，姬叔即周思王。思王执政五个月后，少弟嵬杀思王并取而代之，是为考王。
403	周威烈王	二十三年	周威烈王封晋国大夫韩虔、赵籍、魏斯为诸侯，此即"三家分晋"。
397	周安王	四年	魏文侯死，他的儿子魏击即位，这就是魏武侯。 聂政刺杀了韩国宰相侠累。
391	周安王	十一年	周安王姬骄在位期间，田成子的曾孙齐相田和将齐国最后一个国君康公放逐到海上，只留下一城之地作为他的食邑。
386	周安王	十六年	田和放逐齐康公于海上，自立为国君，同年被周安王册命为齐侯，并受到诸侯列国的承认，这就是历史上著名的"田代齐姜"。
376	周安王	二十六年	韩哀侯、赵敬侯、魏武侯联合灭了晋国，瓜分了晋国的全部土地，把晋当时的国君晋靖公废为百姓，晋完全为韩、赵、魏三家所取代。这就是历史上著名的"三国分晋"。

多少。

齐大夫田氏，适应新形势的要求施行新政。田氏借贷给贫民粮食时使用大斗，收取借贷、贡赋时，却用小斗，以此笼络了人心。数十年间，齐民"归之如流水"。田氏势力渐强，先后吞灭了国氏、高氏等显姓强宗，夺得了很大权力。公元前475年前后，大夫田成子又把齐国内残余的旧势力几乎消灭干净，同时与各国通好，取得了支持。这样，代表新兴地主阶级的田氏就完全控制了齐国的政权。公元前386年，终于把姜姓的齐君放逐海上。取而代之，是为田齐，史称"田氏代齐"。

公元前475年，恰是周元王元年。在中国历史上，这一年不只是春秋与战国的分界线，也是中国奴隶制时代结束，封建制时代开始的标志。

纵观春秋300年历史，天子倒霉了，诸侯起来；诸侯倒霉了，卿大夫起来；卿大夫倒霉了，陪臣也竟然起来杀戮君主，操纵国政。国家的兴衰，政权的更迭，一个个霸主的登场与下台，如同走马灯一样，令人头晕目眩。据鲁史《春秋》记载，在242年间，列国间的军事行动竟达483次。频繁的战争给人民带来了无穷的灾难，是该诅咒的。所以，两千多年来，不少史家都说"春秋无义战"。可是，中国由奴隶制过渡到封建制的历史性大转变，中国从列国林立的局面走向国家统一，难道不正是这些战争与兼并在开辟着道路吗？

商鞅变法：为秦国成就霸业奠定基石

商鞅在秦国，深受秦孝公的重用，经常与他共商国家大事。为了早日实现富国强兵的计划，商鞅想在秦国实行变法改革。

秦国的贵族都不赞同变法改革。商鞅说服秦孝公，在秦孝公的支持下，商鞅开始制定变法的法令。下令将人民编为五家一伍、十家一什，互相监督，犯法连坐。举报奸谋的人与杀敌立功的人获同等赏赐，隐匿不报的人按临阵降敌给以同等处罚。立军功者，可以获得上等爵位；私下斗殴内讧的，依其轻重程度处以大小刑罚。致力于本业，耕田织布生产粮食布匹多的人，免除他们的赋役。不务正业因懒惰而贫穷的人，全家收为国家奴隶。王亲国戚没有获得军功的，不能享有宗族的地位。明确官职高低，分配房宅、奴仆、衣物。使有功劳的人获得荣誉，无功劳的人即使富有也不能显耀。

变法法令颁布一年后，秦国许多百姓前往国都控诉新法使民不便，这时太子也触犯了法令，商鞅说："新法不能顺利实行，就在于上层人士带头违犯。"太子是国君的继承人，不能给他施以刑罚，便将他的老师公子虔处刑，将另一个老师公孙贾脸上刺字，以示惩戒。第二天，秦国人听说此事，都小心翼翼地遵从法令，再也不敢议论法令的是非。

新法实行十年里，秦国国内太平无事，百姓都勇于为国作战，乡野城镇都得到了治理。商鞅通过变法，为秦国实现了富国强兵的计划。

公元前 单位：年	帝王	时间	大事件
364	周显王	五年	秦献公下令秦军攻魏，夺取了秦国的故土河西地，一直打过黄河，深入魏境到石门（今山西运城西南），杀掉了六万魏军，取得了秦国前所未有的大胜利。
361	周显王	八年	嬴渠梁继任秦王位，也就是后世所称的秦孝公。秦孝公下令求贤，商鞅应召入秦，进献富国强兵之策。
359	周显王	十年	商鞅开始在秦国变法。 楚国出兵伐魏，扒决黄河，水淹长垣（今河南长垣）。
356	周显王	十三年	鲁、宋、卫、韩朝见魏，魏惠王成为诸侯的霸主，五年前魏迁都大梁，两年之后魏国在桂陵之战中大败，又两年后在马陵之战中惨败，战国七雄的地盘争夺进入拉锯阶段。
354	周显王	十五年	魏惠王率军攻打赵国，围困邯郸城，楚王派景舍为将出兵救赵。

围魏救赵：逆向思维取得神奇效果

东周显王十六年（公元前353年），庞涓率领大军进攻赵国，围困了赵国的国都邯郸。赵国无力抵抗，连忙向齐国求救。

齐威王决定派兵援救赵国，任命田忌为大将，孙膑为军师。孙膑坐在辎车（一种有帷盖的车子）里随军行动。田忌准备把军队直接开往邯郸，孙膑却不同意。他说："假如两个人正打得不可开交，将军去劝架，该怎么办？用拳脚把他们打散？还是上手帮助一方打？不，都不行，将军很清楚。将军只能因势利导，乘虚而入，才可以化解紧张的形势。"

"因势利导？可我们不去赵国，又该干什么呢？"田忌有点不明白。

"围魏救赵！"孙膑微微一笑，一字一句地说，"现在赵、魏两国正在激战，魏国的精兵全被庞涓带去攻打赵国，国内只剩下老弱残兵，后方空虚。如果将军率领军队急速进军，袭击魏国的都城，并且占据交通要道。魏军必定回师自救，这样既解了赵国之围，又打击了魏国，不是一举两得吗？"

田忌按照孙膑的计策，率领大军直奔魏国的国都安邑。这年十月，庞涓

公元前 单位：年	帝王	时间	大事件
353	周显王	十六年	魏军围攻赵国都城邯郸。赵国求救于齐国。齐将田忌、孙膑率军救赵，趁魏国都城兵力空虚，引兵直攻魏国。魏军回救，齐军乘其疲惫，于中途大败魏军，遂解赵围，史称"围魏救赵"。
352	周显王	十七年	秦出兵伐魏，一举攻占了魏西河郡和上郡，接着秦和义渠摩擦又起。秦国乘义渠国内乱，派兵攻打义渠，并平定义渠内乱，义渠便臣服于秦。
350	周显王	十九年	商鞅第二次变法时，将秦都由栎阳（今陕西富平东南）迁至咸阳（今陕西咸阳西北）。
344	周显王	二十五年	魏国率先称王，魏惠王在逢泽会盟诸侯，一同朝见周王室。

攻克了邯郸。随后,他乘胜进攻,准备一举消灭赵国。正在这时,齐军向安邑发动了进攻。庞涓大惊失色,急忙率领军队匆匆返回。他哪里知道,田忌与孙膑早在桂陵设下了埋伏。当庞涓走到桂陵时,已是人困马乏。突然间,四面山上响起一片喊杀声,漫山遍野的齐军如潮水般地冲向魏军,庞涓仓促应战,被齐军打得落花流水。

孙膑减灶:中国战争史上设伏歼敌的著名战例

齐威王派田忌为主将,田婴为副将,孙膑为军师,率兵伐魏救韩。

田忌认为,救兵如救火,齐军应该直趋韩都解围。孙膑仍建议采取"围魏救赵"的办法。田忌说:"军师上次用过此计,这次重复使用,魏将庞涓会识破。"孙膑笑着说道:"我另有计谋让庞涓上当。"

庞涓几战几败韩国军队,眼看要攻下韩国国都,忽然得知齐军奔向大梁,只得急忙传令撤兵。孙膑对田忌说:"韩、赵、魏三国的士兵,以勇猛善战著称于世,不能和他们硬拼,只能见机行事,才能取胜。兵法说:'从百里之外而来求利的军队损折上将军,五十里以外而来求利的人,士兵只能到达一半。'我军应该诈称很弱以诱惑敌人。"田忌问:"用什么办法来诱惑敌人?"孙膑说:"今天埋设军灶10万,明天变成5万,后天减到2万。庞涓见我军军灶顿减,一定认为我军士兵在逃亡,就会日夜不停地追赶我军,魏军就会疲惫不堪。乘这个机会用计谋对付魏军,就可以活捉庞涓。"

庞涓在路上注意侦察齐军的迹象。发现齐军军灶一天天地减少,心中非常高兴。魏太子申不解地问庞涓:"还没交战,为何这般喜形于色?"庞涓说:"从迹象看,齐国军队中开小差的士兵越来越多。我军要乘胜追击。"太子申说:"孙膑诡计多端,我们已经吃过他的亏,千万不要再中他的计。"庞涓不听。他让大部队缓行,只带少数精锐部队兼程赶路,在天黑的时候,追上齐军。正好进入齐国埋伏兵的包围圈。庞涓命令军士点火照路前进,忽见路旁的一棵大树被刮开一块树皮,上面写道:"庞涓死于此树下。"方知中计。结果魏军在马陵被全部歼灭,太子申被俘,庞涓自杀。

公元前 单位：年	帝王	时间	大事件
341	周显王	二十八年	魏国发兵攻韩国，韩国向齐国求救。齐国应允救援，以促韩国竭力抗拒魏国。齐威王以田忌为主将，田婴为副将，孙膑为军师，运用"围魏救赵"战法，率军直趋魏都大梁，诱使魏军回救，以解韩国之围。
338	周显王	三十一年	秦孝公死，太子驷即位为惠文君，公子虔之徒诬告商鞅谋反，秦惠文君遂下令逮捕商鞅，并将其杀死。
336	周显王	三十三年	秦国开始统一铸造铜币，流通于市。铜币形制为无郭圆钱，有"一珠重一两""半两"等种，以两为重量单位。
334	周显王	三十五年	魏惠王用相国惠施联齐之策，与齐威王会于徐州（今山东滕州南），尊齐威王为王；齐威王亦承认魏惠王为王，史称"会徐州相王"。 楚取江南十五邑，古余干地为楚国。

合纵连横：纵横家巧舌摆布下的战国

战国中后期，围绕着天下最强大的国家出现了两种外交思想，一种是合纵，韩、魏、赵、燕、楚、齐六国合力西向，共同抵抗暴秦，代表者苏秦；另一种是连横，秦、齐确立联盟关系，然后秦攻击三晋、楚国，齐国攻击燕国、赵国，代表者张仪。

苏秦出身贫寒，曾经和张仪一起在鬼谷子门下学习纵横捭阖之术，后来出师前去游说秦王，失利后发奋苦读。苏秦再次出山后，游说山东六国，联合抗秦，最终结成六国联盟，让秦人日夜惊恐，而此时苏秦佩六国相印，衣锦还乡。家人诌媚无比，苏秦感叹说："富贵则亲戚畏惧之，贫贱则轻易之！"但是六国毕竟人心不齐，合纵国都是各有所图，不久六国就相互攻伐。而此时苏秦的同学张仪获得秦王信任，在六国之间实行"远交近攻"的连横策略。他说破齐、楚联盟，建立齐、秦联盟，然后极力削弱楚国，为秦的统一做出很大贡献，最后官至秦相。

从苏秦、张仪的经历来看，他们游说君主的根本目的是博取个人富贵，完全没有立场可言，这些纵横家在通过游说为自己取得利益的同时，也不断地挑动各国的纷争，可以说，战国大势，在他们的嘴中摇摆不定。

公元前 单位：年	帝王	时间	大事件
328	周显王	四十一年	秦国设立相国之位，任用张仪为相。
325	周显王	四十四年	赵武灵王即位，任用阳文君赵豹为相。 秦惠文君称王，从而向诸侯显示了秦的实力。 秦惠文君称王之后，魏国开展频繁的外交活动，欲与其他各国结为合纵之盟，共同抗御秦国。
320	周慎靓王	元年	齐威王卒，子宣王即位。宣王执政期间，齐国稷下学士有数百人，达到全盛时期。
318	周慎靓王	三年	魏国在齐、楚、燕、赵、韩等国支持下，任用公孙衍为相国，实行合纵抗秦的策略。 宋王偃（宋康王）自立为王，宋国国君开始称王。 楚、赵、魏、韩、燕同伐秦，攻函谷关。秦国出兵迎战，五国之师皆败走。
317	周慎靓王	四年	秦国在鱼这个地方大败韩国军队，斩杀韩国军队八万余人，韩国大将和申差被俘，天下震惊。

《诗经》和《离骚》：中国诗歌文学的两大源头

《诗经》是中国最早的诗歌总集，原名叫《诗》，共收录了古代诗歌305首，因此又称"诗三百"。分为"风""雅""颂"三种体裁，风是民歌，雅是士大夫所作的正统的宫廷乐歌，颂是宗庙祭祀的乐歌，各有自己的特色。可以说，《诗经》就是一部大型的时代史诗。

楚辞又叫楚词，是楚国诗人屈原创造的一种诗体，其中的代表篇目就是《离骚》。屈原是楚国的贵族，因为不受重用，而且目睹楚国的沉沦，因此悲愤抑郁，并不断在自己的诗作中表现出这种情怀来。在《离骚》中，屈原用离奇的想象力，各种各样的美好意象，浓烈的情感和奇特的楚辞体，构造了一幅幅的绚丽画面，是古代抒情诗的最经典作品。

《诗经》关注民生、社会，《离骚》关注内心；《诗经》写实，《离骚》玄幻；《诗经》平实厚重，《离骚》华丽深沉……从这个时代开始，取自《诗经》中的"风"和取自《离骚》中的"骚"并列，成为中国诗歌文学的两大源头。

公元前 单位：年	帝王	时间	大事件
314	周赧王	元年	燕国内乱，齐匡章趁机而入，打败燕国，并杀死子之和燕王哙。
313	周赧王	二年	秦国派名叫疾的右更官员，率军讨伐赵国，攻占蔺地，俘虏赵将庄豹。 张仪入楚，欺楚怀王，楚怀王上当，与齐决裂。
312	周赧王	三年	秦、楚两国军队在丹阳大战，楚军大败，八万甲士被杀，屈匄以下的列侯、执圭等七十多名官员被俘。秦军乘势夺取了汉中郡。楚王又征发国内全部兵力再次袭击秦国，在蓝田决战，楚军再次大败。

胡服骑射：让赵国在豪强中一跃而起

赵武灵王刚即位时，赵国国势衰落，经常遭到周边国家的侵扰。在和一些大国交战时，也经常吃败仗，长期下去赵国极有可能被他国灭亡。赵国地理位置特殊，东北与东胡接壤，北边与匈奴为邻，西方与楼烦、林胡为界。这些游牧民族，擅长骑马射箭。

胡人有两大优势。第一，穿着简洁利索，基本以窄袖短袄为主，无论是日常生活还是行军作战都比较方便;第二,他们擅长骑马射箭,与中原笨拙的兵车、长矛相比,灵活性和机动性都很强。赵武灵王是位有头脑的国君,对手下的臣子说:"北方的游牧民族来无影去无踪,是一支高效的快速反应

公元前 单位:年	帝王	时间	大事件
311	周赧王	四年	秦人按咸阳建制修筑城垣。 乐毅赴燕,开始辅佐燕昭王。
309	周赧王	六年	秦国初设丞相之职,以樗里疾、甘茂为左、右丞相。
307	周赧王	八年	秦惠文王死,太子嬴荡即位,是为秦武王。 秦国夺取了函谷关,军临大平原。 赵武灵王改革,推行胡服骑射政策。
306	周赧王	九年	赵武灵王进攻中山国,兵抵宁葭;又向西攻打胡人,直至榆中。 秦武王去世,膝下无子,诸弟争位。宣太后迎当时正在燕国做人质的武王同父异母弟,年仅18岁的嬴稷回国即位,是为秦昭襄王,也就是秦昭王。 越国被楚国所灭。
300	周赧王	十五年	齐、秦联盟,准备再度进攻楚国,楚怀王大惊失色,派出太子熊横入齐作为人质,离间齐国退出齐、秦联盟。接下来,怀王被秦国所拘,太子又被作为人质扣留于齐,致使楚国的局势十分恶劣。
299	周赧王	十六年	秦王以结亲为名,约楚怀王去武关(今陕西商南)相会。楚怀王再次不听屈原劝阻,听信子兰之言赴会,果然被秦兵劫持,押送到秦都咸阳。 秦昭王率军攻楚,大败楚军,斩首五万,取得析城等15城邑而去。 齐王派相国孟尝君前往秦国,以确保两国关系和睦,政策同步。

部队，如果带着这样的部队上战场打仗，岂有不胜的道理。"

又经过一番深思熟虑后，赵武灵王对将军楼缓说："我国的周边强敌林立，他们虎视眈眈地看着我们。我们要想保住国家，怎么办？我打算向胡人学习，从而提高军队的作战能力。"

说干就干，于是赵武灵王在邯郸城提出"着胡服""习骑射"的改革主张。国君下了决心，手下没有敢说"不"的。由于赵武灵王的主张贯彻得十分彻底，赵国在短时间内就建立起一支以骑兵为主的快速反应部队，并且在推行"胡服骑射"的次年，就取得了显著的战果，先后打败中山国、匈奴、林胡等国家和游牧部落。

赵武灵王通过"胡服骑射"的改革，使得赵国很快成为战国中除秦国外，国力最为强盛的国家。

秦赵渑池相会：蔺相如不卑不亢保住赵王颜面

随着秦国的强大，其称霸天下的野心也越来越大。赵惠文王二十年（公元前279年），秦昭王邀请赵惠文王到渑池（今河南渑池西）相会。

赵惠文王害怕秦国人有不测之心，本不想赴约，可大臣蔺相如和廉颇都认为："如果赵王不赴秦王之约，就等于向秦国认输，从而也就失去了在列国中的大国地位。"所以坚决要求赵惠文王赴约。

赵惠文王无可奈何，只好在蔺相如等人的陪护下如约前往。为了防止意外，廉颇辅佐太子留守国内，平原君率领数万人马，先行到渑池附近接应。大将李牧率领5000精兵跟随赵惠文王保驾。

廉颇护送赵王到赵国边界分手时，对赵惠文王说："大王此次远行，一般来讲不会超过30天。如果30天内大王还不回国，臣等请求立太子为王，以断绝秦国人的贪婪之心。"

赵惠文王听到这里，不由得两眼含泪，只是哽咽着点点头。

到了渑池，秦赵两国国君相聚畅饮。

秦王喝酒喝得高兴时说："我私下听说赵王喜好音乐，请赵王弹弹瑟吧！"赵王就弹起瑟来。秦国的史官走上前来写道："某年某月某日，秦王与赵王会盟饮酒，命令赵王弹瑟。"蔺相如走向前去说："赵王私下听说秦王善于演奏秦地的乐曲，请允许我献盆缶给秦王，请秦王敲一敲，借此互相娱乐吧！"秦王发怒，不肯敲缶。在这时蔺相如走上前去献上一个瓦缶，趁势跪下请求秦王敲击。秦王不肯敲击瓦缶。蔺相如说："如大王不肯敲缶，在五步距离内，我能够把自己颈项里的血溅在大王身上！"秦王身边的侍从要用刀杀蔺相如，蔺相如瞪着眼睛呵斥他们，他们都被吓退了。于是，秦王很不情愿地为赵王敲了一下瓦缶。蔺相如回头召唤赵国史官写道："某年某月某日，秦王为赵王击缶。"秦国的众大臣说："请赵王用赵国的15座城为秦王祝寿。"蔺相如也说："请把秦国的都城咸阳送给赵王祝寿。"

直到酒宴结束，秦王始终未能占赵国的上风。赵国又大量陈兵边境以防备秦国入侵，秦军也不敢轻举妄动。

渑池会结束后，回到赵国，因为蔺相如功劳大，赵王任命他做上卿，位在廉颇之上。

公元前 单位：年	帝王	时间	大事件
289	周赧王	二十六年	魏昭王入赵朝见赵惠文王，把葛孽（今河北肥乡西南）、阴成两地献给赵惠文王作为"养邑"。 秦率兵攻魏，魏国割400里地。 孟子逝世。
288	周赧王	二十七年	秦昭王在咸阳自称西帝，遣魏冉到齐国尊齐王为东帝。 齐、秦并尊为帝以后，秦向三晋发动了大规模进攻。秦、齐联合，秦先取魏之上党，韩、魏服。秦、齐攻赵，取赵地；然后攻燕、楚，秦取楚之鄢、云梦，齐取楚之东国、下蔡。
286	周赧王	二十九年	齐湣王发兵灭宋，国君偃死在魏国。宋立国761年，共二十六世，三十二君。 燕国以乐毅为将，趁势攻下齐都临淄，攻占七十余城。 庄子逝世。

公元前 单位：年	帝王	时间	大事件
285	周赧王	三十年	苏秦到齐国，挑拨齐赵关系，取得齐湣王的信任，被任为齐相，暗地却仍在为燕国谋划。 秦将蒙武越韩、魏境攻齐，取九城，以其地设九县。
284	周赧王	三十一年	燕以乐毅为上将，率秦、魏、韩、赵之兵以伐齐，齐大败，乐毅入临淄，齐王走，被杀。燕国继续攻齐，其他国退兵。
283	周赧王	三十二年	蔺相如完璧归赵，被赵王拜为上大夫。
279	周赧王	三十六年	赵惠文王应秦昭王邀，在渑池（今河南渑池西）会晤。 莒墨保卫战，田单用火牛阵打破联军。莒墨保卫战是战国时期著名的战役，也是著名将领乐毅攻齐大胜的终点，此战结束了燕国连胜的势头，挽救齐国于倾覆之中。
278	周赧王	三十七年	秦国大将白起带兵南下，攻破了楚国国都。 燕国太子燕惠王即位。 57岁的荀子，从楚国回到齐国。 屈原投江而死。
276	周赧王	三十九年	魏安釐王封其弟无忌为信陵君。 秦国发兵攻打魏国，韩国派大将暴鸢前去救援，结果"为秦所败，鸢走开封"。

长平之战：赵国距离灭亡仅差一步

秦国在"合纵"斗争中削弱了齐国，开始向东方大发展。公元前278年，秦将白起率军攻破楚国都城鄢郢（今湖北江陵西北），楚迁国都于陈（今河南淮阳），秦国夺得巫郡和黔中郡。楚又迁都到寿春，楚国更加削弱了。

公元前260年，秦将白起率军进攻韩国的上党郡，郡守投降赵国。赵国派著名大将廉颇率大军镇守长平（今山西高平），筑垒坚守，以逸待劳，与秦军相持三年，不分胜负。秦国丞相范雎派人到赵国行使"反间计"，散布廉颇坏话。赵王信以为真，就派那个只会"纸上谈兵"的赵括替换廉颇。

赵括来到长平，把廉颇制定的命令全部推翻，并撤换了大批军官，然后他就下令向秦军发动进攻。两军刚一交战，白起便佯败退走。赵括在后面紧追不舍，一直逼近秦军营垒。秦军把赵军拦在营垒外，坚守不出。与此同时，秦军一支两万多人的奇兵已经迂回到赵军背后，切断了赵军的后路。另一支5000人的奇兵也插入赵军返回营垒的通道。这样一来，赵军被分割成两部分，粮道也断绝了。白起见赵括中计，马上派一支精锐的轻骑袭击赵军。

公元前 单位：年	帝王	时间	大事件
266	周赧王	四十九年	范雎入秦并担任秦相，开始辅助秦王治国。
265	周赧王	五十年	李牧大破匈奴十万骑兵。 齐襄王死，其子田建立为最后一代齐王，史称齐王建。 吕不韦弃商从政，由商界进入政界，开始了他的政治生涯。
263	周赧王	五十二年	楚考烈王因黄歇博文、善辩，封他为"春申君"，赐封地于申。 楚国攻占夜郎。
260	周赧王	五十五年	秦将白起于长平打败赵军，即历史上有名的"长平之战"。赵军最终战败，秦国获胜进占长平，此战共斩首坑杀赵军约45万。
258	周赧王	五十七年	赵平原君赵胜奉命前往楚国，门客毛遂自荐愿意一同前往。
257	周赧王	五十八年	白起自杀。 信陵君大破秦军于邯郸，秦军撤退。
256	周赧王	五十九年	秦灭东周。 蜀郡太守李冰父子经过访察水脉，因地制宜，在前人的基础上建成都江堰。

赵军疲惫不堪，士气低落，哪里还能迎战？只得加固防御工事，等待救兵。

嬴稷听说赵军的粮道已被切断，亲自到河内征发15岁以上的男丁，全部调往长平，阻挡赵国的救兵和粮草。赵军粮草匮乏，向齐国求救，齐王田建却不肯接济。

这一年的九月，秦军的包围圈开始缩小。赵军已经断粮46天，军营里，凡是能吃的东西全吃光了。饿疯了的士兵开始自相残杀，出现人吃人的悲惨局面。赵括见等待援军无望，只好组织军队突围。他把士兵分为四路，下令轮番进攻秦军营垒。可赵军将士饿得连弯弓搭箭的力气都没有了，哪里还是秦军的对手！他们接连冲锋五次，均告失败。赵括孤注一掷，亲自率领精兵与秦军展开肉搏战。秦军连忙开弓放箭，利箭如雨点般地飞向赵军，赵括还没来得及冲到秦军阵前，就死在乱箭之中。

赵军顿时全线崩溃。四十多万饥饿难耐的官兵全部做了秦军的俘虏。为了报复赵国在上党战役中坐收渔利的行径，白起只放回240个年龄小的士兵，让他们传扬秦国的威名，剩下的俘虏全部活埋。

长平一战，秦军共杀死45万赵军将士。赵国举国震惊，其他诸侯国也无不为之胆寒。

嬴政亲政：始皇真正开启秦帝国之路

在战国七雄的激烈角逐中，经过商鞅变法洗礼的秦国，实力逐渐超过关东六国，统一天下的大任历史性地落在秦国身上。

秦自惠文王起，历武王、昭王至孝文王、庄襄王五世，对内继续发展经济，巩固中央集权统治，对外则积极采取各种军事和外交活动，不断兼并周围弱小国家，扩张领土。公元前316年，灭西南的蜀、苴、巴国；公元前312年，夺取楚国的汉中之地；公元前272年，西北灭义渠戎，置陇西、北地、上郡三郡；公元前260年，在长平（今山西高平西北）大败强敌赵国，活埋赵40万士卒；公元前256年，灭西周；公元前249年，灭东周。名存实亡的周王朝终于落下帷幕。至此，秦国统一天下的趋势已经十分明朗。

公元前259年，孝文王庶子异人（后改名为子楚）的长子出生于邯郸。

公元前 单位：年	帝王	时间	大事件
251	秦昭王	五十六年	燕国伐赵，被廉颇打败。
250	秦孝文王	元年	秦庄襄王（异人）的父亲秦孝文王正式登基三天驾崩后，异人顺利即位，是为秦庄襄王。秦庄襄王是秦始皇的父亲。
249	秦庄襄王	元年	吕不韦成为秦国相国。 楚灭鲁，置鲁县。
248	秦庄襄王	二年	秦将蒙骜攻取了赵国的晋阳外围37座城池，并攻打晋阳。 诸子百家之一的公孙龙从赵国带领弟子到燕国。
247	秦庄襄王	三年	秦王政13岁时即王位，因年幼朝政由太后和相国吕不韦及嫪毐掌管。 王龁攻上党诸城，初置太原郡。 魏信陵君合五国兵攻秦，败秦于河外。
246	秦王政	元年	秦王政尊吕不韦为仲父。 秦王政采纳韩国人郑国的建议，并由郑国主持兴修大型灌溉渠，西引泾水东注洛水，长达三百余里。
244	秦王政	三年	赵国大将李牧率军大规模反击匈奴，斩杀匈奴十余万骑兵。 燕王喜让太子丹到秦国去做人质。
241	秦王政	六年	楚国向东迁都到寿春，改其名为郢。 楚、赵、魏、韩、卫联合攻打秦国，在函谷关被秦国打败。
237	秦王政	十年	齐王建去拜会秦王嬴政，秦王特地设酒宴于咸阳，双方推杯换盏，显得十分亲密，这反映出秦国"远交近攻"策略的胜利。 秦王政下令驱逐异邦客卿，李斯上书劝秦王政收回逐客令。
235	秦王政	十二年	秦继攻赵之后，即命辛梧率四郡兵，会同魏国，对楚国发起攻击。 吕不韦革除相位后，在去蜀途中服毒自尽。

他就是后来彪炳史册的秦始皇嬴政。公元前250年，异人继承秦国王位，即庄襄王。公元前247年，秦庄襄王去世，13岁的嬴政即位，因为年幼，朝政大事一直控制在相国吕不韦手中。

公元前238年，21岁的嬴政在雍城蕲年宫举行冠礼仪式：戴冠、佩剑。这不仅意味着他已正式成人，而且将亲理朝政。此时秦国内形势发生了不小的变化，朝政大权已经从相国吕不韦手中转移到了长信侯嫪毐手中。

史书记载，吕不韦和嬴政的母亲赵太后长期私通，后来吕不韦害怕嬴政长大后知道这件事，便把假宦官嫪毐推荐给太后。嫪毐深得太后宠幸，被封为长信侯，垄断朝权。嬴政亲政后，闻听此事，下令彻查。嫪毐十分恐惧，发兵反叛。

面对这一突发事件，这位年轻的国王向世人昭示了超凡的魄力和领袖才能。他迅速组织兵力，平定叛乱，将嫪毐夷三族。次年，罢免举荐嫪毐的相国吕不韦，后又将其流放到蜀，吕不韦饮鸩自杀。

嬴政顺利铲除了两大权势集团，将权力牢牢地掌控在自己手中。

荆轲刺秦王：燕国灭亡的导火线

燕国太子丹恨透了秦国，可是与秦打仗连连败北。太子丹因此把自己国家的命运寄托在刺客身上。这年他招揽到一个叫荆轲的勇士，于是待如上宾，把自己的车给他坐，衣服给他穿，还一起吃饭。荆轲因此很感激丹，决定以死报答他。

不久秦灭赵国，秦军已接近燕国边境。太子丹十分焦急，找荆轲说："燕国和秦国打仗就像是鸡蛋碰石头。现在唯一能挽救燕国的人只有看您的了。"荆轲答应了太子丹的请求，去秦国刺杀秦王。

到了秦国，荆轲面见秦王说："我们太子自知不是贵国的对手，特地派我来向大王求和。这是我们最肥沃地方的地图和樊於期的人头，献给大王，请求保全燕国。"

秦王政一听非常高兴，叫荆轲送上来。荆轲躬着腰奉上地图，然后打开地图，一边展开一边给秦王指出地图上的地名。当地图全部展开时，荆轲突然从中抽出一把事先浸过毒药的匕首刺向秦王。

这次行刺中，荆轲非但没能杀死秦王，自己还丢了性命。秦王借此发兵灭了燕国。

公元前 单位：年	帝王	时间	大事件
234	秦王政	十三年	秦伐赵，赵王以李牧为大将军，复战于宜安、肥下，秦师败绩，赵封李牧为武安君。
232	秦王政	十四年	西楚霸王项羽出生。 太子丹从秦国逃回燕国。
229	秦王政	十八年	王翦伐赵，李牧率军抵御，秦使反间计，李牧被赵王杀害。
228	秦王政	十九年	秦军攻破邯郸，不久出逃的赵王迁被迫献出赵国的地图降秦。赵国实际上灭亡了。
227	秦王政	二十年	燕太子丹派荆轲入秦，以献督亢地图为名行刺嬴政，未果。荆轲被杀。

第四章
秦　汉

秦王政统一中国后，认为自己"德兼三皇，功过五帝"，因此自号为"始皇帝"。秦始皇结束分封制，实行中央集权制，设置"三公"以为辅佐，分别是丞相负责国家行政，御史大夫负责监察事务，太尉负责军事管理，封建社会由此开始。汉朝除了开疆扩土外，把儒家思想确立为治国思想，这一做法基本贯穿着以后的各个朝代。

统一六国：秦帝国体制的建立

统一六国后，秦始皇立即着手建立新的帝国体制——以皇帝为中心的专制主义中央集权官僚政体。

"王"是西周时周王的称号，战国时因周王地位日益衰微，各国国君相继僭越称王。秦王嬴政认为自己功高三皇、五帝，于是从中各取一字，创"皇帝"尊号。以往君王死后，臣子根据他生前的品行功过议定谥号。嬴政不允许这种"子议父，臣议君"的事情发生在自己身上，于是废除谥号制度，改以数字为序，自己为始皇帝，后世子孙相沿为二世、三世，希望秦的统治可以"至于万世，传之无穷"。秦王嬴政从此变成赫赫大名的"秦始皇"。

秦始皇在中央建立了一套以公卿为首的庞大的官僚机构。皇帝之下设丞相、太尉、御史大夫，分别掌管行政、军事和监察。下设分掌具体政务的诸卿（奉常、郎中令、卫尉、太仆、廷尉、典客、宗正、治粟内史、少府），掌管司法、财政、京师戍卫等具体政务。

公元前 单位：年	帝王	时间	大事件
226	秦王政	二十一年	秦大将王翦率秦军占领了燕国的大半。燕王退守辽东，杀太子丹以求和。 秦王政派李信、蒙恬带兵20万，攻打楚国。
224	秦王政	二十三年	王翦率军60万攻打楚国，大破楚军，杀楚将项燕。
223	秦王政	二十四年	王翦、蒙武继续进攻，攻入楚都寿春，俘虏楚王负刍。
222	秦王政	二十五年	秦将王贲攻辽东，俘虏燕王喜，燕国灭亡。 秦将王贲攻代，俘虏代王嘉。
221	秦王政	二十六年	秦灭韩、魏、楚、燕、赵后，使将军王贲从燕地南攻齐国，俘虏齐王田建，齐国灭亡。秦国并吞六国，战国结束。

对于帝国应该采取什么样的地方行政体制，大臣间争论激烈。多数大臣主张沿袭周分封制，将原燕、齐、楚等边远地区分封给王子。廷尉李斯力排众议，主张彻底废除分封制，全面推行郡县制。秦始皇支持李斯的建议，将全国分为三十六郡，后来随着疆域的扩展，特别是北伐匈奴和统一南方后，又调整和增设了若干郡。

郡县制为两级行政体制。郡的行政长官称郡守，军事长官称郡尉，并设郡监主管监察。郡下设县（设置于少数民族聚居地的称为"道"），万户以上设县令，万户以下为县长。同时设县尉主管军事。郡县长官由朝廷任免，不能世袭。县下设乡，乡下设里。乡为最低一级行政机构，里为受国家控制的基层组织。郡县制是现代省县制的最早源头。

统一文字、货币和度量衡：国家制定同一标准

战国时期，各国文字虽然基本结构大体相同，但繁简程度和偏旁位置却有差异。秦始皇命李斯以战国时秦人通用的小篆为基础，加以调整统一，作为官方规范文字，在全国推广，同时废除其他异体字。

当时民间更为通用的是秦隶，书写简易，相传为程邈所作，但实际上是经战国以来不断演变而成，主要用于管理刑徒、奴隶的文书，故称隶书。隶书打破了古体汉字的传统，奠定了楷书的基础，提高了书写效率。

统一和简化文字，既有助于国家政教的推行和各地区间的文化交流，又对中国文化的发展起到了重要作用，对中华民族长期保持文化认同和凝聚力产生了重要影响。

在经济上，秦始皇主要实施了两项统一措施：第一，废除六国货币，全面推行秦的"半两钱"，实行以黄金为上币、铜钱为下币的复本位货币制。货币由国家统一铸造，严禁私铸。第二，统一度量衡，将商鞅制定的度量衡标准器推广到全国。

公元前 单位：年	帝王	时间	大事件
220	秦始皇	二十七年	秦始皇开始第一次巡游，巡行陇西北地。 秦始皇下令，将秦的东门由黄河延伸到上朐，并以咸阳和东门为中轴线规划新版图。
219	秦始皇	二十八年	秦始皇第二次巡游，派徐福入海求仙。 泰山封禅，表明自己当上皇帝是受命于天的。
218	秦始皇	二十九年	秦始皇第三次巡游，张良在博浪沙击始皇未中。 秦开凿了沟通湘水水系和漓江水系的灵渠。 岭南中部的"西瓯国"起兵反秦，秦始皇派50万大军征讨。
217	秦始皇	三十年	秦灭六国之后，开始北筑长城。
216	秦始皇	三十一年	秦始皇下令改革屯田制，延续商鞅的土地制度改革，用法律形式确认地主或平民对土地占有的所有权。 秦始皇微行咸阳，兰池遇盗，被手下的武士杀死。

焚书坑儒：人类文明史上的一场浩劫

秦始皇在全国推行郡县制，并非所有人都赞同。公元前213年一次朝宴上，博士淳于越重新提出分封制度不能废除。

这时李斯已当了丞相，秦始皇很想听听他的意见。李斯说："现在天下已经安定，但是还有一批读书人不学现在，却去学古代，这是故意在百姓中制造混乱。如果不加以禁止，势必会降低皇上的威信。"

秦始皇觉得李斯的话很有道理，于是立即下一道命令：除了秦国历史和医药、种树、法令等方面的书籍外，凡是私藏《诗》《书》等百家言论的书籍，一概要交出来烧掉。谁要是再谈论这类书，谁就要被杀头，而且家人也要被满门抄斩。

"焚书"次年,卢生等人因求不到长生不老药,害怕秦始皇怪罪,偷偷商议:秦始皇刚愎自用,专任狱吏,乐以刑杀为威,天下之事无小大皆决于上,如此贪于权势,不可能求到仙药。他们相约逃走。

秦始皇闻听大怒,让人彻查诸生中是否有制造谣言迷惑百姓者,共查出四百六十余人,始皇下令将他们全部活埋。

历史上将这一事件称为"坑儒"。但是,从事件的原委来看,被坑杀的儒生可能只占一小部分,更多的应是方士。

公元前 单位:年	帝王	时间	大事件
215	秦始皇	三十二年	秦始皇第四次巡行到达蓟城,蒙恬率兵30万伐匈奴。 秦始皇在今广西等地建立了桂林郡和象郡。
214	秦始皇	三十三年	灵渠建成使用。 秦设龙川县。 秦始皇派遣50万军队分五路攻占岭南,任命任嚣为南海尉;派蒙恬渡过黄河去夺取高阙、阳山、北假一带地方,筑起堡垒以驱逐戎狄。
213	秦始皇	三十四年	秦始皇任命李斯为左丞相。 秦始皇下令"焚书"。 秦在五岭开山道筑三关,即横浦关、阳山关、湟鸡谷关,打开了沟通南北的三条孔道。
212	秦始皇	三十五年	修秦直道,秦直道南起京都咸阳军事要地云阳林光宫(今陕西淳化县凉武帝村,武帝乘凉之意),北至九原郡(今内蒙古包头市西南孟家湾村),穿越14个县,八百多公里。 秦始皇大兴土木修建阿房宫。 秦始皇派扶苏到上郡(今陕西绥德)做大将蒙恬的监军。 秦始皇下令"坑儒"。

帝国的危机：秦始皇病死沙丘

虽然秦始皇一直在积极寻求长生不老的方法，但事实上，他已隐约意识到这些努力很可能是徒劳。因此，他除了追求现世的享乐，同时也在为自己的地下生活积极地做准备。

秦始皇同时修建阿房宫和骊山墓，耗费巨大，修建工匠、刑徒多时达70万人。秦始皇在如此短的时间内，对外大肆兴兵，对内改革制度、大兴土木，使秦政治带有浓厚的残暴色彩。刚刚建立的帝国很快便危机四伏。

秦始皇三十六年(公元前211年)，有流星坠于东郡，化成一黑色的石块，不知何人在陨石上刻上了"始皇帝死而地分"七个大字，诅咒秦始皇要死，天下分崩瓦解。盛怒之下的秦始皇不管三七二十一，严令将陨石坠落地周围居民全部杀死，并烧毁这颗陨石。皇帝一言九鼎，可怜的无辜百姓一个个身首异处，陈尸荒野。

公元前 单位：年	帝王	时间	大事件
211	秦始皇	三十六年	秦始皇下令迁三万户至北河、榆中。 一颗流星坠落到了东郡，上刻"始皇帝死而地分"。
210	秦始皇	三十七年	秦始皇第五次巡行，八月二十八日行至沙丘(沙丘台在邢州平乡县东北20里)病死。 赵高勾结始皇少子胡亥与左丞相李斯，伪诏立胡亥为太子，是为秦二世，并赐死公子扶苏。
209	秦二世	元年	陈胜、吴广在大泽乡爆发起义，各地的百姓纷纷杀了官吏，响应起义。大泽乡起义是中国第一次农民起义。 刘邦在沛县揭竿而起，加入秦末起义的大军。 项羽随叔父项梁在吴中刺杀太守殷通举兵响应反秦。
208	秦二世	二年	赵高嫉妒李斯，将李斯腰斩于咸阳闹市。

公元前210年，秦始皇第五次巡游。胡亥、左丞相李斯、中车府令赵高等随行。行至今山东平原津时，秦始皇病倒，他知道自己不久于人世，便着手安排后事。他写信给扶苏，让他速归咸阳，继嗣帝位，但这封信被赵高扣了下来。

公元前210年七月，秦始皇挨到沙丘（今河北广宗西北），一命呜呼，享年50岁。秦始皇死后，赵高等人伪诏立胡亥为太子，是为秦二世，并赐死公子扶苏。大秦帝国也随着胡亥登上帝位，一步步走向灭亡。

楚汉相争：楚河汉界，中分天下

刘邦、项羽是秦末农民起义中崛起的领袖。俗话说：一山难容二虎。秦灭亡后，汉王刘邦和西楚霸王项羽之间展开了你死我活的战争，历史上称为"楚汉相争"。

项羽消灭秦军主力后，听说刘邦已入关，大怒，旋即率军入函谷关，与刘邦对峙。为了不让刘邦称王，项羽决意兴兵讨伐。当时项羽有40万大军，而刘邦仅有十万，双方力量悬殊。刘邦很害怕，便收买了项羽的叔父项伯，让他转告项羽自己并无背叛之意，并答应次日到项羽军中谢罪。项羽的谋士范增主张利用刘邦前来谢罪的机会除掉他。第二天，项羽在鸿门摆下酒宴，并设下埋伏。但席间项羽犹豫不决，再加上张良、樊哙、项伯等人的暗中帮助，刘邦得以安全逃脱。

后来，诸侯田荣不服分封结果，在齐地起兵叛楚，项羽当然发兵处理。刘邦认为项羽无暇西顾，便"明修栈道，暗度陈仓"，以迅雷不及掩耳之势攻占三秦。刘邦占领关中大部分地区后，项羽的大军还胶着齐地，刘邦见机不可失，立刻集合各路人马约五十多万人，向东攻取彭城。项羽立即率领精锐将士三万人，一路从齐地回转南下，乘刘邦疏于防范时，发动进攻，歼灭汉军数十万人，收复彭城。这就是历史上以少胜多的著名战例——彭城之战。刘邦狼狈地仅率少数兵力突围，逃回荥阳，实力大衰。

刘邦败退后，在萧何、韩信的协助下有效地阻遏楚军西进的攻势。这时双方在荥阳一带，僵持不下。刘邦决定分散项羽的兵力，他联络了几路大将分头出击，果然让急于求战的项羽常常打到一半，便得回师解救后方。项羽由于兵力过于分散，腹背受敌，加诸战事日久，粮草不济，刘邦则尽可能采取守势。楚汉相争经过数年后，局面已逐渐对楚不利。双方经过谈判，项王同意与汉约定平分天下。楚汉之间以鸿沟为界，以西为汉，以东为楚，这就是"楚河汉界"，两军终于休兵。

公元前 单位：年	帝王	时间	大事件
207	秦二世	三年	赵高在秦二世面前上演"指鹿为马"的把戏。 项羽破釜沉舟，与章邯在巨鹿爆发大战，史称"巨鹿之战"，项羽以少胜多打败章邯。 秦二世胡亥被赵高杀死，时年24岁，子婴继承王位。
206	秦三世	元年	秦王子婴向刘邦投降，秦亡。 项羽设鸿门宴，欲杀刘邦。 项羽于新安坑秦降卒二十余万，入咸阳，烧阿房宫，称楚霸王，史称西楚，尊怀王芈心为义帝，命其迁都郴县（今湖南郴州）。 封刘邦为汉王，建都南郑（今陕西汉中）。 项羽建都彭城（今江苏徐州）。杀韩王韩成。 齐相田荣杀齐王田福，自立。
205	汉高祖	二年	西楚霸王项羽命九江王英布于中途截杀义帝芈心。 西楚攻齐，齐王田荣为民所杀，田广嗣位。 汉王刘邦大举东攻，陷楚都彭城，项羽自齐回军反攻，汉军大败，死十余万人，至睢水，又死十余万人，刘邦奔荥阳。 刘邦任韩信为左丞相，韩信破魏，掳魏王魏豹。

楚歌四起：刘邦建立西汉王朝

刘邦和项羽争战多年，谁也没有消灭谁，直到汉高祖五年的时候，刘邦的势力日趋强大，项羽则因粮食缺乏，兵士日渐疲惫，势力越来越弱。刘邦眼看机会来了，立即会集重兵，把项羽团团围困在垓下。

夜间，项羽忽然听到汉军军营中传来楚地的歌声，大吃一惊，以为自己的根据地楚国已被刘邦攻占，心神俱乱。士兵们听到悲伤的乡音，更是无心恋战，纷纷逃走。

其实，这是刘邦的谋臣张良设下的计谋。他知道项羽的军士都是楚地人，于是命汉军高唱楚歌，以动摇楚军军心。项羽在四面楚歌中坐在帐中饮酒，并大声唱道："力拔山兮气盖世，时不利兮骓不逝。骓不逝兮可奈何，虞兮虞兮奈若何？"虞姬是项羽的宠姬，她知道大势已去，而项羽不忍与自己分别，又担心兵败后会受到汉军的侮辱，于是在歌声中拔剑自刎。

见虞姬自杀，项羽率领仅存的800人突围，等他来到乌江边上时，身边只剩下28个人。乌江亭长将船停在江边，对项羽说："江东虽小，却地方千

公元前 单位：年	帝王	时间	大事件
204	汉高祖	三年	汉丞相韩信大破赵军，杀赵王赵歇。 西楚亚父范增卒。西楚攻汉，连陷荥阳、成皋（今河南荥阳西北）。
203	汉高祖	四年	韩信攻齐，西楚救齐，战于潍水，西楚军大败，韩信杀西楚大将龙且，掳齐王田广。刘邦封韩信为齐王。 项羽与刘邦中分天下，以鸿沟（今河南开封西）为界，项羽退军。
202	汉高祖	五年	刘邦背弃鸿沟之盟，越界追击项羽，战于垓下（今安徽灵璧），项羽自杀，西楚亡，立国五年。 刘邦称皇帝，是为汉高祖，建汉王朝，史称西汉，中国再归统一。

里，有数十万人，足以使您称王。愿大王赶紧渡江，此茫茫大江仅有我一只船，汉军即使追到这里也无船可渡。"项羽听后微微一笑，说："天要亡我，我还渡江干什么！况且我当年与江东子弟8000人渡江征战，如今无一人生还，纵使江东父老可怜我，称我为王，我还有什么面目去见他们？"说完，将坐骑送给亭长，回身手持短刃与汉军厮杀。项羽一人杀了汉军数百人，但终因寡不敌众，身受重伤，最后自刎在乌江边上。

公元前202年二月甲午，刘邦在定陶汜水北岸举行了简朴的登基仪式，登上皇帝宝座。这是中国历史上第二个统一王朝，因刘邦的汉王封号而称"汉朝"。初都洛阳，后迁长安。

刘邦成为汉朝的开国皇帝，即汉高祖，史称"西汉"。

狡兔死，良狗烹：战神韩信之死

刘邦登基前，分封了六个诸侯王：楚王韩信、梁王彭越、淮南王英布、韩王信、赵王张敖、燕王臧荼。登基后又封长沙王吴芮。其中，楚王韩信的实力最大。

公元前201年，有人告发韩信谋反，刘邦听从了陈平的建议，说天子要出外巡视会见诸侯，通知诸侯到陈地相会。其实，刘邦是想袭击韩信。将到楚国时，韩信打算起兵谋反，但又认为自己无罪，刘邦可能不是冲着自己来的；想去谒见刘邦，又怕被擒。正在左右为难之间，有人建议说："杀了钟离眛去谒见，刘邦必定高兴，也就不用担心祸患了。"

韩信也认为对，就将此事告诉了钟离眛，请他成全，于是钟离眛就自杀了。韩信持钟离眛的首级去谒见刘邦，刘邦马上令武士把韩信捆绑起来，韩信大悔。

回到洛阳后，刘邦还是念着韩信的功劳，加上又没有查到切实的谋反证据，就赦免了韩信的罪，改封他为淮阴侯。

高祖十年（公元前197年）九月，赵相国陈豨发兵反叛，自立为代王。刘邦亲自率兵平叛，临行前令韩信随从，又派人召梁王彭越出兵，协同作战，不料，二人重演垓下一幕，称病不从。彭越只派了自己的将领前往。

次年冬，刘邦平定陈豨叛乱。与此同时，长乐宫中也上演了惊心动魄的一幕。据史载，这年正月，韩信舍人告发韩信与陈豨勾结，想里应外合，袭击留守的吕后和太子刘盈。吕后与相国萧何合谋，谎称刘邦已杀陈豨，骗韩信入宫道贺，将其抓获，并立即将他在钟室斩首。

史载，刘邦听说韩信被杀后，"且喜且怜之"，生动地反映了刘邦复杂的心态。他怜惜韩信是个难得的人才，是汉王朝的头等功臣，但也正因为如此，才让自己不放心，现在吕后终于替他除了这块心病。

公元前 单位：年	帝王	时间	大事件
201	汉高祖	六年	刘邦伪游云梦（今湖北安陆南），诱捕楚王韩信，执归长安，贬为淮阴侯。 匈奴太子冒顿射杀其父头曼单于，自立。
200	汉高祖	七年	刘邦攻韩王韩信，韩信兵败，逃入匈奴。刘邦乘胜追击，匈奴围之于白登（今山西大同），用陈平密计，始解围生还。
199	汉高祖	八年	汉政府令商人不得衣锦，不得骑马。
198	汉高祖	九年	迁齐楚昭氏、屈氏、景氏、怀氏、田氏五大宗族，及豪族十余万于关中（今陕西中部）。
197	汉高祖	十年	阳夏侯陈豨据代郡（今河北蔚县）发动叛乱。
196	汉高祖	十一年	吕后与相国萧何合谋，将韩信骗入长乐宫中，斩于钟室，夷其三族。 梁王彭越被告发谋反，为汉高祖刘邦所杀。 封赵佗为南越王。

吕后称制：开太后临朝听政之先河

公元前195年四月甲辰，刘邦结束了波澜壮阔的一生。刘邦和吕后17岁的儿子太子刘盈即皇帝位，是为汉惠帝。尊吕后为皇太后。

惠帝为人善良，与性格强悍的母亲吕后相处，自然居于下风。因此，他在位的七年（公元前194～前188年），朝政实际上掌握在吕后手中。

但是，刘邦清楚吕后的为人，担心自己死后吕后会加害如意，特地给如意立了一个"贵强相"，即地位尊贵、性格强悍的王相周昌。但是，这一道保险仍然保护不了如意母子。

刘邦尸骨未寒，吕后便将如意之母戚夫人囚禁起来，三次派使者召赵王如意进京，都被周昌严词拒绝。吕后便使计，先召周昌进京，然后又召如意。惠帝知道母亲的想法，就让如意日夜不离自己左右。但百密一疏，一天

公元前 单位：年	帝王	时间	大事件
195	汉高祖	十二年	刘邦攻英布，斩之。 汉高祖刘邦辞世，其子汉惠帝即位，因汉惠帝年少而体弱，其母吕雉摄政。 皇太后吕雉囚戚夫人，尽剃其发，使戴刑具舂米。
194	汉惠帝	元年	吕雉杀戚夫人子赵王刘如意，并断戚夫人手足，剜眼，熏聋双耳，饮哑药，置厕中，名曰"人彘"。 卫满率部攻朝鲜，灭箕氏王朝，建卫氏王朝。
193	汉惠帝	二年	陇西、天水郡发生大旱。 汉初三杰之一的萧何于本年去世。
192	汉惠帝	三年	匈奴冒顿单于欲辱汉朝，致函汉政府，扬言娶吕雉为妻。吕雉无奈，以宗女嫁之。 汉政府发男女14万人筑长安城。
191	汉惠帝	四年	吕雉一直想寻机除掉吴芮，长沙王交出南越管辖权后，吕后突然削除汉封赵佗的"南越王"爵位，并遣军讨伐，结果失败。 吕雉将外孙女张嫣嫁给刘盈。
190	汉惠帝	五年	西汉都城长安正式修建完成。
189	汉惠帝	六年	任用王陵为右丞相，陈平为左丞相。
188	汉惠帝	七年	汉惠帝刘盈卒，吕雉立养子刘恭为少帝，临朝听政。

他早起狩猎，如意年少贪睡，惠帝不忍叫醒他。就这么一会儿工夫，吕后便派人让他喝下毒药。

如意一死，吕后更无忌惮，叫人砍断戚夫人手脚，挖掉眼珠，熏哑嗓子，扔在厕所中，称作"人彘"（"人猪"之意）。不知出于什么心理，吕后叫惠帝来观看。惠帝见后大哭，一病一年多，从此终日饮酒作乐，不理政事。

五年后，亦即惠帝七年（公元前188年）八月戊寅，正值风华之年、23岁的惠帝驾崩离世。吕后立年仅数岁的刘恭为帝，自己临朝称制，开后世太后临朝听政之先河。

违背先帝誓约：吕后大肆封吕姓为王

为了巩固自己的权力，吕后要封自己娘家的人为王。右丞相王陵说："先帝曾立下盟约，不是姓刘的不能封王。"吕后很不高兴，又问左丞相陈平和太尉周勃。陈平说："高祖平定天下，分封自己的子弟为王，这当然是对的；现在太后临朝，封自己的子弟为王，也没有什么不可以。"王陵很是气愤，骂陈平和周勃说："当初在先帝跟前宣誓时，你们不在吗？现在竟然违背了誓约，你们如何对得起先帝？"陈平说："您别着急。当面在朝廷上和太后争论，我们比不上您；将来保全刘家天下，您可就比不卜我们了。"

果然，吕后不久就找了个理由，逼王陵辞官，而对陈平、周勃则礼遇有加。吕后把她的内侄、侄孙，像吕台、吕产、吕禄、吕嘉、吕通等一个个都封了王，并让他们掌握了军权。

吕后临朝的第八年，得了重病，临死前封吕产为相国，统领北军；吕禄为上将军，率领南军，并且叮嘱他们说："现在吕氏掌权，大臣们都不服。我死了以后，你们一定要带领军队保卫宫廷，不要出去送殡，免得被人暗算。"

公元前180年，吕后去世，吕产、吕禄想发动叛乱，只是一时不敢动手。齐王刘襄得知吕氏子弟要谋反，立即联合诸刘姓王，起兵反吕。

风云突变，长安一片紧张气氛。太尉周勃、丞相陈平设计，夺取南北军，诛灭吕氏。废掉吕后立的另一位少帝刘弘，迎立刘邦长子代王刘恒，是为文帝。

公元前 单位：年	帝王	时间	大事件
187	高后吕雉	元年	废秦诛三族罪及诽谤妖言令。 吕雉封吕氏昆弟为王，王陵因为反对，被吕雉罢黜。
186	高后吕雉	二年	《算数书》成书，是中国发现年代最早的一部数学专著。 发行八铢钱。
184	高后吕雉	四年	吕后杀少帝，立常山王刘义。
183	高后吕雉	五年	南越王赵佗叛汉，称帝，建都番禺（今广州），攻长沙。
181	高后吕雉	七年	太皇太后吕雉囚赵王刘友，刘友饿死。
180	高后吕雉	八年	太皇太后吕雉卒。太尉周勃杀诸吕，迎立刘邦庶子代王刘恒为帝，是为文帝。

缇萦救父：汉文帝废除肉刑

汉代的肉刑有三种，即黥、劓和斩左右指，刑罚相当残酷，不但摧残了犯人的肉体，而且伤害了受刑者的人格尊严。汉文帝废除肉刑，是由一个具体的案件引起的。文帝十三年，即公元前167年，齐国的太仓令淳于意因罪被判处肉刑，经中央审查之后确认成立，定于秋后施刑，这本是当时很正常的一件事，但由于淳于意的小女儿的努力，淳于意不但免予受刑，并最终促成了汉文帝废除这一残酷的刑罚。

淳于意没有儿子，只有五个女儿，在临赴长安受刑前他的小女儿缇萦决意跟父亲一起上长安，为父亲鸣冤。缇萦到了长安，来到皇宫之外，要求拜见皇帝，可侍卫不让她进宫门。缇萦没有办法，只得写好奏章，日夜守候在宫门之外，宫廷的侍卫和太监见她可怜，又为她的真心所打动，才替她向皇帝传达。

缇萦对文帝说，父亲淳于意是齐地的太仓令，为官清廉公正，为人仁厚刚直，当地百姓都十分爱戴他。只因为父亲不愿意巴结讨好上司，被诬告治罪，判处了肉刑。人死了不能复活，截掉了肢体，就再也不能续接起来。人被砍去脚，就成了残废；人被割了鼻子，就不能再长出来；在人的脸上刺字，不但疼痛难忍，而且终生都要蒙受这种耻辱，洗也洗不掉。凡是受了肉

公元前 单位：年	帝王	时间	大事件
179	汉文帝	前元元年	南越帝赵佗去帝号，复称王，臣属汉王朝。
177	汉文帝	前元三年	免去晋阳、中都两县人民三年田税。 济北王刘兴居发动叛乱，兵败自杀。
175	汉文帝	前元五年	汉政府更造四铢钱，废盗钱令。 月氏（今甘肃敦煌）杀乌孙（今甘肃张掖）王难兜靡，乌孙残众西迁。
174	汉文帝	前元六年	淮南王刘长死。 匈奴冒顿单于卒，子老上单于稽粥嗣位。 贾谊上治安策。
173	汉文帝	前元七年	汉政府禁列侯太夫人、夫人、王子及吏二千石，对民不得擅自征税。
168	汉文帝	前元十二年	汉政府把田租由高祖时的十五税一改为三十税一。
167	汉文帝	前元十三年	少女淳于缇萦为父冤上书，汉文帝刘恒命废肉刑，均改为鞭背，然徒有轻刑之名，实更惨酷。
166	汉文帝	前元十四年	匈奴老上单于率14万骑，陷朝那（今宁夏彭阳）、萧关（今宁夏固原），烧回中宫（今陕西陇县西）。刘恒遇冯唐，命魏尚为云中（今内蒙古托克托）守，御匈奴。
157	汉文帝	后元七年	汉文帝刘恒卒，子景帝刘启嗣位。

刑的人，即使以后想改过自新，却再也没有这种机会了。因此，我情愿入官府为奴婢，为父亲赎罪，只求能使他有改过自新的机会。"

汉文帝被她的孝心所感动，认为缇萦的话很有道理，于是他召集大臣们开会商议这件事，最后废除肉刑。

长安城里的百姓，早就听说缇萦以身救父的壮举，都十分关心她的境遇，也关心着淳于意最后的命运。现在看到汉文帝不仅赦免了淳于意，还废除了肉刑，不禁欢呼雀跃，称赞缇萦是个孝顺而且机智聪明的好姑娘，不仅救了自己的父亲，也救了全天下受肉刑的犯人，为天下百姓做了一件大好事。

平七国之乱：清除西汉诸侯王的威胁

汉景帝统治的时候，国力已日趋恢复，商业也逐步繁荣。这时各诸侯国的势力也强大起来，凭借着土地多，又都是刘邦的子孙，一些诸侯王便不愿再受朝廷的束缚。

其中的吴王刘濞，他的封国靠海，盛产铜，财富一点儿也不亚于大汉皇帝。汉朝规定各诸侯王要定期到长安来拜见皇帝，可刘濞却一直不来。

晁错对汉景帝说："吴王一直不来朝见，按理早该治他的罪。先帝在世时对他宽大，他反倒越来越狂妄。不但私自开铜山铸钱，煮海水产盐，还招兵买马，扩充军队。不如趁早削减他们的封地，以除后患。"

景帝前元三年（公元前154年），由于晁错请求削减藩王封地以加强中央集权遭到诸藩王的反对，吴、楚等七国以"清君侧"为名起兵反叛朝廷，景帝在袁盎的挑唆下把他杀害了。

汉景帝杀了晁错后，下诏书要七国退兵。这时吴王刘濞已经夺得了半壁江山，使臣要他拜受汉景帝的诏书，刘濞冷笑说："现在我也是皇帝，为什么要下拜？"汉景帝这时才明白，吴王借削地的由头发兵，就是为了夺取天下，自己是错杀了晁错。

这时，汉景帝想起了汉文帝临终时的嘱咐，拜周亚夫为太尉，统率兵马去讨伐叛军。周亚夫不跟叛军正面作战，只派了一队轻骑兵抄了吴、楚两军的后路，断绝了他们的粮道。没有了粮食，叛军自己就先乱了起来。周亚夫这才发动精兵出击，把吴、楚两国的兵马打得一败涂地。吴、楚两国是带头叛乱的，这两国一败，其余五个国家也很快垮了。不到三个月的时间，汉军就把七国的叛乱平定了。

七国之乱平息后，同姓诸侯王的势力受到致命打击。汉景帝趁势收夺各诸侯国的支郡、边郡归朝廷所有，并进一步采取措施，削弱诸侯王的权力以加强中央集权，继续推行贾谊"众建诸侯而少其力"的计划。至此，中央政权的权力大大加强，诸侯王的力量大大削弱。诸侯国虽仍然存在，但由于诸侯王失去了政治权力，其实际地位已与汉郡无异，已经不再具有同中央对抗的物质条件。

公元前 单位：年	帝王	时间	大事件
156	汉景帝	前元元年	减笞刑五百为三百，三百为二百。 任晁错为左内史。 汉武大帝刘彻出生。
155	汉景帝	前元二年	任晁错为御史大夫，议削诸侯地。
154	汉景帝	前元三年	吴、楚、赵、淄川、济南、胶西、胶东，七国起兵叛，传书诸侯，求诛晁错。汉景帝刘启乃杀晁错，屠其族，以平七国之愤，并向七国求和。七国不许，西向进兵。刘启命周亚夫为太尉进击，大破七国军，楚王刘戊自杀，吴王刘濞奔闽越国（今福建福州），闽越杀之。另外五国次第向朝廷投降，七国之乱平息。
152	汉景帝	前元五年	汉武帝胞妹、汉景帝的二女儿远嫁匈奴，称为汉朝第一位真正和亲的公主。
150	汉景帝	前元七年	汉景帝废前太子刘荣，改立刘彻为太子。
147	汉景帝	中元三年	免周亚夫的丞相职务，以御史大夫桃侯刘舍为丞相。
143	汉景帝	后元元年	刘启诬前丞相周亚夫谋反，下狱，周亚夫绝食死。
141	汉景帝	后元三年	汉景帝刘启卒，子武帝刘彻嗣位。

张骞出使西域：为汉武帝征服匈奴奠定基础

西汉初年，国力薄弱，百业待兴，而当时的匈奴兵强马壮，实力非常强大，汉朝一时无法对抗，只好处处向匈奴妥协或求和。公元前195年汉高祖刘邦去世，匈奴的单于得到消息后，就故意给吕后写了一封信，让吕后嫁给他。很明显，这是单于故意羞辱西汉政府。

俗话说："君子报仇，十年不晚。"西汉政权经过几十年的休养生息，国力逐渐强盛起来。当汉武帝执政时，他决心一洗前朝的羞辱。

匈奴虽然是西北地区的一个强大的国家，但是他们处处欺压周边的小国。那些被欺压的小国不敢怒又不敢言，只好把仇恨埋藏在心底。汉武帝了解到匈奴曾把大月氏的国王杀掉，用他的头骨当溺盆。汉武帝决心联络大月氏，一起攻打匈奴。大月氏远在西域，要想联系上这个弱小的国家，必须深入到西域腹地。于是，汉武帝下诏，征求出使西域的人才。大家一听说去蛮荒的地方，纷纷摇头，表示不愿意去。

就在汉武帝为此事发愁之际，有一个人站了出来，这个人就是张骞。汉武帝知道后，喜出望外，连忙召见张骞。张骞仪表堂堂，谈吐不俗，讲起话来条条在理，汉武帝很高兴，便说："派你这样的外交官去，可以代表我泱泱大国之风。"

建元二年（公元前139年），张骞以汉朝大使的身份，带着一百多个随从出发了。他们一行刚出陇西，便被匈奴抓住了，并且把他的汉节（节是代表政府的信物）以及西汉政府写给大月氏的书信也搜了出来。匈奴单于知道张骞的动机后，就嘲讽着说："你也不动脑子想想，要想到达大月氏，必须经过我的地盘。我要是放你过去，不等于我自己给自己找麻烦吗？我看你也就别去了吧。"

于是，单于强行把张骞扣留在匈奴，时刻监视他的行动。就这样，张骞在匈奴一住就是十多年，其间还结婚生子。张骞身在匈奴，时刻没有忘记自己的使命。他假装安下心来生活，暗地里寻找机会。

机会终于降临了，一天早晨，张骞趁着监视他的守卫还没有起床的机会，就以最快的速度从马厩里牵出马，策马扬鞭直向大月氏国的方向奔去。

广袤的沙漠是死亡的禁区，就连飞鸟也不敢擅自闯入，而张骞硬是凭着顽强的毅力，在沙漠中行走了十多天，历尽千辛万苦，到达一个叫大宛的国家。

这个国家十分友好，早就仰慕汉朝的繁荣与富庶，当张骞到达后，他们受宠若惊，以最高的礼仪接待了这位汉朝使者。张骞说明来意后，大宛国的国王一口答应，愿意帮助张骞到达大月氏。

尽管有大宛国的帮助，旅途上的艰辛依然无法克服。张骞风餐露宿，忍饥挨饿，终于来到大月氏。这时，大月氏的太子已即位，并且吞并了肥沃的大夏，根本没有复仇的兴趣，张骞好说歹说，没有说服新国王。无奈之下，张骞抱着失望的心情，沿原路返回。当他刚踏入匈奴的领地时，不料又被匈奴人给抓住了。所幸的是，单于并没有加害他的意思，而是把他关起来，这一关就是一年多。后来，匈奴的内部发生内乱，张骞乘机带着老婆孩子，逃回了长安。

汉武帝听说张骞回来了，十分高兴，任命他为中大夫。张骞虽然没有完成结交大月氏攻打匈奴的使命，但他带回许多有关西域的资料。他说，西域有一种水果，甜甜的，酸酸的，芳香扑鼻，好吃得不得了，叫葡萄；有一种草，叫苜蓿，青翠美丽。大宛有一种千里马，全身红得发亮，有一丈多长，两丈多高，跑起来像飞一般快。这些个新奇事，使得汉武帝心动不已，封张骞为博望侯，开始注重西方边疆的开发。

到了元鼎元年，张骞再度西使，率领随从三百余人，分赴大宛、乌孙、康居、大月氏、大夏、安息等国，为中国打通了与西域外交、经济、文化的

公元前 单位：年	帝王	年号	大事件
140	汉武帝	建元元年	汉武帝使用"建元"，是首位采用年号的皇帝。 诏举"贤良方正，直言极谏"之士。
139	汉武帝	建元二年	汉武帝新政力度正欲加大拟废黄老而重儒学，却由于窦太后反对而夭折。
138	汉武帝	建元三年	张骞出陇西，开始出使西域。
137	汉武帝	建元四年	南越王赵佗卒，其孙子文王赵胡嗣位。

公元前 单位：年	帝王	年号	大事件
136	汉武帝	建元五年	废三铢钱，行半两钱。置五经博士。
135	汉武帝	建元六年	闽越国攻南越国（今广东广州），南越求援。汉武帝刘彻遣大行王恢出豫章（今江西南昌）、大农令韩安国出会稽（今江苏苏州），夹击闽越。闽越王弟骆余善杀其王骆郢投降。封骆丑为越繇王，继又封骆余善为东越王。南越遣太子赵婴齐入汉朝，充任汉武帝刘彻宿卫。
134	汉武帝	元光元年	汉政府命郡国各举孝廉一人，为举孝廉之始。
130	汉武帝	元光五年	汉武帝派遣唐蒙通夜郎，司马相如赴渝抚西夷。
129	汉武帝	元光六年	汉政府遣车骑将军卫青出上谷、骑将军公孙敖出代郡、轻车将军公孙贺出云中、骁骑将军李广出雁门，四路攻匈奴，互有胜负。
128	汉武帝	元朔元年	刘彻立卫子夫为皇后。 匈奴二万骑入辽西（今辽宁北票），掳2000人，再入渔阳（今北京密云），杀掳2000人。车骑将军卫青出雁门，将军李息出代郡攻匈奴，杀掳数千人。
127	汉武帝	元朔二年	卫青攻匈奴，复取河南地，修筑秦长城，置朔方郡（今内蒙古杭锦旗北）。 张骞自月氏还，中途再被匈奴掳获。
126	汉武帝	元朔三年	匈奴发生内乱，张骞乘机逃脱，终于返回了长安。 乌孙人联合匈奴人发动对月支的突然袭击，把月支人赶到千里之外的阿姆河边的大夏定居。原月支驻牧的伊犁河流域遂又被乌孙占领。

交流。由于张骞的努力，西域的物产如石榴、胡瓜、胡豆、胡琴等陆续传入中国，中国文化因而更为光辉灿烂。

剑指匈奴：汉武帝的雄心前所未有

元光六年（公元前129年），匈奴入侵上谷郡。武帝令汉军分四路出击，每路一万骑，围剿匈奴。汉匈战争正式开始。

四路军中有两路战败，一路未与匈奴遭遇，只有将军卫青率领的一路直捣匈奴单于府——龙城，歼灭700人。这个小小的胜利，给朝野上下极大的鼓舞。此后，汉军连年与匈奴交战，不断取得胜利。

元朔二年（公元前127年），卫青率兵击败楼烦、白羊王，收复河套地区，汉在这里设朔方（今内蒙古杭锦旗北）、五原郡（今内蒙古五原）。元朔五年（公元前124年）卫青率三万骑大败匈奴右贤王，斩首一万五千余人，右贤王仅率数百人逃脱。元狩二年（公元前121年）春，骠骑将军霍去病出陇西（今甘肃临洮），过焉支山（今甘肃山丹县东大黄山）一千余里，大败匈奴，杀两王，俘浑邪王子，歼灭八九千人。当年夏，霍去病越过居延泽（今内蒙古额济纳河上游），至祁连山（今甘肃酒泉南方），歼灭三万余人，俘2500人。这两次战役给匈奴右翼以致命打击，造成匈奴内讧。这年秋天，浑邪王杀休屠王，率部四万余人降汉。汉在河西陆续设立酒泉、武威、张掖、敦煌四郡。

元狩四年（公元前119年），武帝命卫青、霍去病分两路出击匈奴。卫青部出塞千余里，穿越漠北，重创单于部，单于仅率数百骑逃走，汉军追至寘颜山赵信城（今蒙古国杭爱山南），歼敌1.9万人。霍去病部出塞两千余里，大败左贤王部，斩首七万余人，封狼居胥山（今蒙古国肯特山），临瀚海（今贝加尔湖）而还。

匈奴从此一蹶不振，他们编歌谣唱道："失我焉支山，使我妇女无颜色；失我祁连山，使我六畜不蕃息。"其主力向西北远徙，出现"漠南无王庭"的局面。

西汉与匈奴的战争，是秦汉以来最大的一场民族战争。武帝前期，先后取得河南之战、漠南之战、河西之战、漠北之战的胜利，奠定了战争胜利的基础。武帝后期，匈奴远遁漠北，虽然取得几次作战胜利，但其国力和军事实力均大大弱于西汉。连年战争，匈奴人畜伤亡惨重，在远徙漠北苦寒地区后，经济衰败，人畜锐减，南下袭掠又为汉城塞所阻，加上内部倾轧，其势渐衰，终为西汉所灭。

公元前 单位：年	帝王	年号	大事件
125	汉武帝	元朔四年	匈奴九万骑，分入代郡、定襄（今内蒙古和林格尔）、上郡，杀掳数千人。
124	汉武帝	元朔五年	车骑将军卫青率六将军十余万人，出朔方（今内蒙古杭锦旗北）攻匈奴，出塞700里，大破之，掳右贤王所属小王等十余人，男女1.5万人。军既返，匈奴一万余骑反攻，再入代郡，杀代郡守将朱英，掳千余人。
123	汉武帝	元朔六年	二月，大将军卫青出定襄攻匈奴，杀数千人而还。四月，再大举攻匈奴，卫青率六将军复出定襄。翕侯赵信兵败，降匈奴。右将军苏建，全军覆没。军士马匹死十余万，大司农国库空竭。
122	汉武帝	元狩元年	淮南王刘安谋反，事泄自杀，王后徐来，王太子刘爽皆斩，狱所牵连，杀数万人。
120	汉武帝	元狩三年	匈奴数万骑攻右北平（今内蒙古宁城）、定襄，杀掠千余人。山东大水，民饥，迁贫民七十余万人于朔方等地。
119	汉武帝	元狩四年	西汉发行皮币；霍去病出代郡塞击败匈奴；西汉名将李广逝世；卫青出击匈奴。
118	汉武帝	元狩五年	汉政府废三铢钱，重铸五铢钱。 丞相李蔡下狱自杀。

一代史家司马迁:成就中国历史上第一部纪传体通史

《史记》是我国古代了不起的史书。2000年后的中国文学巨匠鲁迅称它是"史家之绝唱,无韵之离骚"。但是你可知道,司马迁是忍受着人世间的奇耻大辱,几乎耗尽了毕生的心血才把这本书写完的。

司马迁的父亲司马谈学识渊博,是朝廷的太史令。他很希望儿子将来能继承祖业,所以从小就对司马迁进行十分严格的培养训练。他一边教儿子读书写字,一边给他讲历史故事,激发他对历史的兴趣。在父亲的教育下,司马迁10岁就能诵读《左传》《国语》等古代流传下来的历史书。

汉武帝太初元年,司马迁正式开始了《史记》的写作。为了集中精力写《史记》,他终日闭门谢客。不论春夏秋冬,天晴下雨,他一办完公务,就一头钻进书房写作。六年过去了,书房的地上堆满了厚厚的竹简(当时还没有纸,写字用竹简或布帛)。就在这时,不幸降临到了他的头上。

司马迁有个老友叫李陵,被派去征讨匈奴。由于孤军深入,粮尽援绝,被匈奴俘虏了。后来投降了匈奴。司马迁与李陵交往多年,深知他的为人,就在汉武帝面前为他辩护了几句,没想到竟触怒了汉武帝,于是司马迁被处以宫刑。宫刑是一种惨无人道的酷刑,受刑的人将丧失生殖能力,被认为是奇耻大辱。

受刑后的司马迁内心十分悲痛,几次想悬梁自尽,了此残生。但一想到父亲临终前的嘱咐,一想到堆在书房里的捆捆书简和六年心血,他又不甘心去死,他决心坚强地活下来。周文王坐牢还能推演《易经》,孙膑被挖去膝盖还能写兵书,屈原遭流放还能写出《离骚》,难道我司马迁受了宫刑就不能写完《史记》?想到这里,他咬咬牙,仰天长叹:"《史记》不成,我死不瞑目!"

出狱后,他忍受着极大的精神痛苦,继续坚持写作。

就这样,司马迁发奋写了整整18年,直到鬓发全白,才写完这部辉煌巨著,成为一代史家。

公元前 单位：年	帝王	年号	大事件
117	汉武帝	元狩六年	酷吏张汤诬大农令颜异腹诽（即口虽不言，内心反对）政府，杀之，自此有腹诽法。 霍去病卒。
110	汉武帝	元封元年	刘彻登泰山封禅，追命即位以来年号，并定今年为元封元年。
107	汉武帝	元封四年	匈奴遣其贵族入汉欲和亲，病死长安，匈奴怒，留汉使路充国不遣。
103	汉武帝	太初二年	李广利军至郁成国，郁成王大破汉军，李广利还屯敦煌。浞野侯赵破奴率二万骑出受降城，北迎匈奴左大都尉降汉。左大都尉事泄被杀，匈奴出击，汉朝军队全军覆没。
100	汉武帝	天汉元年	匈奴政权由单于即位，汉武帝为了表示友好，派遣苏武率领一百多人，带了许多财物，出使匈奴。
99	汉武帝	天汉二年	五月，武帝派遣贰师将军李广利率三万骑兵从酒泉出发，进击匈奴右贤王。李广利率军前进至天山，与匈奴相遇，斩获匈奴万余人。 骑都尉李陵出居延（今内蒙古额济纳旗），至浚稽山（今蒙古阿尔博格多山），兵败，降匈奴。 刘彻诬司马迁有罪，下腐刑。
97	汉武帝	天汉四年	汉政府发兵三路击匈奴，李广利出朔方（今内蒙古杭锦旗北），韩说出五原（今内蒙古包头），公孙敖出雁门（今山西右玉），均无功而还。 甘英出使大秦国（罗马）。
96	汉武帝	太始元年	司马迁获赦出狱，做了中书令，掌握皇帝的文书机要。 汉朝设置定襄、云中二郡。

巫蛊之祸：汉武帝的确很糊涂

汉武帝好大喜功，自即位以来就不断用兵四边。他喜欢铺张排场，连年出巡，举行各种祭祀典礼，生活奢靡，在位期间修建了大量宫殿苑囿。太初元年建造的建章宫，规模宏伟，史称有"千门万户"。为了追求长生不老，迷信方士，炼丹求仙。这些都花费巨大，给人民带来沉重负担。

征和二年（公元前 91 年），有人告发丞相公孙贺父子行巫蛊，牵连两位公主和许多贵戚大臣。

巫蛊是当时盛行的巫术，即将木偶作为仇敌的化身，埋在土中，对其进行诅咒，认为这样就可让仇敌死。武帝迷信神仙鬼怪，所以当时京城里充斥着方士女巫，都希望借此捞取荣华富贵。这些女巫往来宫中，教那些不得宠的妃子行巫蛊。公孙贺案发，牵出宫中行巫蛊事。武帝原本怕死，一听大怒，杀死宫人及大臣数百人。即便如此，武帝心中仍十分不安，担心巫蛊应验。一天他睡觉时，梦到数千个木偶拿着棍子追打他，他被吓醒，自此就病倒了。

颇受武帝宠信的水衡都尉江充，曾得罪过太子刘据。他看到武帝年老多病，担心太子即位后对自己不利，于是对武帝说，武帝的病是因为巫蛊。武帝便命江充为绣衣使者，治巫蛊案，获罪而死者达数万人。江充诬告太子行巫蛊。太子求见武帝不得，无以自明，被迫发兵，矫诏杀死江充。

武帝命丞相刘屈氂率部与太子大战于长安城中，喋血死伤者数万人。结果太子兵败自杀，皇后卫子夫也自杀。

巫蛊案经调查后发现，多属不实。武帝意识到太子很可能是因为恐惧举兵，并无反叛之心，心中不免伤痛。此时，恰好一个叫田千秋的郎官上书，替太子诉冤。武帝立即将他从三百石的郎官提拔为中二千石的大鸿胪，并族灭江充等诬陷太子的官吏。

公元前 单位：年	帝王	年号	大事件
95	汉武帝	太始二年	修筑白渠。
92	汉武帝	征和元年	汉武帝住在建章宫内，白天睡觉，梦见几千个木偶人，手拿木棒来攻击他，巫蛊之祸由此而起。
91	汉武帝	征和二年	武帝宠臣江充奉命查巫蛊案，用酷刑和栽赃迫使人认罪，大臣百姓惊恐之下胡乱指认他人犯罪，数万人因此而死，戾太子自杀。
90	汉武帝	征和三年	汉武帝遣开陵侯成娩将楼兰等六国兵击车师，车师降服，臣属汉。 李广利降匈奴。
89	汉武帝	征和四年	正月，武帝赴东莱（今山东掖县），临大海，欲出海访求神仙，后因天气原因，才没有成行。 刘彻下诏悔既往之失。
87	汉武帝	后元二年	汉武帝刘彻立刘弗陵为太子，刘彻卒，刘弗陵嗣位。年方八岁，是谓昭帝，大将军霍光辅政。
83	汉昭帝	始元四年	西南夷姑缯族及叶榆族叛，杀益州太守，政府军死四千余人。 汉昭帝刘弗陵娶左将军上官桀孙女为皇后，年六岁。

苏武牧羊：永不失节的汉王朝子民

　　自从卫青、霍去病大败匈奴后，匈奴退到漠北休养生息，准备与汉朝再决雌雄。这期间，匈奴的单于经过多次变更，到了且鞮侯立为单于的时候，他把以前扣留的汉朝使者全部送回来了，作为回报匈奴新单于的善意，汉武帝派中郎将苏武为正使、副中郎将张胜为副使，还有随从常惠和一百多名士兵，带着许多礼物，护送以前扣留下来的匈奴使者回匈奴去。

苏武拿着汉武帝亲自交给他的节杖来到匈奴，他知道匈奴人生性野蛮，反复无常，赶紧送了礼物，交付了人质，准备回国。就在这时，早已投降匈奴的使者卫律劝他也投降匈奴，被苏武断然拒绝。

卫律碰了个钉子，只得去向单于报告，匈奴单于将苏武关在地窖里，不

公元前 单位：年	帝王	年号	大事件
81	汉昭帝	始元六年	苏武自匈奴回到长安（羁押20年）。
80	汉昭帝	元凤元年	鄂邑公主、上官桀、燕王刘旦谋反，事泄，屠上官族，鄂邑公主及刘旦自杀。
78	汉昭帝	元凤三年	匈奴入张掖，汉军大破之，射杀犁污王。匈奴攻乌桓，汉政府遣度辽将军范明友击匈奴，匈奴闻警远遁。范明友遂击乌桓，斩6000人，掳三王。
74	汉废帝	元平元年	汉昭帝刘弗陵卒，侄刘贺嗣位，立27日，大将军霍光废之，立故太子刘据孙刘询，是为宣帝。
72	汉宣帝	本始二年	匈奴击乌孙（今中亚巴尔喀什湖东南），祁连将军田广明等五路攻匈奴。
71	汉宣帝	本始三年	五路攻匈奴俱无功，军返，田广明及虎牙将军田顺，下狱死。
68	汉宣帝	地节二年	大将军霍光卒，汉宣帝亲政。
67	汉宣帝	地节三年	车师（今新疆吐鲁番）乌贵王与匈奴结亲，汉政府侍郎郑吉发西域诸国兵攻车师，乌贵王奔匈奴。匈奴另立兜莫为车师王，收余众东迁，汉因屯垦其田。
61	汉宣帝	神爵元年	汉宣帝诏破羌将军辛武贤、强弩将军许延寿在十二月与赵充国合击先零。
60	汉宣帝	神爵二年	设置西域都护。
49	汉宣帝	黄龙元年	汉宣帝刘询卒，他的儿子元帝刘奭嗣位。

给吃不给喝,想以此来逼迫苏武屈服。苏武宁死不屈,他在地窖口捧雪花解渴,扯一些皮草之类的东西充饥。

匈奴单于又来软的一套,给他吃好的、喝好的、要封他为王,苏武软硬不吃,坚持不投降。单于用尽心机,也无法使苏武屈服,便把他送到北海(今贝加尔湖)边去放羊。

苏武到北海,独自一人放着羊群,唯一与他做伴的是那根代表汉朝使者的节杖。就这样一直过了19年,匈奴的单于死了,发生了内乱。当时汉朝的皇帝是汉昭帝,两国又和谈起来。汉昭帝派使者去匈奴,要求将苏武接回来,匈奴骗使者说苏武已经死了。后来,汉朝又派使者到匈奴,当时苏武的随从常惠正在那里,他买通了监视的匈奴兵,在黑夜里偷偷地去见汉使,把苏武的情况报告了使者,并且教给使者向匈奴要回苏武的办法。

汉昭帝始元六年(公元前81年)的春天,苏武、常惠等九人回到了久别的首都长安,先到宗庙里拜见汉武帝的灵位,把那根光秃秃的节杖交还到汉武帝的灵前。

苏武出使时正值壮年,回来时已须眉全白,他那坚强不屈、不怕磨难、永不失节的非凡事迹,轰动朝野上下,人人都对他表示钦佩。

昭君出塞:一位被画丑了的绝代美女

汉元帝是位昏庸的皇帝。他在位时,整天不过问军国大事,只顾游山玩水,饮酒作乐,还经常派人到民间搜寻美女。当时,良家美女几乎都被选进了宫中。但是,面对三宫六院成千的嫔妃,元帝可犯难了:该宠爱哪一个呢?

一天,他突然想出一个好主意:宫中不是有个技艺高超的画师毛延寿么?何不让他把宫女的肖像全画了下来,再由我按图挑选呢?于是唤来毛延寿,让他立即就画。

消息一传开,受尽冷落的宫女可忙坏了。她们围着毛延寿团团转,纷纷用钱财巴结他,让他把自己画漂亮些。有的甚至认毛延寿为干爹,还有的向毛延寿许诺说:"等我做了皇后,我一定会让你享尽人间荣华富贵。"唯独有一个女子在一旁一言不发。

她叫王昭君，长着一双水灵灵的大眼睛，十分美丽动人。她很小就被选到宫中，但还从来没有见过皇上。要知道，宫女实在太多了。虽然她做梦都想得到皇帝宠爱，但是她正直孤傲的性格使她不愿向权贵低头。

利欲熏心的毛延寿看在眼里，气在心里，于是在画昭君像时，故意在她俊俏的脸庞上点了好几颗黑痣。王昭君一下子变丑了。

恰恰这个时候，匈奴单于来长安朝见元帝，提出了和汉朝和亲的要求。听到这个消息，王昭君的心再也平静不下去了。她想：与其在这深宫高墙内，充当一具活僵尸，毫无意义地活着，还不如嫁给匈奴单于，为汉匈和好尽我小女子一点力量。于是自告奋勇报了名。元帝接到名单，想起那个画像上有几颗黑痣的妃子，当即同意，并决定为他们举行婚礼。

结婚那天，昭君淡扫蛾眉，略施粉黛，仪态大方，活像仙女下凡，使其他宫女黯然失色。在场的人都惊呆了，全场一片寂静。元帝更是傻了眼，他的嘴巴张得大大的，他怎么也没有料到，宫中还有这么美丽绝伦的女子。他进而后悔起来：怎么能把她嫁出去呢？但是名籍已交给了单于，生米已煮成了熟饭，无法改变了。

元帝越想越有气，知道肯定是毛延寿捣的鬼。一怒之下，把毛延寿拉到闹市杀了头。

昭君出塞到匈奴，带去了汉族许多先进技术，使匈奴出现了人畜两旺的景象，和汉朝也一直保持着和睦的关系。

虽然身在匈奴，昭君仍念念不忘自己的故土。临死前，她立下遗嘱，要求死后安葬在归化（今呼和浩特市郊外），坟墓要坐北朝南，以便能日夜遥望家乡。她死后，她的子女选了一块向阳的山坡地，为她修造了坟墓。沙漠里天气寒冷干燥，唯独昭君墓一年四季长满绿草，青葱葱的。所以后人称昭君墓为"青冢"。

公元前 单位：年	帝王	年号	大事件
33	汉元帝	竟宁元年	呼韩邪单于入朝，汉元帝刘奭将宫女王嫱（昭君）嫁之。
27	汉成帝	河平二年	汉成帝刘骜封舅父五人为侯，王谭平阿侯、王商成都侯、王立红阳侯、王根曲阳侯、王逢时高平侯，世谓之五侯。
18	汉成帝	鸿嘉三年	汉成帝刘骜宠爱赵飞燕姊妹，废许皇后，杀许皇后姊许谒。 广汉（今四川金堂东南）人郑躬等六十余人发动起义。攻打官府，释放狱囚，抢夺武库兵器。
16	汉成帝	永始元年	刘骜封王太后侄王莽为新都侯。 刘骜立赵飞燕为皇后。 刘向著《列女传》《新序》《说苑》。
8	汉成帝	绥和元年	任王莽为大司马。 废州刺史，改置州牧。
7	汉成帝	绥和二年	三月汉成帝暴死，皇太子刘欣嗣位，是为孝哀皇帝。 哀帝即位诏令废除任子令。 王莽罢职归家。 九月，京师一带发生强烈地震。
6	汉哀帝	建平元年	汉哀帝刘欣祖母傅太后诬中山冯太后诅咒，冯太后自杀，死者17人。
1	汉哀帝	元寿二年	南匈奴乌珠留若鞮单于、乌孙大昆弥伊秩靡，分别来汉廷朝觐。 汉哀帝刘欣卒，堂弟平帝刘衎嗣位。 王太后临朝听政，起用王莽任大司马。

王莽篡汉：外戚专权的必然结果

西汉朝末年，成帝荒淫，即位后朝廷的大权逐渐落于外戚之手。皇太后王政君的兄弟都被封为侯。其中王凤还被封为大司马、大将军。王凤掌权后，他的几个兄弟、侄儿都十分骄横奢侈，只有一个侄儿王莽，因其父早死，没有骄奢习气。他像平常的读书人一样，做事谨慎，生活节俭。

汉成帝阳朔三年（公元前22年），王莽被任命为黄门郎，后升为射声校尉。后其叔父王商上书，愿意把其封地的一部分让给王莽。当时朝中的许多名士都为王莽说好话，汉成帝也认可王莽贤能，永始元年（公元前16年），封王莽为新都侯、骑都尉及光禄大夫侍中。

成帝绥和元年（公元前8年），王莽继他的三位伯、叔之后出任大司马，时年38岁。此时的大司马既是外朝首领，又是"内辅之臣"。王莽当上大司马后，生活更加克勤克俭，政治上广泛招纳贤良，所得赏赐都用来款待儒士。汉成帝死后汉哀帝即位，哀帝在位仅六年就死了，他没有儿子，汉平帝刘衎登基，由太皇太后王政君临朝听政，王莽东山再起，被任命为大司马，总揽朝政。公元元年，王莽被封为"安汉公"，第二年，他把自己的女儿嫁给平帝为皇后。平帝在位只五年就不明不白地死去，王莽遂立年仅两岁的孺子婴为帝，自己则独揽大权。臣民都称王莽为"摄皇帝"。

初始元年（公元8年）十二月，王莽逼迫王政君交出传国玉玺，接受孺子婴禅让后称帝，改国号为"新"，改长安为常安，称"始建国元年"。历时211年的西汉王朝，就此结束。

王莽代汉而立，开创了中国历史上通过符命禅让做皇帝的先河。王莽在朝野得到广泛的支持，用和平的方法接收政权。西汉王朝在平静中消失，一个叫作新朝的新王朝在平静中诞生，两大王朝交接之际，几乎没有太多流血。

公元 单位：年	帝王	年号	大事件
1	汉平帝	元始元年	王莽升任太傅，封安汉公，群臣歌颂功德。
2	汉平帝	元始二年	四月，郡国发生严重的旱灾和蝗灾，青州地区最为严重，灾民四处流亡。
3	汉平帝	元始三年	阳陵人任横等发动起义，自称将军，率众劫掠府库，攻打官府，释放囚犯。太皇太后遣大司徒掾前往镇压。不久，起义失败。
4	汉平帝	元始四年	王莽加称号"宰衡"。 置西海郡（今青海海晏）。
5	汉平帝	元始五年	王莽毒死汉平帝刘衎，王太后命王莽当摄皇帝，祭神时称假皇帝。
6	孺子婴（王莽摄政）	居摄元年	王莽立汉宣帝刘询玄孙刘婴为皇太子，称"孺子"，年二岁。
7	孺子婴（王莽摄政）	居摄二年	东郡（今河南濮阳）太守翟义起兵讨王莽，立刘信为帝，兵败，翟义尸磔，刘信失踪。
8	孺子婴（王莽摄政）	居摄三年	赵朋兵败被杀。王莽正式称真皇帝，建新王朝。

绿林、赤眉起义：吹响恢复汉室江山的集结号

王莽建立新朝后，首先向新朝发难的是王匡和王凤，他们在公元17年，在新市（今湖北京山东北）率领荆州地区的饥民起义，以绿林山为基地，攻打附近的乡聚，很快就发展到了五万人。不久绿林山发生了疫病，五万人差不多死了一半。剩下的只好离开绿林山，后来分作三路人马——新市兵、平林（今湖北随州东北）兵和下江（今湖北西部）兵。这三路人马各自占领一块地盘，队伍又慢慢强大起来。

当南方的绿林军在荆州一带活动时,东方的起义军也壮大起来。琅琊海曲(今山东日照)有个姓吕的老大娘,她的儿子是县里的一个公差,因为不肯依县官的命令毒打没钱付税的穷人,被县官杀了。这一来就激起了公愤,上百个穷苦农民发动叛乱替吕大娘的儿子报仇,杀了县官,跟着吕大娘逃到了黄海的岛屿上,一有机会就上岸攻打官兵。这时候,琅琊人樊崇在莒县起

公元 单位:年	帝王	年号	大事件
17	建兴帝	天凤四年	琅琊郡(今山东诸城)吕母起兵海曲(今山东日照)。新市(今湖北京山)人王匡、王凤起兵绿林山,号绿林兵。
21	建兴帝	地皇二年	荆州牧发兵攻绿林兵,大败。
22	建兴帝	地皇三年	绿林兵遇疾疫,溃散。其帅王常窜入南郡,称下江兵。 王凤、王匡窜入南阳,称新市兵。平林(今湖北随州)人陈牧起兵,称平林兵。 南阳人刘縯、刘秀起兵,称柱天都部。
23	更始帝	更始元年	正月,下江、新市、平林诸将及刘縯,共立刘玄为帝,国号汉,史称玄汉。 六月,玄汉偏将军刘秀在昆阳大破新军,王邑奔还洛阳。刘玄诬刘秀兄刘縯谋反,杀之。 八月,玄汉兵攻入长安,杀王莽,传首南阳,新亡,立国15年。 十月,刘玄建都洛阳,遣大司马刘秀招抚河北。
24	更始帝	更始二年	刘玄迁都长安。 茂陵(今陕西兴平)人公孙述据成都(今四川),称蜀王。 邔县(今湖北宜城)人秦丰起兵,称楚黎王。 汝南人田戎起兵,称周成王,陷夷陵(今湖北宜昌)。

事。吕大娘死后，她手下的人投奔樊崇的起义军，在青州和徐州之间往来打击官府。为了与官兵区别，樊崇和他的部众都把眉毛染红，所以称赤眉军。王莽派军队来平剿，结果分别被绿林军和赤眉军打败。消息一传开，别的地方的农民也都活跃起来，黄河两岸的大平原上，大大小小的起义军就有几十路。

南阳郡舂陵乡的豪强刘縯、刘秀兄弟两人，因为王莽废除汉朝宗室的封号，不许刘姓人做官，心里怨恨，此时他们也趁机发动族人和宾客七八千人起兵。他们和绿林军三路人马联合起来，接连打败了几名王莽的大将，声势逐渐壮大起来。

绿林军的几支队伍都没有统一的指挥，如今人马多了，总要有个首领来统一号令。公元23年，绿林军各路将士经过商议，正式立刘玄做皇帝，恢复汉朝国号，年号"更始"，所以刘玄又称更始帝。更始帝拜王匡、王凤为上公，刘縯为大司徒，刘秀为太常偏将军。绿林军从此也称为汉军。

王之基业：光武帝刘秀建立东汉

河北是刘秀的王业之基。汉代所谓河北，是指黄河北面的冀州、幽州、并州，相当于今河北、山西、北京、天津等省市。西汉以来，经过百余年的开发，华北大平原已是重要的粮食产区，人口数量也相当可观。

见刘秀在河北日益壮大，更始帝极为不安，他遣使至河北，封刘秀为萧王，令其交出兵马，回长安领受封赏，同时令尚书令谢躬就地监视刘秀的动向，并安排自己的心腹做幽州牧，接管了幽州的兵马。刘秀以河北未平为由，拒不领命，史称此时刘秀"自是始贰于更始"。不久，刘秀授意手下悍将吴汉将谢躬击杀，其兵马也为刘秀所收编，而更始帝派到河北的幽州牧苗曾与上谷等地的太守韦顺、蔡允等也被吴汉、耿弇等人所收斩。自此，刘秀与更始政权公开决裂。

这时候，刘秀的军队与占据河北州郡的铜马、尤来等农民军进行了一番激战，迫降了数十万铜马农民军，并将其中的精壮之人编入军中，实力大增，当时关中的人都称河北的刘秀为"铜马帝"。更始三年（公元25年）六

公元 单位：年	帝王	年号	大事件
25	光武帝	建武元年	刘秀据鄗县（今河北柏乡）称帝，是为光武帝，国号亦曰汉，史称东汉。 赤眉大军西攻，立刘盆子为汉帝，陷长安，杀刘玄，玄汉亡，立国三年。
26	光武帝	建武二年	赤眉军退出长安，邓禹随即率军进占长安，驻扎在昆明池。 刘秀亲自率军征讨五校农民军，大破五校农民军于蒲阳（今河南内黄县西），五校军五万人投降。
27	光武帝	建武三年	东汉征西大将军冯异击赤眉于崤底，赤眉大溃，君臣降汉。
29	光武帝	建武五年	东汉建义大将军朱祐击斩秦丰。 五原（今内蒙古包头）人李兴、随昱起兵，自匈奴迎卢芳入五原，据有五郡，称汉帝。
30	光武帝	建武六年	耿弇等七将军伐公孙述。 光武帝第二次下诏释放奴婢。 减田租二十税一。
32	光武帝	建武八年	光武帝刘秀亲击隗嚣，而大后方颍川（今河南禹州）盗起，刘秀还军洛阳。
35	光武帝	建武十一年	光武帝刘秀颁布诏令，以为天地之性人为贵，凡杀奴婢者一律不得减罪。
36	光武帝	建武十二年	东汉大司马吴汉陷成都，公孙述战死。
37	光武帝	建武十三年	匈奴侵犯河东郡。
38	光武帝	建武十四年	莎车王、鄯善王，均遣使入朝，请设西域都护（总督），刘秀以国家新定，无力西顾，不许。
41	光武帝	建武十七年	刘秀废郭皇后，改立阴丽华为皇后。

月,已经是"跨州据土,带甲百万"的刘秀在众将拥戴下,于河北鄗县(今柏乡县)的千秋亭继皇帝位,为表重兴汉室之意,刘秀建国仍然使用"汉"的国号,史称后汉(唐末五代之后也根据都城洛阳位于东方而称刘秀所建之汉朝为东汉),刘秀就是汉世祖光武皇帝。

建武元年十月,刘秀定都洛阳。此时的长安,极度混乱,赤眉大军拥立傀儡小皇帝刘盆子建立了建世政权,拥兵30万众,进逼关中,更始遣诸将与赤眉大军交战,均大败而归,不久,更始请降,获封为长沙王,后为赤眉缢杀。刘秀闻绿林、赤眉两大起义军发生了火并,也派兵西入关中,与赤眉军展开拉锯战,最终,刘秀军以伏击重创赤眉军,并利用关中大饥的时机,连续重挫赤眉军,尚有十几万兵力的赤眉军兵士疲敝,粮草缺乏,被迫向刘秀请降。

镇压农民起义后,东汉采取各个击破的战略方针进攻南北各地的封建割据势力。从建武五年至十二年(公元29~36年)之间,陆续消灭掉渔阳的彭宠,南郡的秦丰,梁地的刘永,齐地的张步,庐江的李宪,东海的董宪,汉中的延岑,夷陵的田戎,陇西的隗嚣,安定的卢芳和巴蜀的公孙述,重建了统一的刘汉封建政权。

察举制:士族把持地方的开始

汉光武帝建国后厚待功臣,这些大臣及其子孙则在地方兼并土地,建立地方庄园,成为独立王国。

除了对土地和人口的控制外,这些地方豪强还掌握国家对人才选拔的控制权,他们利用察举制,将自家的子弟送入社会上层,最后形成了延续多代,几万人的大家族,甚至形成了有几百人在政府中担任职务的大世家,东汉政权特别是地方控制权渐被世家把持。

汉代察举制度,最先开始于汉文帝时期,当时诏令地方官员"举贤良方能直言极谏"者进京策对。公元前134年,汉武帝设立孝廉科。渐渐地,这种地方选拔、皇帝考核的制度确立起来。东汉初年,光武帝颁布"光禄四行"法令,将察举制度发展到人才选拔的各个方面。

此时，地方选拔的人才很多，皇帝不可能一一过问，所以人才选择的权力逐渐被地方大家族掌握，世家大族往往相互推荐子弟，而寒门子弟则没有改变身份的机会。发展到后来，世家子弟一出生就确定会被当作"人才"推举，所以尸位素餐的人很多，以至于有人作诗讥讽说：选拔的孝廉，不和父亲住在一起；那些茂才（即秀才，避光武帝讳后改为茂才）连《尚书》都没读过；名义上品德高尚的人，实则行为龌龊；挂着名将称号的人，上战场后却和鸡一样怯懦。

公元 单位：年	帝王	年号	大事件
43	光武帝	建武十九年	太子刘疆废为东海王，立其弟刘庄为太子。 原武（今河南原阳）人单臣据城叛，兵败被杀。
45	光武帝	建武二十一年	匈奴、乌桓、鲜卑，屡连兵攻汉朝，代郡（今山西阳高）以东，尤受乌桓之害，边陲萧条，无复人迹。
48	光武帝	建武二十四年	匈奴南边八部，共立日逐王为呼韩邪单于，降汉。 东汉政府遣伏波将军马援击武陵蛮。
51	光武帝	建武二十七年	光武帝刘秀下诏，令大司徒、大司空皆去"大"字，改大司马为太尉。
56	光武帝	建武三十二年	光武帝刘秀封禅泰山、梁父山后回到洛阳，大赦天下，改元为建武中元元年。

天竺取经，白马寺传道：佛教传入中国

有一次，汉明帝做了一个梦，梦里见有个金人，头顶上有圈白光，在殿上飞行，忽然升到天空，向西去了。

第二天，他把这个梦告诉大臣们，大臣们都不知所以然，有个博士傅毅

说:"皇上梦见的金人可能是天竺来的佛。"傅毅的话引起了汉明帝的好奇心,他派郎中蔡愔和博士秦景到天竺去。

公元67年,蔡愔、秦景和两个沙门,用一匹白马驮着一幅佛像和42章佛经,经过西域回到了洛阳。汉明帝见了佛像,也记不清楚梦里看见的是不是他,可是头顶上还真有一圈白光,不是他还有谁呢?他翻了翻佛经,觉得深奥至极,不甚明白。尽管如此,他热情地招待了客人,命人在洛阳西边按照天竺的式样,造了一座佛寺,把佛像、佛经供在里面,运送经书的白马也供养在那儿,所以叫它白马寺。

汉明帝虽然派人求经取佛像,但他从来不相信佛教,汉朝自汉武帝以

公元 单位:年	帝王	年号	大事件
57	汉明帝	中元二年	汉光武帝刘秀卒,太子刘庄即皇帝位,是为显宗孝明皇帝。
60	汉明帝	永平三年	汉明帝命画工在南宫云台画功臣二十八人的像,史称"云台二十八将"。
64	汉明帝	永平七年	北匈奴遣使请合市通商,东汉政府同意。
67	汉明帝	永平十年	蔡愔偕天竺僧归,佛法从此传入中国。
73	汉明帝	永平十六年	明帝派祭肜率1.1万骑出高阙塞,窦固、耿忠率1.2万骑出酒泉塞,耿秉、秦彭率1万骑出张掖居延塞,来苗、文穆率1.1万骑出平城塞,分兵四路,进攻北匈奴。 窦固遣假司马班超等26人使西域,于鄯善斩北匈奴使臣,进驻于阗(今新疆和田)。
75	汉明帝	永平十八年	北匈奴攻车师,杀车师后王,复攻戊校尉耿恭驻地金蒲城(今新疆吉木萨尔西北),不克而退。 东汉明帝刘庄卒,子章帝刘炟嗣位。 西域焉耆、龟兹等国,起兵杀都护陈睦,围已校尉关宠驻地柳中城(今新疆吐鲁番东南)。并与车师联军复攻金蒲城。

来，一直独尊儒教，刘秀也是个崇尚儒教学说的人。刘英的事件发生后，一帮儒生趁机排斥异教，抬高儒教的身价，汉明帝就在南宫办了一个太学，让贵族子弟学习儒家的经书。太学里也真培养了一些人才。

就这样，佛教正式被皇帝请进了中国。后来，有些统治者和佛教徒对佛教进行了改造，把中国道家的哲学思想和儒家的孔孟之道掺和进去，把它变成既符合中国风俗习惯，又能利用来巩固封建专制统治的一种中国式的佛教。

班超定西域：个人英雄主义的光辉一页

经过东汉初年的休养，汉朝的国力逐渐恢复起来，对外扩张重新被提上了议事日程，而在汉对外关系中，最光辉的一页就是班超定西域。班超字仲升，是汉朝著名史学家班固的弟弟。

永平十六年（公元73年），汉明帝派兵征伐北匈奴，其中奉车都尉窦固自酒泉出兵，击败匈奴呼衍王，并将兵力留在伊吾卢城（今新疆哈密）驻扎开垦。王莽篡汉后，中原与西域间中断联系长达65年，自此终于恢复。

当时班超担任窦固手下的假司马且立下战功，于是窦固派他出使西域。这是班超接触西域的开始。

班超首站抵达鄯善国（今新疆楼兰）。刚开始鄯善王对汉朝使节相当礼敬，后来却突然变得冷淡，因为匈奴使节也来到鄯善。于是班超召集部属说："不入虎穴，不（焉）得虎子。我们现在只能趁夜用火攻击匈奴，他们不知道我们究竟有多少人，我方必定可以战胜。到时鄯善也会受惊吓破胆，使命就能获得成功。"于是众人乘夜攻击匈奴扎营的地方，斩下使节的头，并且夺取代表使者身份的节杖。

接着班超到达于阗国。于阗王广德的态度相当怠慢不周到，原来于阗的风俗是听信巫师的指示。巫师对于阗王说："神对王接近汉朝感到愤怒。汉朝使节有匹弱黑嘴的黄马，要赶快取来祭祀神明。"班超知道了就要巫师亲自来取，等到巫师一出现立刻将他斩首。于阗王大为惊恐，就向班超投降。

班超接连立下奇功，开展了之后在西域三十多年的事业，达成扬名异域的愿望。汉朝与西域间的交流也再度活跃起来。

公元 单位：年	帝王	年号	大事件
79	汉章帝	建初四年	明德马太后卒。 诸儒会白虎观，议五经异同。
80	汉章帝	建初五年	班超上平西域书，东汉政府遣假司马徐干率千余人增援。
82	汉章帝	建初七年	太子刘庆废为清河王，其母宋贵人自杀。 立刘肇为太子。
83	汉章帝	建初八年	窦皇后诬太子刘肇生母梁贵人父梁竦恶逆，梁竦死狱中，梁贵人忧卒。 东汉政府擢班超为西域将兵长史。
88	汉章帝	章和二年	东汉章帝刘炟卒，子和帝刘肇嗣位。 窦太后临朝，其兄窦宪专政，使刺客杀谒者韩纡及都乡侯刘畅，事发，窦宪请击北匈奴赎死。

窦宪勒石燕然山：汉出击匈奴造成的连锁反应

东汉时期，中原王朝开始强盛起来，于是便驱赶匈奴，最后匈奴人被迫西迁。在西迁的连锁反应下，匈奴人灭掉了罗马帝国。这一段狂飙猛进的历史，起点就是窦宪勒石燕然山。

永元元年（公元89年），国舅爷窦宪行事飞扬跋扈，派遣刺客杀了太后的宠臣，为了躲避惩罚，自己请求出塞北击匈奴以赎罪，而刚好这个时候南匈奴单于请求朝廷合力攻打北匈奴。于是窦宪就被升任为车骑将军，带领8000大汉北军（最精锐的中央军），会合南匈奴、乌桓、羌三族的胡人骑兵三万多出征。窦宪率领汉军深入沙漠一千五百多公里，和其他友军在涿邪山会师，大败北匈奴于稽洛山，抵达和渠北醍海（今屠申海）地区，总共杀死一万三千多人，俘虏无数，北匈奴单于最终一个人逃脱。

汉军登上燕然山（今蒙古杭爱山）庆功，班固当时就写下《封燕然山铭》，里面高歌说："精锐的汉军啊远征北方，剿杀凶残的敌人啊直抵瀚海外，来到如此遥远的地方啊来确定地界，向上天祷告啊建石碑记载，皇皇大汉的威名啊万古传扬。"

两年后，窦宪再次率领精兵5000人深入大漠，一场大战后，北匈奴单于逃得不知所踪。而后北匈奴不得不开始长达300年的西迁历史，最终到达黑海北岸，逼迫当地的原住居民西哥特人向西迁移到多瑙河上游地区，而居

公元 单位：年	帝王	年号	大事件
89	汉和帝	永元元年	大将军窦宪出朔方，大破北匈奴军于稽落山（今蒙古古尔班察汗山），逾塞3000里，登燕然山（今蒙古中部杭爱山），中护军班固刻石纪功。
90	汉和帝	永元二年	窦宪遣副校尉阎磐，复取西域伊吾卢（今新疆哈密）屯田地。
92	汉和帝	永元四年	外戚窦宪以谋反被诛，汉和帝封宦官郑众为侯，东汉进入宦官外戚交替干政的时代。
93	汉和帝	永元五年	匈奴的势力消亡，鲜卑取而代之。
94	汉和帝	永元六年	西域都护班超发龟兹等八国兵攻焉耆，斩其王，立元孟为新王。
96	汉和帝	永元八年	四月，和帝诏令赈贷并州四郡贫民。 南匈奴右温禺犊王反叛。
97	汉和帝	永元九年	班超派甘英出使大秦，使团最远到达了波斯湾。
100	汉和帝	永元十二年	许慎编著成《说文解字》。 日南、象林（今广西贵县南）蛮夷二千余人反叛，寇掠百姓，焚烧官寺。郡县发兵讨伐，杀其渠帅，余众投降。
102	汉和帝	永元十四年	安定（今宁夏固原）烧何羌叛，郡兵击灭之，复置西海郡（今青海海晏），屯田龙耆（今青海民和）。 八月，班超回到洛阳，拜为射声校尉，九月去世。

住在多瑙河的原住民汪达尔部落则被迫继续向西迁徙。西边是居住在荒原和丛林中的日耳曼人、高卢人等,他们被迫向南迁徙,并最终导致古罗马帝国的灭亡。

这些都是一桩刺杀案所引发的蝴蝶效应,如此看来,历史的精彩应该不亚于小说和传奇。

蔡侯纸:造纸术的突破,对文明的作用不可估量

东汉时期,科学技术得到了很大的发展,其中最具有代表性的就是蔡侯

公元 单位:年	帝王	年号	大事件
104	汉和帝	永元十六年	匈奴单于派遣使者至洛阳献贡,请求和亲,和帝以其旧礼不备,未予允许。
105	汉殇帝	元兴元年	东汉和帝刘肇卒,子殇帝刘隆嗣位,邓太后临朝。 蔡伦发明植物纤维造纸术。
106	汉殇帝	延平元年	殇帝刘隆死,年仅两岁。邓太后与车骑将军邓骘等人定策禁中,当晚使邓骘持节迎清河王子刘祜,立为汉安帝。 鲜卑攻渔阳(今北京密云),杀太守张显。
107	汉安帝	永初元年	西域都护虽保龟兹,而道路隔绝,东汉安帝刘祜命撤销西域都护,弃伊吾卢及柳中屯田。
108	汉安帝	永初二年	车骑将军邓骘击滇零羌,战于平襄(今甘肃通渭),汉军大败,死8000人。 滇零羌遂据北地(今宁夏吴忠)称帝,东攻三辅(长安、扶风、冯翊),南攻益州(今四川川西部分地区)。
115	汉安帝	元初二年	护羌校尉庞参用恩德信义招抚引诱各羌人部落,号多等率领部众归降。 京城洛阳发生旱灾。河南及19个郡和封国发生蝗灾。
117	汉安帝	元初四年	鲜卑犯辽西,骚扰百姓。

纸的出现。这种新式的植物纤维纸，原料来源很广，造价低廉，而且不容易破碎，制造的时候对人工和时间的要求很低，所以逐渐地流行起来。因为蔡伦当时被封为龙亭侯，所以大家就把这种新纸称为"蔡侯纸"。

蔡伦字敬仲，汉明帝永平年间（公元58～75年）入宫成为宦官，到汉和帝即位后升任中常侍，参与宫内谋划策略的事务。他是位有才能学识的人，做事时相当慎重，曾经好几次冒犯皇帝，试图矫正皇帝的过失。后来蔡伦被擢升为尚方令，职掌制造御用刀剑等器物。到了汉和帝永元九年（公元97年），蔡伦还监造秘剑与各项器械，每项器物的品质都"精工坚密"，足为后世所效法。

古代的图书都是写在竹简上再串编起来，如果是写在缣帛（质地细薄的丝织品）上的则称为"纸"。缣帛很贵而竹简又重，所以蔡伦动起了念头，想用树皮、麻头、敝布和渔网来造纸。

直到汉和帝元兴元年（公元105年），蔡伦终于将研究成果向汉和帝报告，获得皇帝的称许，也开始使用他所造的纸。因此天下都称由蔡伦制造的纸为"蔡侯纸"，"纸"经过改良后也渐渐普及于民间了。

汉朝的地球科学家张衡：精准的候风地动仪

张衡字平子，擅长制造精巧的器械，也花了许多时间钻研天文历算等方面的学问。他于汉安帝在位期间担任太史令（掌管天时星历的官员），制造了可以观测天体运行的浑天仪；到汉顺帝阳嘉元年时，又设计制造了可以测报地震的候风地动仪。

候风地动仪是以质地相当好的铜金属铸成，直径有八尺，外形像一座尊（酒器），还有篆文、山龟、鸟兽的装饰纹络。所有精密的机械零件和装置奥秘都隐藏在尊里，外表是看不出来的。我们只能看到候风地动仪的主体有八条口中含着铜丸的龙分别面对八方，底下有八只张开嘴的蟾蜍准备承接铜丸。

如果发生地震，尊会受到震动，龙口的铜丸便掉下来落入蟾蜍的嘴里，发出激昂高亢的振动声，于是知道发生了地震。虽然其中一条龙受到震动掉下铜丸，但其他七座龙首不受影响，从铜丸自何座龙首掉下就能得知发生地震的方向。

自候风地动仪启用后,将它侦测地震的结果与相关记录对照,发现完全符合,这是从有文字记载以来从没发生过的事。曾经有一次,龙口掉下铜丸却没有感觉到地震,京师的学者都怪它失效。可是几天后传递消息的人赶到京师,报告陇西(今甘肃境内)一带发生了地震,所有人都对它的巧妙侦测感到佩服,朝廷从此命令史官要将地震发生的方位记录下来。

候风地动仪是我国最早测定地震的仪器,也是目前已知世界上最早的测定仪器,张衡对地球科学的贡献卓著。

公元 单位:年	帝王	年号	大事件
121	汉安帝	建光元年	护羌校尉马贤征召卢恖,将他斩杀,乘机发兵攻击卢的部众,斩杀两千余人。 邓太后驾崩,未等到大殓,汉安帝便重申先前发布的命令,将邓骘封为上蔡侯。
125	汉安帝	延光四年	东汉安帝刘祜南巡,至叶县(今河南)病卒,阎皇后与阎显兄弟,及江京、樊丰谋,迎立北乡侯刘懿嗣位。 刘懿做了七个月的皇帝就死了,宦官孙程、王康等19人便发动宫廷政变,赶走阎太后,将时年11岁的刘保拥立为帝,是为顺帝。
130	汉顺帝	永建五年	张衡制出"水运浑象",可以看作是钟表发明以前的月相盈亏显示器。 定远侯班超孙班始,娶东汉顺帝刘保姑阴城公主,公主骄淫无道,班始积愤杀公主。
135	汉顺帝	阳嘉四年	顺帝批准宦官可以领收养子,并可世袭爵位,遂开宦官养子之先河。 张衡作《思玄赋》。

宦官、外戚卖官鬻爵:东汉末年的黑暗政治

章和二年(公元88年),年仅31岁的汉章帝刘炟驾崩,年仅10岁的和

帝刘肇即位，窦太后垂帘听政，窦氏兄弟飞黄腾达，所接受的赏赐使得国库为之空虚。永元四年（公元92年），和帝依靠宦官郑众等一举铲除窦氏，宦官势力登上舞台。元兴元年（公元105年），27岁的汉和帝暴病而亡，邓太后掌握实权，立出生不满百日的婴儿为帝。不久殇帝病逝，邓太后又改立13岁的安帝即位。邓太后重用宦官，外戚势力与宦官结合，小皇帝彻底沦

公元 单位：年	帝王	年号	大事件
139	汉顺帝	永和四年	中常侍张逵，欲杀大将军梁商及中常侍曹腾，诬其阴谋废立，矫诏捕曹腾。东汉顺帝刘保怒，诛张逵及其党。 太原郡（今山西太原西南）大旱，百姓无以为生，流离失所。顺帝遣光禄大夫巡行太原，赈济灾民，并免除太原百姓当年税赋。
140	汉顺帝	永和五年	南匈奴右贤王抑鞮等随南匈奴左部句龙王叛汉，被汉军击败，右贤王抑鞮率一万三千余人降汉。
142	汉顺帝	汉安元年	张道陵撰写道经四部，名为《太清》《太平》《太玄》《正一》。 光禄大夫张纲埋车轮于洛阳都亭，弹劾梁冀专权贪恣，顺帝虽知张纲所言为是，但搁置不问。
144	汉顺帝	汉安三年	顺帝死，太子刘炳即位，时年两岁，是为汉冲帝。梁皇后被尊为皇太后，临朝听制。
145	汉冲帝	永熹元年	孝冲皇帝死，大将军梁冀与太后定策禁中，迎勃海孝王刘鸿的八岁儿子建平侯刘缵为帝，就是孝质皇帝。 华佗出生。
146	汉质帝	本初元年	质帝少而聪慧，见梁冀专横，称之为"跋扈将军"。梁冀怕生后患，于六月将年仅九岁的质帝毒死。迎蠡吾侯刘志嗣位，是为桓帝，年15岁，梁太后仍临朝。

为傀儡，朝政更加腐败了。

外戚梁冀担任大将军，因为汉质帝说他跋扈，他就把汉质帝毒杀了。地方上缴的税赋要先经梁家挑选才能进入国家府库；他残暴贪婪，掠夺一千多人为奴隶，引起全国的公愤，到处流传"梁氏灭门驱驰"；最后梁冀被抄家，朝廷共获得三十多亿浮财，相当于汉半年的赋税。

建宁元年（公元168年），12岁的汉灵帝刘宏即位。不久外戚窦武等被太监杀死，朝政彻底被宦官把持。而汉灵帝自己也昏庸无能，在宦官的教唆下，明码标价，公开卖官鬻爵。

宦官、外戚轮流把持朝政，彻底把东汉推入深渊。

两次"党锢之祸"：东汉朝廷的贤臣几乎被迫害一空

"光武中兴"之后，接着是汉明帝、汉章帝在位，其间政治、民生等方面都呈现富足安乐的气象，史称"明章之治"。到汉桓帝、汉灵帝在位时，政治日益败坏，朝廷发布的政令竟然出自于宦官之手。

公元165年，有人告发宦官张让的兄弟野王县令张朔贪污勒索。司隶校尉李膺要查办张朔，张朔便躲进了哥哥家里。李膺亲自带领公差到张让家搜查，在张家的夹墙里搜出张朔，把他抓走并杀了。

张让马上向汉桓帝哭诉，桓帝知道张朔确实有罪，因而并没有难为李膺。第二年，有一个和宦官来往密切的方士张成，从宦官侯览那里得知朝廷马上要颁布大赦令，就纵容他的儿子杀死了自己的仇家。李膺马上把杀人凶手逮捕起来。第二天，大赦令颁布，张成得意地对众人说："诏书下来了，不怕司隶校尉不把我儿子放出来。"李膺听后心中冒火，说："张成预先知道大赦，故意叫儿子杀人，大赦就不该轮到他儿子身上。"于是下令砍了张成儿子的头。

张成求宦官侯览、张让替他报仇。这两人就叫张成的弟子牢修向桓帝上书，诬告李膺和太学生、名士结成党派，诽谤朝廷，败坏风俗。

汉桓帝接到牢修的控告后，下令逮捕党人。除了李膺之外，还有杜密、陈寔和范滂等二百多人,都被通令捉拿。延熹十年(公元167年)六月,汉桓帝在尚书霍谞、城门校尉窦武的请求下,终于同意释放党人回到故乡,同时改年号为永康。这就是"第一次党锢之祸"。

后来到了汉灵帝建宁二年(公元169年)十月,宦官侯览设法让官员将

公元 单位:年	帝王	年号	大事件
165	汉桓帝	延熹八年	北海(今山东昌乐)太守羊元赃污狼藉,河南尹李膺提出弹劾,羊元行贿宦官,李膺却反坐入狱。 邓皇后死,立窦贵人为皇后。
166	汉桓帝	延熹九年	宦官赵津、侯览等党羽与张泛、徐宣等人为非作歹,并故意在大赦之前犯罪,而官员成瑨、翟超、刘质、黄浮等不畏权贵,在大赦以后仍然按律处置了这些人。宦官等人向桓帝进言,桓帝听信一面之词,重处了这些官员,史称"第一次党锢之祸"。
167	汉桓帝	延熹十年	桓帝兴"党锢之狱",名士李膺等二百余人被罢归田里,禁锢终身。 桓帝死,刘宏至京师即位,是为汉灵帝。皇后窦氏被尊为太后,临朝称制。
168	汉灵帝	建宁元年	大将军窦武、太傅陈蕃等,谋诛宦官,事败,被杀,宗亲宾客姻戚悉死。 汉灵帝封宦官曹节、王甫等六人为列侯,另11人为关内侯。
169	汉灵帝	建宁二年	宦官曹节诬"钩党"谋反,复捕党人,杀李膺、范滂等百余人,史称"第二次党锢之祸"。
172	汉灵帝	熹平元年	窦太后卒。 有人书朱雀阙,言:"天下大乱,曹节、王甫幽杀太后。"司隶校尉段颎四出逐捕,太学生下狱者千余人。

前司空虞放、长乐少府李膺等人全部牵引成同党，再次将他们逮捕下狱。包括李膺在内有超过百人全部死在牢里，随后数年间还发布相关的牵连措施。这就是"第二次党锢之祸"。

两次党锢之祸，忠臣（皇权的拥护者）被清洗，奸臣（宦官、外戚以及他们的门客）依然占据朝堂，孤臣（地方豪强）失去对汉朝廷的信心。至此，汉统治阶级已经分裂了。

黄巾之乱：乱世即将到来

张角是道教流派中太平道的一个负责人，在信众中宣传"黄天太平"思想，号召大家发动起义，才能不愁吃穿，过着无忧无虑的生活。当时张角的信徒有几十万人，起义的消息被叛徒告发，张角只好向各地信众发出提前起义的消息。起义军用黄巾裹头，作为"黄天"的标志，因此被称为黄巾军。张角称自己为天公将军，他把自己的两个弟弟张宝和张梁分别称为地公将军和人公将军，他们三个人共同指挥起义军的战斗。

起义军大有替天行道的意思，他们每打到一个地方，就焚烧当地官府的衙门，攻打豪强地主的家园，捕杀曾经残害人民、为非作歹的官吏和地主。其他地方的贵族豪绅听到这个消息后，吓得四处逃散，没几天的工夫，封建统治的秩序就被打乱了。

东汉朝廷十分惊慌，已经顾不得其他地方的防务，他们派重兵守住洛阳和附近的关口，虽然他们也派了一些军队前去镇压，但是由于黄巾军声势浩大，汉军看了都不敢作战。经过几场仗下来，老奸巨猾的皇甫嵩，看出了黄巾军缺乏作战经验的弱点。接下来的八个月，汉军与黄巾军陷入混战。其中皇甫嵩、朱儁在骑都尉曹操的协助下，在长社击败黄巾军波才，而卢植原本已围困张角，但受到宦官陷害遭到撤职。朝廷改派东中郎将董卓攻打张角，但是无法取胜。直到皇甫嵩和朱儁清除大部分的黄巾势力后，才展开决战，完全击败张角的主力，平定乱事。

虽然黄巾之乱不到一年就落幕，可是朝廷内部外戚与宦官之间的对立争斗逐渐达到最高峰，地方州郡也没有因黄巾之乱结束而恢复平静，比如曹操、孙坚、刘备等都崭露头角，特别是董卓在平定黄巾军作战中掌握了一部分北军精锐，彻底打破了汉朝时的军权平衡。

公元 单位：年	帝王	年号	大事件
173	汉灵帝	熹平二年	鲜卑攻扰幽、并二州。 山东黄县发生海啸，朝廷做出记载，这些记载曾被国外学者广泛引用，并认为是世界上最早的海啸之一。
174	汉灵帝	熹平三年	曹操被人举荐做洛阳北部尉，他一上任就下令赶造"五色棒"悬挂于衙门左右，不论豪强权贵，一旦触犯刑律一律棒杀。
184	汉灵帝	中平元年	张角率众起义，因义军皆戴黄巾，故称黄巾起义。 先零羌连同金城人（今甘肃兰州）韩遂、边章在凉州（今甘肃）起兵。董卓奉命前往镇压。
189	汉灵帝	中平六年	汉灵帝卒，皇子刘辩即位，是为少帝。 何进被宦官所杀，袁绍等尽诛宦官。 董卓胁迫何太后和朝臣废少帝，立陈留王为帝，是为献帝。
190	汉献帝	初平元年	关东州郡起兵，推袁绍为盟主，讨董卓。 董卓胁挟献帝迁都长安。
192	汉献帝	初平三年	吕布与王允杀董卓。 袁绍与公孙瓒界桥之战、巨马水之战、龙凑之战。 曹操在武阳之战击破黑山军，在兖州破黄巾军。

第五章
三国两晋南北朝

　　三国两晋南北朝是中国历史上政权更迭最频繁的时期。由于长期的封建割据和连绵不断的战争，使这一时期中国文化的发展受到特别的影响。其突出表现则是玄学的兴起、佛教的输入、道教的勃兴及波斯、希腊文化的掺入。在从魏至隋的三百六十余年间，以及在三十余个大小王朝交替兴灭过程中，上述诸多新的文化因素互相影响，交相渗透的结果，使这一时期儒学的发展及孔子的形象和历史地位等问题也趋于复杂化。

挟天子以令诸侯：曹操在乱世中拔得头筹

曹操的祖父曹腾，是东汉末年宦官集团十常侍中的一员。父亲曹嵩是曹腾的养子，曾任司隶校尉、大司农、太尉等官。曹操"少机警，有权数"，博览群书，善诗词，通古学，还有着过人的武艺。

20岁时，曹操被举为孝廉，任命为洛阳北部尉。洛阳为东汉都城，是皇亲贵戚聚居之地，很难治理。曹操一到职，就申明禁令、严肃法纪，造五色大棒十余根，悬于衙门左右，"有犯禁者，皆棒杀之"。皇帝宠信的宦官蹇硕的叔父违禁夜行，曹操毫不留情，立即将其处死。

董卓进入洛阳后，曹操不愿与其合作，于是逃出京师，在陈留组织起一支5000人的军队，准备讨伐董卓。当时声称要讨伐董卓的军队很多，实际上他们是各怀鬼胎，意在伺机发展自己的势力。不久，诸军之间相互火并，形成了诸侯割据的局面。曹操经过六年的经营，也终于有了一块自己的根据地。董卓死后，献帝刘协逃回洛阳，曹操率领他的兖州军队赶来，请刘协迁

公元 单位：年	帝王	年号	大事件
196	汉献帝	建安元年	曹操迎汉献帝到许昌并控制了东汉朝廷，取得"挟天子以令诸侯"的政治优势。 袁术攻打刘备，吕布乘机袭取下邳，后来刘备投奔曹操，受封为镇东将军、宜城亭侯。
197	汉献帝	建安二年	袁术迷信术士张炯所献符命，以为自己上应天命，遂于寿春（今安徽寿县）称帝，自称"仲家"。 曹操慑于袁绍的势力，把大将军的称号让给袁绍，袁绍被授督青幽并冀四州。
198	汉献帝	建安三年	曹操攻击吕布，张杨想出兵救吕布被部下所杀，曹操消灭了吕布的势力。 孙策遣使入贡，受封吴侯。孙策平定丹杨，收服太史慈、祖郎。孙策迎周瑜回江东。

都到他的根据地许县（今河南许昌）居住。这一举动，让曹操得以使用皇帝的名义向全国发号施令，即"挟天子以令诸侯"，这是曹操政治上的一大成功。

官渡之战：曹操称霸北方的重要战役

公元200年2月，袁绍遣部将郭图、淳于琼、颜良围攻白马，自引大军至黎阳，将渡黄河南下，进攻曹操，官渡之战拉开序幕。

袁绍先后派出颜良、文丑等大将进攻，结果都被击杀。战役结束后，曹操进军官渡，袁绍进军阳武，在东西数十里的战场上连营相抗。几次交战下来，曹操因兵力太少处于劣势。袁绍势盛，进临官渡，摆出一副决战的架势。双方各自挖掘地道，堆置土山。袁绍又令军兵登高箭射曹操大营，矢如雨下，往来兵将皆需盾牌掩护，曹兵大惧，曹操亦有还师许都之意，乃致书荀彧问以对策。荀彧回书说："袁绍兵力全部汇集官渡，要与你一决雌雄，这是事关天下安危的紧急关头，如果你不战胜袁绍而自动撤军，袁绍的大军必然乘机追袭。以袁绍兵力之众，到那时恐怕无人能拦住袁绍的南下了。"曹操认为他的看法正确，遂下决心死战。双方在官渡对抗持续了几个月，曹操兵力益见稀少，粮食殆尽，士卒疲惫不堪。这时，曹操的运气来了。原来，袁绍的谋臣许攸贪婪财物，不能为袁绍所满足，遂投降曹操。他劝曹操兵袭袁绍的护粮将官淳于琼等人，以动袁军之根本。

但许攸本为袁绍谋臣，他的建议是否可信呢？会不会是诈降的骗局呢？曹操的左右皆有怀疑，只有荀攸、贾诩劝曹操听取许攸之计，发兵速往。曹操遂集5000精兵连夜出发，天明而至，急攻淳于琼的大营。袁绍得到消息，派长子袁谭率兵前去救援，另一方面又设奇计，派张郃、高览袭击曹操大营，以使之无家可归。袁谭的救兵就要到了，可曹操尚未攻下淳于琼的大营，已有将受前后夹击的危险。左右对曹操说："敌人的骑兵已距我不远了，是否分兵相拒呢？"曹操急了，愤怒地说："等敌人到了背后再说。"危急关头，曹军个个殊死奋战，终于在袁谭救兵赶到之前打破了淳于琼的大营。张郃、高览得知大营已破，也领众来降。袁绍大军于是崩溃，多为曹军所俘。

袁绍、袁谭弃军而走，渡河而去，官渡之战以曹军的彻底胜利而告终。自此之后，曹操与袁绍的对抗强弱易势，曹军终于成了中原一带势力最大的队伍。

袁绍在"官渡之战"失败后生病，在建安七年（公元202年）夏天病死，反观曹操则在建安六年至十二年之间陆续击败袁尚、袁谭、高干等群雄及外族乌桓。随着战果不断扩大，北方也渐渐被曹操所掌控。

公元 单位：年	帝王	年号	大事件
199	汉献帝	建安四年	袁绍占据冀青幽并四州，曹操攻取河内郡，袁绍谋攻曹操，曹操备战迎击袁绍。
200	汉献帝	建安五年	张绣投降曹操。 官渡之战爆发，曹操破袁绍。 孙策被刺客刺杀，其弟孙权即位。
203	汉献帝	建安八年	曹操兴学。 孙权安定东吴。
204	汉献帝	建安九年	曹操平定冀州。 辽东公孙度死，子公孙康即位。
205	汉献帝	建安十年	曹操听从谋士郭嘉的建议，辟用青、冀、幽、并四州名士为掾属，以图拉拢士人。 曹操平定青州。
206	汉献帝	建安十一年	曹操开凿平虏、泉州二渠。 孙权攻击盘踞在麻屯和保屯的山贼，完全平定。
207	汉献帝	建安十二年	曹操进军讨伐乌桓。 辽东太守公孙康杀袁尚、袁熙。 刘备三顾茅庐。 曹操从南匈奴赎回蔡文姬。

赤壁之战：三国鼎立的关键战役

曹操统一北方后，经过几年的休养生息，继续南下统一天下的大业。而当时剩下能与他对抗的，就只有三代割据在长江下游地区的孙权和盘踞在湖北一带的刘备了。

建安十三年（公元208年），曹操率20万大军（对外号称80万）南下。曹军南下的步骑很快就进入荆州界内，此时刘表已经病逝，新即位的刘琮还没等曹军兵临城下便闻风而降。寄居在荆州的刘备从新野率军向南，准备撤退到江陵。江陵不仅地理位置重要，而且还储备了大量的物资。有鉴于此，曹操立即亲率精锐骑兵对刘备军展开追击，在当阳长坂追上刘备，并将刘备军击溃，迫使他放弃了占领江陵的企图，转而向东南奔往夏口，曹操则直扑江陵，占领了这个荆州重镇。

当时曹操已接收刘表的部队，声势惊人。孙权的部属大多认为应该投降，唯独周瑜、鲁肃力排众议，认为应该对曹操作战；再加上诸葛亮一番对时局的分析，使得原本观望的孙权，终于决定要战。随后他派周瑜、程普、鲁肃等人率水军三万，跟随诸葛亮拜见刘备，双方组成联军一起抵抗曹操。

十月，曹操发动水军向孙权进攻。周瑜和程普分别为左右都督，各自率领万人与刘备一起进兵。曹操与孙、刘联军在赤壁（约在今湖北嘉鱼东北）遭遇并展开激战，这就是赫赫有名的"赤壁之战"。

战前，周瑜的部将黄盖观察到曹军的船舰都是首尾相连，可以采取火攻。于是周瑜一边准备适合的战船，一边放出黄盖要投降的假消息给曹操。当战船靠近曹军时，黄盖下令放火。在风势助威之下，曹军船舰迅速燃烧，还波及陆上军营，曹军因此大败。曹操下令将剩下的船只焚毁向后撤退，途中又有不少士兵死于疾病或是饥饿。刘备和周瑜一路追击到南郡，曹操只好退回北方，命曹仁、徐晃留守江陵，而乐进则驻守襄阳。

赤壁之战后，全国形势发生了变化，局势进入孙、曹、刘三足鼎立的状态。公元220年，曹操之子曹丕废掉汉献帝自立，国号为"魏"，都城为洛阳。刘备乘机占据了荆州大部分地方，又向西发展，在公元221年，也自立为帝，国号为"蜀"，建都成都。孙权则巩固了在长江中下游的势力，公元

公元 单位：年	帝王	年号	大事件
208	汉献帝	建安十三年	吴大帝孙权设立新都郡，任命贺齐为新都太守。 江夏太守黄祖逝世。 东汉名医华佗撰写医书，其后不久病死。 孙权、刘备联军在长江赤壁（今湖北赤壁西北）一带大破曹操的大军，史称"赤壁之战"。
209	汉献帝	建安十四年	孙权与曹操爆发第一次合肥之战。
210	汉献帝	建安十五年	曹操下令唯才是举，在邺城修建铜雀台。 刘备京口见孙权借荆州，周瑜逝世。
211	汉献帝	建安十六年	曹操派钟繇出兵讨伐汉中的张鲁。 关西马超、韩遂等十个军团起兵，攻向潼关，爆发潼关之战。 刘璋麾下张松、法正提案请刘备入蜀作防，刘备答应，北至葭萌。
212	汉献帝	建安十七年	曹操亲率大军，号称40万，南征孙权。 刘璋发现张松私通刘备，双方决裂，刘备采用谋士庞统提出的计策，斩杀杨怀、高沛，挥军南下。
213	汉献帝	建安十八年	曹操与孙权在濡须口作战，献帝封曹操为魏公，马超被杨阜等打败。
214	汉献帝	建安十九年	献帝、伏皇后与国丈伏完密谋除曹操，事泄，曹操诛杀众人。 刘璋投降刘备，刘备自领益州牧。
215	汉献帝	建安二十年	曹操进攻汉中的张鲁，张鲁向曹操投降，曹操占领汉中，统一北方。 孙权与刘备为荆州拥有权爆发冲突，最后刘备向孙权提出和议，平分荆州。 孙权围攻合肥，守将张辽、李典、乐进奋战，孙权撤退。此战为第二次合肥之战。

222年称王，国号"吴"，都城为建业（今南京）。

刘备称帝：皇叔在成都恢复汉室

赤壁之战的失败对曹操来说是少见的挫折，但对刘备而言却是重大的转机。他渐渐摆脱过去到处流浪或是寄人篱下的日子，开始有比较固定并能壮大的根据地，终于可以独占一方，获得与曹操、孙权平起平坐的地位。

建安十六年（公元211年），刘备以帮助刘璋讨伐张鲁为借口，以法正、张松为内应，率军进入益州。刘备向北行军到葭萌便停住，在那里收买人心。后来事情败露，张松被杀，于是刘备与刘璋公开反目。刘璋派遣刘璝、冷苞、张任、邓贤等在涪江与刘备交战，结果都被刘备打败，除张任逃走外，其余皆战死。刘备的军队来到雒城（今四川广汉），攻城时庞统中箭身亡，于是法正顶替了庞统谋士的位置。一年后，刘备攻破雒城，张任不愿投降，被刘备杀死。包围成都时，诸葛亮、张飞、赵云等奉刘备之命进入益州。在成都城前，马超归降刘备，简雍劝说刘璋向刘备投降，于是刘备自领为益州牧。建安二十年，张郃进攻蜀中，与张飞交战，败走。

建安二十三年，刘备起兵攻汉中，打算收取东川。刘备听取了法正的建议，夜袭夏侯渊，黄忠杀死夏侯渊。刘备取得了这次战争的主动权，曹操亲自到来后，刘备壁垒不战，最终使得曹操在无奈之下退军。刘备控制了汉中，自立为汉中王。

后来，刘备集团驻守荆州的关羽率军进攻樊城，水淹七军，击败了曹操的军队，迫降主将于禁，引起曹操集团的极大恐慌。但这时曹操与孙权联合，吕蒙从背后奇袭荆州，关羽大意失荆州后走投无路，最后在麦城被俘，被东吴杀害。

建安二十五年（公元220年），曹操66岁，因病去世，他的次子曹丕即位为魏王。曹丕逼汉献帝禅位，建立了魏朝。

第二年，刘备在成都称帝，正式建立了蜀国政权，国号为汉，史称蜀汉。

公元 单位：年	帝王	年号	大事件
216	汉献帝	建安二十一年	魏公曹操进封魏王。 南匈奴单于呼厨泉入朝魏国。 曹操发兵南征孙权。
217	汉献帝	建安二十二年	汉献帝刘协命曹操王冕用十二旒，乘金根车，驾六马，设五时副车。 刘备进攻汉中。
219	汉献帝	建安二十四年	曹仁破宛城，斩侯音，田豫迁升为南阳太守。夏侯渊与刘备战于定军山，被杀。 关羽败走麦城，被东吴所杀。
220	魏文帝	黄初元年	曹操病亡，曹丕称帝，建立魏国，孙权遣使向魏称藩。
221	魏文帝	黄初二年	刘备称帝，建立蜀国。 刘备东征孙权，张飞战前被范疆、张达谋杀。

白帝托孤：刘备把遗愿交给最信任的人

刘备称帝后，不顾诸葛亮的劝阻讨伐孙权，结果被东吴的陆逊火烧连营，兵败后逃至白帝城。刘备大受打击，在白帝城的永安宫一病不起，他知道自己的病已经难以治愈，便派人到成都日夜兼程地请诸葛亮前来嘱托后事。

当时，太子刘禅留守成都，诸葛亮带着刘备的另外两个儿子刘永和刘理赶到白帝城。刘备病危之际，对诸葛亮托付后事说："自从我得到丞相的辅佐，终于建立了蜀国，但这次由于没有听从丞相的劝谏，以致有今天的失败。你的才华高过曹丕十倍，一定可以安定国家，成就北伐大业。如果我的儿子刘禅可以辅佐，你就辅佐他；如果他不争气，你可以取而代之。"

诸葛亮见刘备如此信任自己，十分感动，流着泪说："臣将竭尽全力辅佐幼主，贡献忠贞之节。"刘备又请诸葛亮在自己旁边坐下，叫刘永、刘理到面前，吩咐他们说："你们要记住，我死之后，你们弟兄三人，都要把丞相当作自己的父亲那样对待，不能有丝毫的怠慢。"说完，叫两个儿子向诸葛亮下拜，又对众将官说："我已经将国家大事都托付给了丞相，要我儿子像对待父亲一样对待他，也请诸位共同辅佐。"说完，刘备闭上了双眼，这一年他63岁。

从这时起，蜀国进入了"诸葛亮时代"。军政事务无论大小，都交由诸葛亮来裁决。诸葛亮希望能够与吴国联盟共抗曹魏，蜀国开始恢复与东吴的关系。

公元 单位：年	帝王	年号	大事件
222	魏文帝	黄初三年	孙权称吴王。 彝陵之战，陆逊火烧连营，大败刘备。
223	魏文帝	黄初四年	刘备死于白帝城，刘禅即位。 曹丕五路伐蜀，诸葛亮遣邓芝使吴，结交盟好。
224	魏文帝	黄初五年	孙权遣张温使蜀，诸葛亮复遣邓芝使吴，吴蜀联盟成形。
225	魏文帝	黄初六年	诸葛亮南征，七擒七纵孟获，平定蜀国南方。
226	魏文帝	黄初七年	曹丕病亡，曹叡即位。 曹叡封司马懿为骠骑大将军。

鞠躬尽瘁，死而后已：诸葛亮六出祁山

刘备死后，刘禅即位，是为蜀汉后主，改年号为建兴。建兴五年（公元227年）诸葛亮兵屯汉中，准备北伐，临行前上书给后主，这就是大家耳熟能详的《出师表》，表达出诸葛亮为蜀汉"鞠躬尽瘁，死而后已"的精神。

蜀汉建兴六年（公元228年）春，诸葛亮开始第一次北伐，他令赵云等做疑兵，假装由斜谷（今陕西眉县南）攻郿城（今陕西眉县北），以吸引魏军，

自己则率主力攻向祁山（今甘肃西和祁山堡）方向，陇右的天水、南安、安定等郡相继投降蜀国，接着他又收服了姜维，关中为之震惊。可是马谡丢了街亭，诸葛亮无奈只得退回汉中。

第二次北伐是这年（公元228年）的冬天，陆逊在石亭打败曹休，诸葛亮乘机兵出散关，包围陈仓（今陕西宝鸡西南），二十多天未能攻下，待魏国援军赶到，他只得再次退回汉中。建兴七年，诸葛亮第三次北伐魏国，进攻武都（今甘肃成县）、阴平（今甘肃文县西北），打败魏援军，攻克这两郡，留兵据守，自己撤军。第四次北伐在建兴九年，蜀军包围祁山，司马懿统率

公元 单位：年	帝王	年号	大事件
228	蜀汉后主	建兴六年	诸葛亮率军攻祁山，开始第一次北伐。 诸葛亮复出散关，围郝昭、王生之陈仓，第二次北伐。 周鲂诈降诱曹魏攻吴，陆逊石亭大败曹休。
229年	吴大帝	黄龙元年	诸葛亮第三次北伐。 孙权即帝位，迁都建业。
230	吴大帝	黄龙二年	吴派卫温、诸葛直带甲士万人航海到达夷洲。 诸葛亮第四次北伐，曹叡采纳曹真"数道并入"以取汉中的建议，使司马懿由西城，曹真由子午道，其余或从斜谷，或从建威，进攻汉中。
231	蜀汉后主	建兴九年	诸葛亮第五次北伐，出祁山；司马懿据险守要，蜀军退。
233	魏明帝	青龙元年	公孙渊斩吴使。孙权征合肥新城，全琮征六安，不克而还。步度根死。
234	魏明帝	青龙二年	诸葛亮六出祁山，率十万众出斜谷。 山阳公（汉献帝）刘协死，曹叡素服发哀，遣使持节操办丧事。 八月诸葛亮病逝于五丈原；蒋琬迁尚书令，总理国事。

魏军迎击，他知蜀军远来，军粮不多，于是坚守不出。诸葛亮退兵，想引诱敌人来追，但司马懿很谨慎，蜀军一停，他就扎下营寨。此时李严假传刘禅圣旨命令诸葛亮退兵，由于蜀军粮草也接应不上，诸葛亮只得班师，在撤退时以伏兵杀了魏国名将张郃。

第五次北伐时，诸葛亮率十万大军出斜谷口，到达郿县，驻扎在渭水南岸的五丈原。司马懿也在此扎营，不与蜀军作战，他认为蜀军远来，粮草运输困难，不能久持。诸葛亮对此的准备，是在渭水分兵屯田，以支持长期的战争。八月，诸葛亮积劳成疾，病势无法挽救，不久后就与世长辞。诸葛亮共五次出师北伐，只有两次真正出兵祁山；另有一次是魏军向汉中进攻，不是诸葛亮出击，但被后世笼统地说成是"六出祁山"。

高平陵事变：司马氏集团获得实权

曹魏统治后期，司马懿发动了一次政变——史称"高平陵事变"。

曹魏中后期，作为世族大地主的代表人物，司马懿的地位越来越显要。司马懿（公元179～251年）字仲达，河内温（今河南温县）人，号冢虎，当时有"卧龙凤雏幼麒冢虎"一说，是三国时期魏国杰出的政治家、军事家，多次与诸葛亮作战。其孙司马炎称帝建立晋朝后，追尊他为晋宣帝。

明帝时，司马懿官至太尉。明帝去世后，司马懿与魏宗室、大将军曹爽共执朝政，两人之间的政治矛盾日益尖锐。曹爽奏请魏帝将司马懿转为太傅闲职，剥夺了他的兵权，又安排何晏、丁谧等心腹执掌机要，在朝中竭力排斥司马懿。司马懿假装生病，有意麻痹曹爽，而暗中却在策划反攻。

正始十年（公元249年）正月，小皇帝曹芳前去明帝墓祭祀，曹爽兄弟和他的亲信大臣全部随同前往。一直装病的司马懿突然发动政变，假借皇太后的命令封闭洛阳城，并任命高柔接管曹爽的军队，司马懿的其他亲信接管禁军。然后发出一份奏折给少帝曹芳，宣称奉郭太后之命罢免曹爽以及他的兄弟、亲信等大臣。

大司农桓范劝曹爽前往许昌，然后借皇帝的命令率四方精兵讨伐司马懿。可是曹爽依然犹豫不决，而司马懿派来的使者则允诺，只要曹爽投降就可以保全性命和爵位。曹爽最后投降，在软禁一段时间后被杀，并被株连三族。

高平陵事变后，曹魏宗室衰微，司马氏专权。曹魏朝政基本上由司马氏所左右，为日后司马氏代魏立晋奠定了基础。

公元 单位：年	帝王	年号	大事件
238	魏明帝	景初二年	魏诏太尉司马懿率众讨辽东。刘禅立皇后张氏，大赦，改元，立子刘璿为太子，子刘瑶为安定王。吴侍御史谢宏上奏铸大钱，以一当千，孙权准奏。
239	魏明帝	景初三年	曹叡托孤大将军曹爽及太尉司马懿。立曹芳为皇太子，曹叡死于嘉福殿，年三十六。曹芳即皇帝位，大赦天下。曹芳葬曹叡于高平陵。吴地震。
242	魏齐王	正始三年	魏东平王曹徽死。蜀监军姜维率偏军，自汉中还屯涪县。孙权立子孙和为太子，大赦天下，改禾兴为嘉兴。百官上奏请立皇后及诸侯王，孙权不许。
248	魏齐王	正始九年	因司马懿装病，曹爽派人看望，对司马懿防备开始松懈。
249	魏齐王	正始十年	司马懿上奏罢免曹爽，曹爽弟中领军曹羲、武卫将军曹训、散骑常侍曹彦官职。有司查曹爽图谋不轨，尚书丁谧、邓飏、何晏、司隶校尉毕轨、荆州刺史李胜、大司农桓范皆与曹爽共谋叛逆，夷三族。魏诛大将军曹爽等，右将军夏侯霸投降蜀汉。曹芳大赦天下。魏以太傅司马懿为丞相，司马懿不受。

姜维北伐：蜀汉做最后的挣扎

诸葛亮"出师未捷身先死"，于五丈原逝世后，姜维被后主刘禅任命为右监军、辅汉将军，统率诸军，进封平襄侯。后来又历任司马、镇西大将军，兼任凉州刺史、卫将军、大将军。据《三国志》记载，公元238年至公元262年间，姜维共11次出兵北伐。

第一次，是在公元238年，姜维和蒋琬率偏师从陇右出击，与魏军在南安相持不下。

第二次，是在公元244年，姜维和费祎从兴势（今陕西洋县）出兵，派王平袭击魏将曹爽，打败曹魏的军队。

第三次，是在公元247年，出兵陇西，在洮西与魏将郭淮、夏侯霸大战。

第四次，是在公元249年，姜维派廖化去洮城，在这种"蜀中无大将，廖化作先锋"的情况下，姜维凭一己之力与魏国众多将领作战，互有胜负。

第五次，是在公元250年，姜维在羌胡的辅佐下，于洮西与郭淮交战，双方平手。

第六次，是在公元253年，费祎被刺杀后，姜维出兵包围南安，因粮草用尽而退兵。

第七次，是在公元254年，于陇西狄道出兵，杀死魏将徐质。

第八次，是在公元255年，与夏侯霸出狄道，于洮西大破王经，王经退守狄道城，被陈泰派兵所救。

第九次，是在公元256年，姜维再次出兵，蜀将胡济延误战机，于段谷为邓艾所败，死伤惨重。

第十次，是在公元257年，姜维乘魏将诸葛诞叛乱出兵秦川，魏军坚守不战，直到258年诸葛诞兵败才退兵。

第十一次，是在公元262年，姜维与邓艾战于侯和，被邓艾击败，然后回兵沓中。这是姜维最后一次北伐，蜀国的黄皓想用阎宇替代姜维，姜维因对黄皓擅权的行为十分厌恶，曾向后主建议诛杀黄皓，但后主没有同意，姜维觉得自己可能已经惹怒了黄皓，便居沓中避祸。钟会、邓艾领大军征蜀。公元263年，终于灭亡了蜀国。

公元 单位：年	帝王	年号	大事件
250	魏齐王	嘉平二年	曹芳命司马懿立庙于洛阳，置左右长史，封司马懿子司马肜平乐亭侯，司马伦安乐亭侯。 孙权立子孙亮为太子。
251	魏齐王	嘉平三年	魏太尉王凌阴谋立楚王曹彪，被司马懿平定。
252	魏齐王	嘉平四年	孙权卒，孙亮即位；以诸葛恪为太傅。司马懿长子司马师为大将军；使诸葛诞、胡遵围东兴，诸葛恪以大兵赴敌。
253	蜀汉后主	延熙十四年	蜀大将军费祎为魏降人所杀。
254	蜀汉后主	延熙十五年	姜维率众出陇西。
255	魏高贵乡公	正元二年	镇东将军毋丘俭与扬州刺使文钦讨伐司马师；司马师亡，司马昭为大将军。 姜维攻魏狄道，先胜后败；大破魏雍州刺史王经于洮西。
256	蜀汉后主	延熙十九年	姜维晋升大将军，与镇西将军胡济期会攻魏，胡济不至，姜维被魏将军邓艾所败。

魏伐蜀：蜀汉政权灭亡

魏景元三年（公元 262 年），魏国大将军司马昭决定先灭蜀，然后顺江而下灭吴，他任命司隶校尉钟会为镇西将军前往关中整顿军队，准备伐蜀。景元四年八月，魏军兵分三路向蜀国进攻。蜀汉右车骑将军廖化率军前往沓中增援姜维；左车骑将军张翼等驻守阳安关口。

由于蜀军对咽喉险道斜谷、骆谷、子午谷的防守不够成功，这些地方很快被魏国魏兴太守刘钦占领。钟会于是分兵几路，同时进取汉中，并留下两万人在汉、乐二城外围困，自率主力直下阳安关口，蜀将傅金被杀，蒋舒投降，魏军攻克关城（今陕西阳平关），接着又向南进军。

姜维知道汉中是保不住了，急忙摆脱邓艾，向阴平退去，但是抢先占了桥头阴平东南的诸葛绪阻住姜维。姜维做出向北欲绕道而东的假象，诱使诸葛绪离开桥头向北堵击，姜维乘机迅速通过桥头，会合了廖化、张翼等，在剑阁坚守。邓艾率军来到阴平，打算与诸葛绪合兵，一同南下。诸葛绪不同意，自带军向东，向钟会靠拢。钟会想独霸军权，诬告诸葛绪害怕敌人，不敢向前，并将其押回治罪，然后率军南下，被姜维于剑阁阻住去路。因魏军粮草接应不上，于是钟会准备退兵。邓艾向他建议，可以出奇兵从阴平经江油（今四川江油北）、涪县（今四川绵阳东），偷袭成都。

公元 单位：年	帝王	年号	大事件
257	魏高贵乡公	甘露二年	魏司空诸葛诞与孙吴联合起兵反魏。 吴遣将全怿等率三万众接应诸葛诞。魏大将军司马昭出讨诸葛诞。姜维闻知，复率众出骆谷，至芒水。
258	魏高贵乡公	甘露三年	魏大将军司马昭攻陷寿春城，斩诸葛诞。将军孙綝废吴帝孙亮为会稽王，立琅琊王孙休为帝；孙休与丁奉设计杀死孙綝；是年，蜀宦官黄皓始专政。
260	魏高贵乡公	甘露四年	魏司马昭为相国，封晋公，加九锡。 贾允、成济杀死曹髦，曹奂即位。
262	蜀汉后主	景耀四年	姜维攻魏，被邓艾击败，退屯沓中。
263	蜀汉后主	景耀六年	魏伐蜀，征西将军邓艾、镇西将军钟会、雍州刺史诸葛绪三路并攻。 刘禅降于邓艾，姜维遵后主令，降于钟会，蜀亡。
264	魏元帝	景元四年	司马昭称晋王，邓艾为卫瓘所杀。钟会、姜维于成都反，被杀。 孙休卒，孙皓即位。 魏以中抚军司马炎为抚军大将军。

十月，姜维还被钟会牵制在剑阁，邓艾率军自阴平沿景谷道东向南，到了剑阁以南两百多里，钟会的部将田章等也跟进。邓艾率军从小道攀登，从七百余里无人烟的险域越过，令人意想不到地直抵江油，迫使守将马邈投降。然后派其子邓忠等向退守绵竹的蜀将诸葛瞻进攻，攻克绵竹，斩诸葛瞻。紧接着就攻陷了雒县（今四川广汉北），逼近成都。蜀后主刘禅感到大势已去，又受到主降派的劝导，决定向邓艾请降。姜维得知绵竹失守，担心腹背受敌，便率军退至巴西境，行军至郪县（今四川射洪西）时，奉刘禅之命，前往钟会处投降。邓艾率军入成都，西蜀灭亡。

司马氏夺权：西晋走上历史舞台

魏国灭掉蜀国后，还没来得及挥师南下剿灭吴国，厄运便降临在自己头上。公元265年，相国司马昭逝世，他的儿子司马炎立即下令给最后一任皇帝曹奂，叫他禅让，魏国在建立46年后灭亡。司马炎改国号为晋，首都仍设在洛阳。

司马氏的夺权，始于司马懿。司马懿先后在曹操和魏文帝曹丕手下担任重要职位，到了魏明帝曹叡即位时，司马懿已经是魏国的元老了。由于他长期带兵在关中跟蜀国打仗，因而一直掌握兵权。魏明帝病重时，把司马懿和皇族大臣曹爽叫到床边，嘱咐他们共同辅佐太子曹芳。曹芳即位后，任命曹爽当大将军，司马懿当太尉，共同掌管兵权。

曹爽虽说是皇族，但论能力、资格，都跟司马懿差得很远。为了独掌大权，曹爽建议皇帝提升司马懿为太傅，实际上是夺去了司马懿的兵权。接着，曹爽又把自己的心腹、兄弟都安排到重要的职位上。司马懿看在眼里，装聋作哑，不但不干涉，还推说自己有病，不再上朝了。

公元249年，曹芳到城外祭扫祖先陵墓，曹爽和他的兄弟、亲信大臣全跟了去。司马懿既然病得厉害，自然没人请他去。哪知曹爽一行人刚出皇城，司马懿的病就好了。他带着两个儿子司马师、司马昭，率领兵马占领了城门和兵库，假传皇太后的诏令，把曹爽的大将军职务撤了。曹爽没办法，只得乖乖投降，司马懿随后下令把曹爽一伙人处死。

虽然司马懿在两年后去世，由其长子司马师接任大将军，但司马师在嘉平六年（公元254年）借太后令废了皇帝，改立魏明帝的侄儿曹髦为帝，是为废帝（高贵乡公）。一样是托孤，对照诸葛亮尽心尽力辅佐蜀汉后主，司马懿的辅政却出现截然不同的结局。

司马师在拥立废帝（高贵乡公）后不久就过世了，其弟弟司马昭接任大将军，对魏国朝政的控制越来越紧。甘露三年（公元258年），司马昭任相国且被封为晋公，仿佛当年曹操掌控东汉朝廷时的情景。废帝也因皇帝权威不断被削弱，对司马昭相当愤恨。甘露五年（公元260年），废帝认为"司马昭之心，路人所（皆）知也"，不顾劝阻，坚持率童仆数百人亲讨司马昭，结果反被杀害。魏国只好再改立魏明帝的堂弟曹奂即位，是为魏元帝。

魏元帝景元五年（公元264年），司马昭的爵位从晋公提升为晋王。咸熙二年（公元265年）司马昭过世，其长子司马炎继任晋王。此时曹家早已

公元 单位：年	帝王	年号	大事件
265	晋武帝	泰始元年	司马昭卒，其子司马炎继任晋王。 司马炎废曹奂为陈留王，自称晋武帝，建立西晋，魏亡。
271	晋武帝	泰始七年	匈奴右贤王刘猛叛晋出塞。吴攻略、平定交趾。吴孙皓出兵攻晋。
272	晋武帝	泰始八年	吴西陵督步阐降晋，吴将陆抗攻步阐。 司马炎派杨肇、羊祜等率军支援战略要地西陵；陆抗大败杨肇，杀步阐。
275	晋武帝	咸宁元年	中原大疫，洛阳死者以万数。
279	晋武帝	咸宁五年	晋以贾充为大都督，大举分道伐吴。
280	晋武帝	太康元年	晋灭吴，统一全国。颁布户调式，包括占田课田制、户调制和荫客制。
281	晋武帝	太康二年	汲郡战国墓中《竹书纪年》等竹简出土。
290	晋惠帝	永熙元年	晋惠帝立，武帝杨皇后父杨骏辅政。以刘渊为匈奴五部大都督。

失去抵抗力量，夺位的时机终于成熟。同年十二月，魏元帝被迫退位，司马炎正式称帝，改元泰始，是为晋武帝。魏国灭亡，原本鼎立的三国时代也即将画下句点。

八王之乱：七个王因掌权的野心被杀

晋武帝司马炎临死前曾遗命国丈杨骏和汝南王司马亮共同辅佐白痴皇帝晋惠帝，因为司马亮是晋武帝的叔叔，辈分高、资历老、官阶高，所以晋武帝要他来压阵，谁知杨骏私改遗诏，将司马亮排斥，独揽大权。这引起了司马氏家族的不满，更引起了贾南风的妒忌。贾南风借司马玮之手，除掉了司马亮。接着，又以杀皇亲元勋为罪名，下令处死了司马玮。

贾后一箭双雕，处死了两个王，然后废黜了太子遹，并杀了遹和他的生母，要立从妹妹贾午那里抱来的儿子为太子。这样就触犯了司马氏皇族的众怒，赵王司马伦首先发难，带兵入京，逮捕了贾后，逼她吞金自杀，消灭了她的党羽，独掌大权。司马伦是司马懿的第九个儿子，辈分很高，他是个出尔反尔的野心家，竟然以司马衷智商低下，不能当朝为名，废黜了惠帝，自立为帝。

各地的诸侯王听说赵王做了皇帝，谁都想来夺这个宝座，于是展开了一场又一场的厮杀。参加这场混战的有赵王司马伦、齐王司马冏、成都王司马颖、河间王司马颙、长沙王司马乂、东海王司马越。加上已经被杀的汝南王司马亮、楚王司马玮，一共有八个诸侯王，史称"八王之乱"。西晋诸王之间的这场大恶斗前后持续了16年，数十万人丧失了生命，许多城市被洗劫和焚毁。

到了公元306年，八王中的七个都死了，东海王司马越觉得威胁都已不在，立个傀儡皇帝也没用处，就暗中命令宫人在饼中下毒，送进显阳殿。司马衷取来吃了几个，便觉得腹中绞痛，接着扑倒床上，翻滚哀号，等宫人叫来御医，他已瞪眼张口不省人事了。御医搭脉后连连摇头说："完了，完了。"经宫人再三追问病由，御医才低声说是中毒，说完就急忙溜走了。

司马越不敢自己称帝，立了惠帝的弟弟司马炽——司马炎最小的儿子为帝，这就是晋怀帝。

公元 单位：年	帝王	年号	大事件
291	晋惠帝	元康元年	贾后杀杨骏，又杀汝南王亮及楚王玮；八王之乱开始。
296	晋惠帝	元康六年	氐人齐万年起兵于关中。
298	晋惠帝	元康八年	关中连年饥荒，巴氐豪酋李特率流民入蜀。
300	晋惠帝	永康元年	赵王伦杀贾后。
301	晋惠帝	永康二年	赵王伦废惠帝自立，齐王冏等起兵杀伦，惠帝复位，冏专政。 秦雍六郡流民起义爆发。流民推李特为首，起兵于绵竹，进攻成都。
303	晋惠帝	太安二年	李特入成都，旋为益州刺史罗尚所杀。特侄李雄再攻下成都。 张昌、石冰起义爆发。五月，张昌起义于安陆石岩山，后据江夏，攻襄阳，别帅石冰东进。
304	晋惠帝	永安元年	李雄称成都王，建成汉。 匈奴刘渊在左国城即汉王位，建国号曰汉。十六国开始。
305	晋惠帝	永兴二年	张敏于历阳起兵称楚公，为陶侃所败。
306	晋惠帝	永兴三年	东海王越将领祁弘挟惠帝还洛阳。惠帝中毒死，其弟炽即位，是为晋怀帝司马炽。八王之乱结束。

永嘉之乱：直接导致西晋灭亡

晋武帝司马炎开国建立西晋王朝后，认为魏朝灭亡的原因在于没有给皇室子弟权力，使皇室孤立了。于是，他在即位后先后册封了27个同姓王。由于这些诸侯王都拥有自己的地盘，拥有自己的军队和文武官员，到后来为抢夺地盘和权力,他们经常进行混战,这样就直接导致了西晋政权的不稳固。到了晋惠帝时期,持续16年之久的"八王之乱",极大地削弱了西晋的政权基础,八王中只有东海孝献王司马越幸存下来。这时,北方的匈奴贵族也乘机独立,对抗晋朝,建立了刘汉王朝。

公元311年3月,东海孝献王司马越在项县(今河南沈丘)去世,太尉王衍等人一起扶着司马越的灵柩回东海郡安葬。四月,刘汉王朝皇帝刘聪派大将石勒率骑兵追击司马越的灵车,追到苦县(今河南鹿邑)的宁平城,消灭了十几万护送灵车的晋朝军队。

五月,刘聪派始安王刘曜、大将军呼延晏等人进攻西晋都城洛阳。洛

公元 单位:年	帝王	年号	大事件
307	晋怀帝	永嘉元年	匈奴人西进,突然出现在里海的东方,一举打败了旺达尔人和阿兰人。 慕容廆自称鲜卑大单于。 王羲之随家族南迁会稽山阴(今浙江省绍兴市)。
308	晋怀帝	永嘉二年	匈奴贵族刘渊就趁着天下大乱,自立为帝,建立了国号为"汉"的割据政权。
309	晋怀帝	永嘉三年	天下大旱,长江、汉水、黄河、洛河水量急剧减少,甚至人可以涉过,为前所未有。 平阳人刘芒荡自称汉朝后裔,在马兰山(今陕西白水)起兵称皇帝。
310	晋怀帝	永嘉四年	刘渊死,太子和即位。刘聪杀和自立。
311	晋怀帝	永嘉五年	汉刘曜攻下洛阳,杀吏民三万余人,挟怀帝至平阳。
313	晋怀帝	永嘉七年	刘聪杀怀帝,秦王司马邺在长安即位,是为晋湣帝。
315	晋湣帝	建兴三年	晋封拓跋猗卢为代王。
316	晋湣帝	建兴四年	匈奴兵攻入长安,俘了晋愍帝,西晋至此灭亡。

阳的军民奋勇抵抗，但是终因寡不敌众，洛阳城被攻陷。刘汉军队攻入洛阳后，烧杀抢掠，无恶不作，他们总计杀死了三万多名没有逃走的官员和百姓，并俘虏了来不及逃走的晋怀帝司马炽。后来，刘曜认为天下还没有平定，洛阳四面受敌，不可以据守，就命人放火焚烧了洛阳。

京城失陷被焚，皇帝被抓后，晋朝全国一下子陷入混乱状态。这时各少数民族也纷纷入侵，中原的士人百姓为避战乱，也纷纷南渡长江，迁移到相对安定的江东去。

这次变乱发生时正是晋朝永嘉年间，所以历史上把这次事件称之为"永嘉之乱"。建兴四年（公元316年），刘汉军围攻长安，晋愍帝被迫出降，西晋灭亡。

永嘉之乱不仅仅表现在国家灭亡上，从此以后整个北方成了胡人的舞台，很多百姓则在饥荒、战乱、迁徙的过程中死亡，整个中华大地哀鸿遍野。

王马共天下：东晋的开端有点意思

公元317年，晋愍帝司马邺被刘聪杀死的消息传到江南，其堂伯司马睿在众人的推拥下，登上了皇位，定都建康（今江苏南京）。这以后的晋朝叫东晋，司马睿就是晋元帝。

司马睿登基，非常敬重王敦、王导兄弟，封前者为大将军并兼江州牧，封后者为丞相。一次朝会时，他把王导叫到跟前，让他在自己的宝座旁边坐下，一起接受文武大臣的朝贺。王导吓得慌忙躲开，说："天下只有一个太阳，我怎敢跟皇帝并坐呢？"司马睿说："丞相劳苦功高，没有你就没有朕的天下，所以你理当同朕并坐受贺。"王导坚决推辞，不敢就座，司马睿还一边招手一边叫着："你来呀！你来呀！"后来，朝野常常谈论这件事，都说东晋的朝廷是"王与马（司马），共天下"。意思是东晋的江山不是司马氏独有的，而是司马氏与王氏共有的。

司马睿为什么这样敬重王氏呢？因为王氏在建立东晋时立了汗马功劳。当初，司马睿被封为琅琊王，奉命镇守江南，驻建康。由于他没有什么势力,所以南方的豪门贵族都看不起他。谋士王导具有远见卓识,看到了立足江南的重要性,因此处心积虑地想法提高琅琊王的威望。一天,王导请琅琊王外出巡视,让其坐在华美的轿子里,前后都有仪仗队。王导和哥哥王敦率领文武百官,一律锦衣骏马,前呼后拥。更有几百名卫兵,高举旗帜和刀枪,阵容壮观,步伐矫健,好不威风!这支队伍缓缓行进在大街上,吸引了无数居民出来看热闹。就是当地有势力的豪门贵族,也顿时肃然起敬。他们意识到,琅琊王并非等闲人物,争着前来拜见。琅琊王笑容可掬,还之以礼。此后,琅琊王又登门拜访了几个著名的士绅,并请他们出来做官。这样一来,司马睿就在江南站稳脚跟了。

王导导演司马睿巡视,取得了巨大成功。司马睿声名远播,从北方逃到南方的王公贵戚越来越多。这些人当中,有的想收复失地,苦于没有办法,

公元 单位:年	帝王	年号	大事件
317	晋愍帝	建武元年	琅琊王司马睿即晋王位,史称东晋。 祖逖北伐。
318	晋元帝	太兴元年	晋王司马睿称帝,是为晋元帝。 刘聪病死,太子粲即位,旋为靳准所杀,汉亡。刘曜发兵攻准,自立为皇帝。
319	晋元帝	太兴二年	刘曜徙都长安,改国号赵,史称前赵。 石勒自称赵王,定都襄国,史称后赵。
322	晋元帝	永昌元年	王敦起兵武昌,攻入建康,还屯武昌,遥制朝政。元帝忧愤死,明帝即位,王导辅政。
324	晋明帝	太宁二年	明帝下令讨伐王敦,敦以兄含为元帅攻建康,敦病死,兵众溃散。
327	晋成帝	咸和二年	苏峻、祖约之乱爆发。
329	晋成帝	咸和四年	后赵出兵攻占上邽,杀太子熙,前赵亡。
330	晋成帝	咸和五年	东晋始行度田收租制,亩税三升。 后赵石勒称帝。

而有的却不再想回北方去，贪图一时的快活。一天，这些人聚到建康城外的新亭，隔江眺望北方的故土，千思百虑，望着望着竟伤心地哭了起来。这时，王导突然厉声说："哭什么！没出息！与其哭泣，不如帮助皇家收复失地！"大家听他的话有理，便停止哭泣，围上来请问其策。王导讲述了自己的想法，说要齐心帮助琅邪王。这么着，琅邪王的势力更大了。进而，王导等鼎力扶持，拥立他当了皇帝。

司马睿发迹不忘恩人，这才格外敬重王导，要王导坐在自己的身边，共同接受文臣武将的朝贺。

桓温北伐：南方对北方的军事劣势

祖逖之后的北伐大将就是桓温。桓温，字元子，今安徽怀远人。据说出生还没有满月的时候，名士温峤看到他，就曾对他父亲桓彝说："这孩子生有奇骨，且逗他哭出声来听听。"听了他的哭声。温峤赞叹："果然不同凡响啊！"桓彝为感激温峤的赞扬，就取了他的姓，给孩子命名为桓温。

桓温的发迹是在镇守荆州时，起兵征伐成都。当时在大臣们一片不看好的声浪中，桓温亲自率兵直攻成都，大败成都，成都因而灭亡，时值永和三年（公元347年）。桓温因这一战而声名大振，也晋升为征西大将军。和祖逖一样的遭遇是，朝廷总悱桓温功高后不受控制，所以另外拔擢殷浩，以为抗衡。

永和五年（公元349年）后赵的石虎过世，北方陷入夺位的混乱中，桓温上表希望能率兵北伐，却始终没有下文。次年，朝廷竟然委派殷浩进行北伐，桓温自然深感不平。孰料，殷浩在随后的两年内多次发兵，却连战连败，桓温趁机表列殷浩的罪行，逼使朝廷罢黜了殷浩。接着桓温开始规划北伐战役，时值永和十年（公元354年）。

永和十年二月，桓温发动第一次北伐，进攻前秦，然而遇到粮食无法及时供给的问题，只好被迫撤兵，撤退时却遭到前秦军队的攻击，东晋士兵死伤上万人。

公元356年，桓温进行第二次北伐，不久收复洛阳。桓温在洛阳修复西晋历代皇帝的陵墓，又多次建议东晋迁都洛阳。东晋朝廷对桓温的北伐抱消极态度，只求苟安东南，无意北还，桓温只得退兵南归。桓温退兵后，凭着

公元 单位：年	帝王	年号	大事件
335	晋成帝	咸康元年	后赵迁都于邺。
337	晋成帝	咸康三年	鲜卑慕容皝称燕王，建燕国，史称前燕。
338	晋成帝	咸康四年	鲜卑拓跋什翼犍继代王位，建代，定法律。 大成国李寿自立，改国号为汉。
341	晋成帝	咸康七年	晋诏王公以下至庶人皆正土断、白籍。
347	晋穆帝	永和三年	桓温灭成汉。
349	晋穆帝	永和五年	后赵石虎称帝。
350	晋穆帝	永和六年	冉闵灭后赵，自立为帝，国号大魏，史称冉魏。
351	晋穆帝	永和七年	苻健在长安称天王、大单于，国号大秦，史称前秦。
352	晋穆帝	永和八年	前燕慕容儁灭冉魏，遂在蓟称帝。
354	晋穆帝	永和十年	桓温北伐前秦，军至灞上，逼近长安，因缺粮退兵。
356	晋穆帝	永和十二年	桓温第二次北伐，入洛阳，留兵戍守而还。
357	晋穆帝	升平元年	前秦苻坚即位，称大秦天王，汉人王猛辅政。 前燕迁都于邺。
361	晋穆帝	升平五年	桓温派兵破燕军，取许昌。
362	晋哀帝	隆和元年	晋减田租，亩收二升。
364	晋哀帝	兴宁二年	庚戌土断。晋大阅户口，令所在土断。
369	晋废帝	太和四年	桓温率军五万北伐前燕，至枋头粮尽撤退大败。

两次北伐的声望，一举掌握了东晋大权。

隆和元年（公元362年），前燕进攻洛阳，桓温除布下重兵防守之外，亦再度请求迁都洛阳，同时建议南迁的士族一起返乡，但这些侨姓士族早已安于南方的生活，根本不愿意北归。因此，晋朝王室始终没有还都洛阳。兴宁三年（公元365年），晋哀帝过世，桓温原本预计要出兵讨伐前燕之事，只得作罢。与此同时，洛阳却被前燕攻陷了。

太和四年（公元369年），桓温为了自己的威望，决定发动第三次北伐。当时桓温的参军郗超认为，最好的方式是直攻前燕的首都邺城，或者是驻兵在黄河、济水一带，储存足够的粮食物资后，再行进攻，但是桓温不从。没想到，前燕与前秦联手，截断了桓温的粮道，桓温见水战不可行，便烧船弃甲，选择从陆路撤退。不幸还是受到敌人的追击，更在谯郡被前秦狠狠打败，第三次北伐终究还是失败了。

桓温的三次北伐都因为内部原因而退兵，而同一时期的北方则陷入更大的分裂，这说明当时统一的时机并没有成熟。桓温第三次北伐失败后，东晋的军事力量开始处于劣势，无力再对北方发动攻击了。

淝水之战：东晋与五胡的关键战役

公元382年，苻坚认为自己的准备已经成熟，下决心大举进攻东晋，于是召集大臣商量策略。没想到，大臣们纷纷表示反对。但此时苻坚什么都听不进去，决定进攻东晋。

公元383年，苻坚先派苻融率军25万为先锋，从长安向东进发。九月，苻坚亲率大军进驻项城（今河南沈丘）。此时，苻融已向东晋在淝水西岸的重镇寿阳展开进攻。

东晋主战派谢石、谢玄和刘牢之率八万人马抵御前秦的侵犯。

谢玄为了迅速与秦军决战，派使者去对苻融说，双方隔着淝水不便作战，请秦军稍往后撤，以便晋兵渡河同秦军决一胜负。苻坚、苻融企图乘晋军渡过一半的时候，用铁骑猛冲的战术，歼灭晋军。于是，就下令秦军后撤。可是，秦军士卒不明白往后撤退的意图，以为秦军败了。朱序又乘机在军中大呼:"秦军败了!秦军败了!"全军顿时大乱,一退就再也停止不住。晋兵趁势渡水进攻。秦军主将苻融亲自出马想阻止后退的秦兵,结果,马被挤倒,苻融为晋兵所杀。

于是秦兵大败,拼命逃窜,连听见风声鹤唳都以为是晋兵追来了,昼夜不敢停息,因为饥饿寒冷和互相践踏而死的十之七八。苻坚也被流矢射中,只得带领十几万残兵败将逃回长安。

淝水之战时,东晋的主帅谢安为了安定人心,故意对外表示镇定,与客人在山墅对棋。当战胜秦军的捷报送来时,他看了看,随即放在桌上,继续下棋。客人沉不住气,问他战况如何?他故意轻描淡写地说:"小孩子们已经把敌兵破了。"可是,当谢安走入内室时,鞋子下面的木齿都被门槛折断,激动、兴奋的心情再也按捺不住了。

这就是历史上有名的秦晋淝水之战。战争的结果,取得胜利的不是貌似强大的前秦,而是力量比较弱小的东晋。晋军的获胜并非偶然。由于它得到人民的支持,上下齐心,加上指挥上的正确,抓住了秦军的弱点和有利战机,终于转危为安,保住了东晋的半壁天下。

公元 单位:年	帝王	年号	大事件
370	晋废帝	太和五年	前秦灭前燕。
376	晋孝武帝	太元元年	前秦灭前凉、灭代。 晋废度田收租之制,王公以下口税米三斛,在役者免。
383	晋孝武帝	太元八年	晋秦淝水之战,前秦大败,内部分崩。 晋增收口税米,每口五石。
384	晋孝武帝	太元九年	鲜卑慕容垂在荥阳称燕王,后燕始此。 慕容泓称济北王,西燕始此。 羌族姚苌在渭北起兵,称万年秦王,史称后秦。
385	晋孝武帝	太元十年	西燕慕容冲称帝,入长安。 乞伏国仁自称大单于,筑勇士堡为都,史称西秦。

淝水之战的影响：北方陷入更大的混乱之中

苻坚死后，他的儿子苻丕在晋阳（今山西太原）即位，但前秦已走到了尽头。居住在苑川（今甘肃榆中）的另一支鲜卑民族的酋长乞伏国仁，在勇士堡（今甘肃榆中）独立，建立西秦王国。

公元386年，氐族大将吕光在姑臧（今甘肃武威）听到苻坚死亡的消息，宣布建立后凉王国。同年，由漠北鲜卑酋长拓跋珪建立的代王国，在遥远的塞外盛乐（今内蒙古和林格尔）悄悄崛起。

公元394年，前秦帝国被西秦王国所灭。公元397年，后凉王国分裂，形成了鲜卑民族的南凉和匈奴民族的北凉。

前秦帝国的瓦解，让北中国陷入一片混战，少数民族纷纷宣布建国，先后有19个小政权，他们你杀我夺，命运都不长久。

此时，代国改名为魏，史称北魏。它向后燕进贡，以求得到保护。公元391年，北魏国君主拓跋珪派他的弟弟到后燕都城中山（今河北定州）朝觐，后燕国太子慕容宝向他索取良马，遭到拒绝。于是慕容宝把拓跋珪的弟弟扣留不放，两国关系自此破裂。

慕容宝为了挽回面子，率领九万精兵讨伐拓跋珪。慕容宝长驱直入，一路上都没有遇到北魏军队阻挡，一直抵达了黄河北岸。没想到拓跋珪的奇兵切断了他的后路，又教人散布谣言说，本已患病的慕容垂已经死亡。慕容宝听说父亲死了，疑惧不安，只好撤退。退到参合陂（今山西阳高）时，遇到拓跋珪的大军，后燕兵一半战死，一半投降，但投降的兵士也都被坑杀，只有慕容宝和数千人逃回。

慕容宝不甘心失败，在公元396年再次出征，慕容垂也带病上阵。大军到了参合陂，看到遍山堆积的八万余军士的白骨，军士们哭声震天。慕容垂悲痛交集，病情加重，不能再进，于是命令退军。他在途中死掉，慕容宝继承了帝位。

北魏乘机反攻，不到一个月，就把后燕帝国所属的华北平原全部占领。慕容宝在惊恐中逃回部落的根据地龙城（今辽宁）。慕容垂的弟弟慕容德，痛恨慕容宝昏庸误国，见慕容宝逃跑后没有消息，就宣布独立，建南燕王国。

公元 单位：年	帝王	年号	大事件
386	晋孝武帝	太元十一年	鲜卑拓跋珪称代王，都盛乐，改称魏，北魏始此。 后秦姚苌入长安，称帝。
394	晋孝武帝	太元十九年	后燕慕容垂攻破长子，杀慕容永，西燕亡。 前秦苻登为后秦姚兴所杀，前秦亡。
395	晋孝武帝	太元二十年	北魏在参合陂大败后燕。
397	晋安帝	隆安元年	鲜卑秃发乌孤称西平王，筑廉川堡为都，南凉始此。
398	魏道武帝	天兴元年	拓跋珪迁都平城，称帝，是为魏道武帝拓跋珪。
399	晋安帝	隆安三年	晋征发浙东诸郡免奴为客者为兵，引起反对，孙恩起义爆发。 名僧法显从长安出发，西行往天竺求经。
400	晋安帝	隆安四年	李暠自称凉公，都敦煌，西凉始此。
401	晋安帝	隆安五年	沮渠蒙逊杀段业，自称凉州牧，史称北凉。 后秦姚兴迎鸠摩罗什至长安。
402	晋安帝	元兴元年	孙恩攻临海，败死。其妹夫卢循继统其众。

刘裕灭东晋：建立南朝宋国

在南朝建立宋国的刘裕，本是东晋大将。小时候他家里非常贫困，长大后，依靠贩卖鞋子维持生计。不过，刘裕少有大志，一心想做一番惊天动地的大事业。带着这样的雄心壮志，刘裕年轻时从军，成为东晋北府军的下级军官。

隆安三年（公元399年），孙恩、卢循在会稽起兵反抗晋朝，晋朝廷派前将军刘牢之东来镇压，刘牢之请刘裕为参府军事。刘裕在军中勇敢善战，屡立战功，因功不断升迁，从此起家，成为东晋一员虎将。

元兴三年（公元404年）二月初一，刘裕在家乡京口起兵讨伐篡晋的楚帝桓玄。405年，击败桓玄，晋安帝司马德宗复位，任刘裕为侍中、车骑将军、中外诸军事、徐青二州刺史、兖州刺史、录尚书事。刘裕从此控制了东晋朝政，权倾天下。

此时的刘裕，对于皇帝赐给他的封号表现出诚惶诚恐的样子，这可不是假装，因为当时刘裕资历还较浅，虽新立大功，但没有多少势力基础。而且桓玄的灭亡，也让刘裕清楚地看到：冒险称帝是件很危险的事情。刘裕是个聪明人，他在接受了册封后，移镇京都之外，遥控朝廷。这样既保证了自己军权在手，又远离了京城这块是非之地，可以进退自如。

刘裕执政晋室后，于409年率军灭掉广固（今山东青州）的南燕政权，又回师击败卢循。义熙六年（公元410年），又西攻盘踞四川的谯纵，义熙九年收服巴蜀。

义熙九年（公元413年），后秦姚兴病逝，姚泓即位，兄弟相残，关中大乱。刘裕开始进攻后秦，他派大将王镇恶、檀道济带领步兵，从淮河一带出兵向洛阳方向进攻，他自己则率领水军沿着黄河进军。那时北方鲜卑族建立的北魏开始强大起来，在北岸集结了十万大军，威胁晋军。为了对付北魏精骑，刘裕采用了"却月阵"战法，最终击溃对手。这次战役充分体现了他极善于指挥步兵、水军、战车诸兵种协同作战的优秀军事指挥能力。经过此战，"却月阵"威名大振，为后人津津乐道，成为"以步制骑"的经典战例。

此战的胜利，给魏军以极大震慑，魏明帝吸取教训，听从谋臣崔浩的建议，不再与晋军为敌。刘裕取胜后，率水军沿黄河顺利西进，于义熙十三年（公元417年）四月下旬到达洛阳，参加攻打长安的作战。

刘裕就这样打通了沿黄河西进的道路。义熙十三年（公元417年）攻克长安，灭后秦。

建立如此功勋后，刘裕很快受封为宋王，受九锡。元熙二年（公元420年），刘裕迫司马德文禅让，即皇帝位，国号宋，改元永初。东晋灭亡，中国开始进入南北朝时期。

公元 单位：年	帝王	年号	大事件
403	晋安帝	元兴二年	桓玄废晋安帝，自称帝，国号楚。 后凉降于后秦。
404	晋安帝	元兴三年	刘裕自京口起兵讨桓玄，桓玄挟安帝还江陵，后败死。
405	晋安帝	义熙元年	刘毅破江陵，迎安帝还建康。
407	晋安帝	义熙三年	赫连勃勃称大夏天王，夏始此。
409	晋安帝	义熙五年	后燕亡。冯跋建立北燕。 刘裕北伐南燕，围广固。
410	晋安帝	义熙六年	刘裕破广固，南燕亡。 卢循、徐道覆北进，攻长沙、豫章等郡，进逼建康，为刘裕所败。
411	晋安帝	义熙七年	卢循败死，至此，孙恩、卢循起义遂告结束。
412	晋安帝	义熙八年	法显航海回国，次年至建康，著有《佛国记》。
413	晋安帝	义熙九年	刘裕主持"义熙土断"。
414	晋安帝	义熙十年	西秦袭取乐都，秃发傉檀降，南凉亡。
417	晋安帝	义熙十三年	刘裕北伐入长安，后秦亡。
418	晋安帝	义熙十四年	赫连勃勃陷长安，称帝。
420	宋武帝	宋永初元年	刘裕废晋恭帝自立，是为宋武帝，国号宋，史称刘宋，南朝从此开始。

宫廷争斗：九任皇帝六个是暴君

南朝的宋帝国只有短短的60年，却有九任皇帝，其中六任都是暴君。

第一任皇帝刘裕死后，他的儿子刘义符就因过度荒暴，被托孤的大臣们罢黜而死。刘义隆是刘义符的弟弟，他承继了其父兢兢业业的治国之策，下令免除百姓欠政府的"通租宿债",又实行劝学、兴农、招贤等一系列措施,广大百姓得以休养生息,社会生产得到了极大的发展,然而,由于他多次轻率北伐,终告失败。在第三次北伐失败的次年(公元453年),被他的儿子刘劭所杀。弑父凶手坐上金銮殿后不久,又被他弟弟刘骏击败处斩。

刘骏死后,其16岁的儿子刘子业即位,不久刘子业的母亲王太后病重将死,派人唤他,刘子业说:"病人住的地方鬼多,我怎么能去?"王太后大怒,高喊:"拿刀来剖开我的肚子,我怎么会生出这种畜生?"刘子业疑心他叔祖刘义恭对他不利,便亲自率领军队到刘义恭家,把刘义恭和他的四个儿子一起杀死,然后肢解其四肢,剖出肠胃,又挖掉其眼睛,泡在蜂蜜里,名"鬼目粽"。刘子业把姑母新蔡公主接进皇宫,收为姬妾,还把所有王妃公主都召到皇宫,命左右亲信轮流奸淫。他的婶母江妃拒绝,刘子业便打了她100皮鞭,并把她的三个儿子都处斩。

一天晚上,刘子业梦见被他杀死的宫女向他咒骂,认为宫中有鬼,就手执弓箭,到处射鬼,宫中顿时乱作一团。等到射鬼已毕,宫中的人已逃得一个不剩了。这时宦官寿寂之拔刀而上,将刘子业杀死。刘子业的残杀政策弄得百官臣民人人自危,个个怨恨。刘宋王朝上下离心,国势更加衰败。

刘子业死后,他的叔叔刘彧登上皇位,刘彧猜忌成性,对宗室极不信任,便继续大兴杀戮,将文帝的其余12个儿子也无端杀了,甚至连救过他命的哥哥建安王刘休仁也不放过。宋室刘氏再遭此惨劫后,宗族势力迅速衰败,刘宋王朝也加速腐败、衰亡。

刘彧死后,其儿子刘昱即位。此时,刘宋王朝仍然内讧不已,朝政更加腐败,结果导致大权旁落。刘昱即位的第二年,桂阳王刘休范便在江州起兵反叛;公元476年,又有南徐州刺史建平王刘景素据京口造反,但都被右卫将军萧道成先后镇压。因平叛有功,萧道成被晋爵为公,迁中领军将军,掌握了禁卫军,督五州军事。这时刘宋在各地的重要军权已经大都掌握在了萧道成的手中,如果不加以遏制,刘宋王朝随时有颠覆的危险,但即位的小皇帝刘昱仍然毫无节制,残忍暴虐,且对时局不加体察,反而激化矛盾,终于导致了身死国亡的结局。

公元 单位：年	帝王	年号	大事件
422	宋武帝	宋永初三年	宋武帝卒，太子刘义符立，是为宋少帝。 北凉沮渠蒙逊攻破敦煌，西凉亡。
423	明元帝	北魏泰常八年	北魏太武帝信用道士寇谦之，于平城起天师道场，道教大盛。 魏筑长城，东西二千余里。
424	宋少帝	宋景平二年	宋少帝被废杀，宜都王刘义隆立，是为宋文帝。
431	宋文帝	宋元嘉八年	夏灭西秦，北魏攻夏，夏主赫连定西迁，为吐谷浑所俘送魏，夏亡。
436	宋文帝	宋元嘉十三年	五月，北魏攻陷北燕首都龙城，北燕天王冯弘被高句丽雇佣兵救走，北燕灭亡（亡国十八）。 吐谷浑慕璝死，其弟吐谷浑慕利延即位。吐谷浑慕利延通使纳贡于南朝刘宋。
437	宋文帝	宋元嘉十四年	译成中文的《入大乘论》中初次提到十六罗汉。 赫连氏后裔争权内讧，北魏乘机灭之。大夏国政权虽被消灭，但其城仍被利用。 宋文帝封冯业为新会郡太守，怀化侯，享世袭。 北魏太武帝拓跋焘为了控制北凉，便把他的妹妹武威公主嫁给沮渠牧犍为妻。
438	宋文帝	宋元嘉十五年	高句丽向南朝宋称臣。

范缜发表《神灭论》：鬼神是不存在的

佛教是在公元前后从印度传入我国的。它宣扬的是人死后精神不灭等理论。南北朝时期，许多人信佛，寺庙林立，熏烟缭绕，香火兴旺。但是，生活在南朝齐武帝时期的范缜偏偏不信佛教。他写了一篇震动朝野的文章——《神灭论》，公开宣称人死后不会留下什么灵魂。

齐武帝的次子竟陵王萧子良是个佛教信徒，看到范缜居然敢攻击佛教，十分气愤，但又辩不过范缜，只好请来了许多有名的大和尚，对他们说："范缜写《神灭论》一书，简直是扰乱人心，可恶极了。诸位都是修行多年的高僧，我想在同泰寺前设坛，请大师们和范缜辩论，驳倒他的异端邪说。"众和尚个个双手合掌，口念"阿弥陀佛"，表示赞成。

到了辩论这天，同泰寺前人山人海。范缜站在台上，镇定自如，侃侃而谈，用生动比喻说明人死精神也就消失了，没有什么投胎转世之说。和尚们听到此处，气得咬牙切齿。有个矮胖和尚首先站出来，一手托着项下的108颗念珠，一手指着范缜，气呼呼地说："大胆范缜，休得妖言。人死灵魂不灭，行善的上天堂，行恶的下地狱，这是佛经上白纸黑字写的！"范缜驳斥道："请问法师，天堂在哪里？地狱在何方？你到过吗？佛经上写的是骗人的鬼话，不足为证。"紧接着，又站出来一个胖大和尚，整了整袈裟说："庙上菩萨，都是有名有姓，能是假的吗？"范缜答道："菩萨都是泥塑木雕的，有关他们的神话，都是人编出来的。如果是真有灵，为什么没有一个会说话呢？"

众和尚仍不死心。过了片刻，有个精瘦的老和尚，慢腾腾地摇摆着走出来，阴阳怪气地挖苦说："范先生呵！你果真不知你的祖先神灵在哪里，未免不孝吧？"范缜回敬说："虔诚的大师呵！你既然知道你的祖先神灵在哪里，为什么不自杀去找他们？你的孝心又在哪里？"一席话驳得和尚哑口无言。

台下的听众，纷纷议论开来，都说："还是范先生说得有道理。"

萧子良见范缜坚持神灭论，又不能驳倒他，怕这样辩论下去对佛教不利，便派人劝范缜说，如果他放弃神灭论，可以封他做大官，但是范缜不受利诱，至死坚持真理，受到后人称赞。

公元 单位：年	帝王	年号	大事件
479	齐高帝	南齐建元元年	萧道成迫宋顺帝禅位，宋亡。萧道成称帝，是为齐高帝，国号齐。
482	齐高帝	南齐建元四年	齐高帝死，太子赜即位，是为齐武帝萧赜。
502	梁武帝	南梁天监元年	萧衍为梁公、梁王，杀齐明帝诸子，称帝，是为梁武帝，国号梁，齐亡。
503	梁武帝	南梁天监二年	甪直建镇，保圣寺建成。 蔡法度向朝廷献上《梁律》二十卷、《令》三十卷、《科》四十卷，武帝诏令颁布实行。
504	梁武帝	南梁天监三年	梁朝征虏将军赵祖悦与北魏江州刺史陈伯之战于东关，赵祖悦战败。
506	梁武帝	南梁天监五年	梁魏大战。
507	梁武帝	南梁天监六年	范缜发表《神灭论》。
508	梁武帝	南梁天监七年	武帝诏令设置州望、郡宗、乡豪各一人，专门掌管搜求人才向上举荐。
509	梁武帝	南梁天监八年	梁朝任命临川王萧宏为司空，加封车骑将军。
510	梁武帝	南梁天监九年	梁朝任命尚书令沈约为左光禄大夫，右光禄大夫王莹为尚书令。
511	梁武帝	南梁天监十年	正月辛丑（初四），梁武帝在南郊祭天，大赦天下。
516	梁武帝	南梁天监十五年	梁筑浮山堰城，引淮水灌寿阳。秋，堰坏，沿淮城戍村落十余万口漂流入海。
557	陈高祖	南梁太平二年	陈霸先代梁称帝，是为陈高祖，国号陈。

鲜卑族开创北朝：北魏与南朝的对峙

北魏统一北中国后，北朝由此出现，与南朝宋形成相持局面，南北朝时期开始。北魏帝国趁南朝宋开国皇帝刘裕逝世之际，发兵占领了南朝宋国黄河以南的地区。公元430年，刘裕的儿子刘义隆决心恢复其固有疆域，于是大举北伐。北魏因春天冰解雪融，不利于骑兵驰骋，所以放弃虎牢、洛阳等重镇，向北撤退。南朝宋军渡过黄河追击，失去的土地全部收回，举国欢腾。但是到了当年冬天，黄河冻结时，北魏发动反攻，南朝宋所收回的土地又全部失去。

公元445年，北魏帝国的杏城（今陕西黄陵）发生大规模民变，变民领袖盖吴派人向南朝宋帝国求援。刘义隆大喜，颁发给盖吴很多空白诏书，许诺为其封官拜爵，企图在北魏国内制造反抗力量。可是盖吴的起义很快失败，北魏皇帝拓跋焘南征，围攻悬瓠（今河南汝南）以示报复。这次攻击持续了四十多天，但因为久攻不下只好撤兵。

刘义隆认为北魏实力不济，即命他的弟弟刘义恭进驻彭城（今江苏徐州），又命萧斌、王玄谟沿黄河西上进攻。南朝宋大军经过的地方，人们纷起响应，送来慰问品，希望收复失地，早日返回故乡。可是王玄谟却把北伐当作了发财的机会，他把归附的义民们拆散，分别分配给他的嫡系部队，每家发一匹布作犒赏，却命每家缴800个大梨，运到江南贩卖。如此一来，人们大失所望，已来的设法逃走，没来的也不再投奔。

北魏皇帝拓跋焘亲统大军，从都城平城（今山西大同）南下赴援，战鼓与胡笳互动，声闻百余里。两军还没碰面，王玄谟已心胆俱裂，不敢迎战，遂命令部队后撤。结果被追兵冲击，全军覆没。

南朝宋的军队节节败退，拓跋焘的大军直抵长江北岸，在瓜步（今江苏六合南）渡口构筑阵地，与建康隔江相望。拓跋焘虽然派人伐木造船，扬言渡江，但他深恐彭城（今江苏徐州）的南朝宋的大军攻击他的后背，切断其粮道，所以到了公元451年的春天即行撤军，把愤怒都发泄到了战区那些没来得及逃走的农民身上，那里的男人全被杀死，女人全被掳掠北去，婴孩和儿童全部用槊矛刺穿肚肠，举到空中盘旋舞动，当作游戏。从黄河到长江的千里地方，只有断瓦残垣，人迹灭绝。

公元452年，拓跋焘被宦官谋杀，刘义隆听到消息，认为这是千载难逢

公元 单位：年	帝王	年号	大事件
439	太武帝	北魏太延五年	北魏太武帝拓跋焘灭北凉，北魏统一北方，十六国结束，北朝始此。
440	太武帝	北魏太延六年	北魏太武帝拓跋焘初崇佛法，后受道士寇谦之的影响，转奉道教，并亲受符箓，于公元440年改元为太平真君。
441	太武帝	北魏太平真君二年	北魏朝廷任命沮渠无讳为征西大将军、凉州牧、酒泉王。
442	太武帝	北魏太平真君三年	太武帝拓跋焘，派兵攻打西逃敦煌的北凉残余沮渠无讳。 太武帝备好法驾，亲至道坛接受符箓，自此每逢皇帝即位，都登坛受箓，直到北魏灭亡。
443	太武帝	北魏太平真君四年	北魏击柔然，无功而返。
444	太武帝	北魏太平真君五年	太武帝禁私养沙门、巫觋，不得私立学校。
445	太武帝	北魏太平真君六年	盖吴起义。
446	太武帝	北魏太平真君七年	太武帝纳崔浩言，禁佛教，毁经像、塔寺，坑杀僧人。
449	太武帝	北魏太平真君十年	太武帝大破柔然，收人户畜产百余万，柔然从此衰落。
450	太武帝	北魏太平真君十一年	太武帝以修史"暴扬国恶"的罪名，杀司徒崔浩。 太武帝率大军南进瓜步，扬言渡江，建康大震。

的复仇良机，于是下令第三次北伐，结果再次大败。由于南朝宋和北魏彼此都没有能力统一中国，因此形成了南北对峙的局面。

花木兰替父从军：巾帼英雄千古流传

花木兰是北魏时期的一位农家姑娘，她上有年老的父母，下有两个幼小的弟妹，一家五口勤勤恳恳，过着丰衣足食的生活。花木兰没有上过学，跟着父亲学习写字、读书，平日在家织布、煮饭、洗衣、种菜，样样都做得又快又好。邻居们都竖起大拇指，夸赞她是一个能干的姑娘。花木兰还喜欢骑马射箭，练得一身好武艺。

有一天，花木兰正在家里织布，突然，朝廷里的差役送来征兵的通知，要征花木兰的父亲去当兵。父亲已经年过半百，身体又不好，怎么能去从军打仗呢？花木兰没有哥哥，弟弟又太小，而朝廷的命令又不能违抗。怎么办呢？花木兰愁得连布也没有心思织，饭也吃不下了。她想，要是有个人能代替父亲去当兵，那该有多好！谁能代替父亲呢？看来只有自己了。可是当时女子是不能从军的。她想来想去，终于想出了一个主意：女扮男装。

花木兰把自己的想法告诉了父母。父母虽然怕女儿受不了行军作战的艰苦，舍不得她走，可又没有别的办法，只好同意了。

花木兰刚入伍，队伍就火速朝边境开去。晚上部队宿营在黄河岸边，夜深人静之时，花木兰听到黄河里的流水哗哗作响，听到塞外战马的嘶鸣声，她却再也听不到父母呼唤女儿的声音了，十分想念远方的亲人。

行军打仗非常艰苦姑且不说，花木兰害怕自己女扮男装的秘密被人发现，她处处小心谨慎。白天行军，她紧紧跟上，从不掉队。夜晚宿营，她和衣而睡，从不敢脱衣服。

打仗的时候，花木兰非常勇敢，总是冲在最前面。花木兰从军12年，参加过多次战斗，立下了不少战功。长官和士兵都赞扬她是个有志气的好男儿。

战争终于结束了，队伍胜利归来。皇帝召见有功的将士，分别给予嘉奖：有的升了官，有的得到了珍宝财物。皇帝问花木兰要什么，花木兰说，她只想要一匹能够远行的马匹，好让她尽快回到家乡。皇帝满足了花木兰的要求，并且指派她的同伴护送她回家。

花木兰要胜利归来的消息传到了她的家乡。她的父亲听说了，十分高兴，赶忙到村外去迎接。妹妹听说了，赶忙收拾好房子，烧好开水沏好茶。弟弟听说了，赶紧磨刀，杀猪宰羊，准备慰劳为国立功的姐姐。

花木兰回到自己房里，脱下战袍，换上少女的服装，梳好头发，细细地打扮，然后出来向护送她的同伴道谢。同伴们见花木兰一身女装，吃惊得目瞪口呆：没想到以前冲锋在前、作战勇敢的"好男儿"，竟然变成了一位亭亭玉立的姑娘。

花木兰女扮男装代父从军的英雄事迹，在当时就传开了。

公元 单位：年	帝王	年号	大事件
453	文成帝	北魏兴安二年	宋文帝刘义隆长子刘劭为了篡夺皇位，杀害了自己的父亲，引发诸子皇帝之争，国家实力从此一蹶不振。
457	文成帝	北魏太安三年	西域的于阗等五十多个国家共同遣使北魏，"草原丝绸之路"一片繁荣。
460	文成帝	北魏和平元年	柔然攻高昌，以阚伯周为高昌王，高昌称王始此。 云冈石窟约从本年起开凿，至太和十八年完成。
462	孝武帝	宋大明六年	祖冲之奏上《大明历》。 孝武帝立皇子刘子元为邵陵王。
465	文成帝	北魏和平六年	魏献文帝即位，12岁，丞相乙浑专权。
466	献文帝	北魏天安元年	冯太后临朝称制，立郡学，置博士、助教、生员。
471	献文帝	北魏皇兴五年	太子拓跋宏即位，是为孝文帝。

北魏孝文帝改革：游牧民族对文明的追求

在统一北方的过程中，北魏统治者对各族人民实行了民族歧视和残酷的民族压迫政策，在征服战争中也常常出现较大规模的厮杀，民族矛盾不断激化。到了北魏中期，由于统治阶级过度的剥削和压迫，阶级矛盾也日益尖锐起来，农民起义连年爆发。

公元471年，北魏孝文帝拓跋宏即位。为了巩固北魏的统治，他开始进行改革。

改革分为两个阶段，第一阶段：创建新制度，政治方面采取俸禄制和三长制（设邻长、里长和党长）；经济方面实行均田制和租调制。三长制的设立配合均田制的推行，强化了中央对地方的控制。新的租调制规定：一对夫妇每年向政府缴纳一定数量的租调，使农民负担大为减轻，国家收入增加。第二阶段则进一步深化汉化程度。公元494年，迁都洛阳；改变风俗习惯：易汉服、讲汉话、改汉姓、通汉婚、定门第、改籍贯；学习汉族典章制度：尊儒崇经，兴办学校；恢复汉族礼乐制度；采纳汉族封建统治制度等。

孝文帝改革使得北魏的国内矛盾得到了缓和，民族关系得到改善。

公元494年，孝文帝终于力排众议，把都城迁到了洛阳，改变了过去对中原遥控的形势，也摆脱了一百多年来鲜卑贵族保守势力在平城形成的羁绊和干扰。

国都定下之后，孝文帝又颁布了一系列措施：

一、禁止穿鲜卑传统衣服，改穿汉装。

二、规定汉语为国语，禁止说鲜卑话。年龄超过30岁的人，由于学习不易，准许继续使用鲜卑话，但30岁以下的人，必须使用汉语。

三、取消鲜卑姓，改为汉姓。如拓跋氏为首姓，改姓元氏，是最高的门第等级；丘穆陵氏改姓穆氏，步六孤氏改姓陆氏，贺赖氏改姓贺氏，独孤氏改姓刘氏，贺楼氏改姓楼氏，勿忸于氏改姓于氏，纥奚氏改姓嵇氏，尉迟氏改姓尉氏。这八姓贵族的社会地位，等同于北方最高门第崔、卢、郑、王四姓。其他等级稍低一些的鲜卑贵族姓氏亦改为汉姓，其等第与汉族一般士族相当。

四、从平城迁居洛阳的人,就成为洛阳人,死亡之后,就葬在洛阳,不准归葬平城。

五、鼓励鲜卑人跟汉人通婚。

这场改革使北魏的政治、经济、文化有了较大的发展,进一步促进了鲜卑族和汉族的融合。公元497年夏天,魏孝文帝见改革顺利进行,于是发兵20万,准备南征。

但是这次南征并没取得多大成功,魏孝文帝也因劳累过度,自此缠绵病榻,两年后便去世了。

公元 单位:年	帝王	年号	大事件
476	孝文帝	北魏延兴六年	冯太后称太皇太后,再次临朝称制。
484	孝文帝	北魏太和八年	魏始行"班禄",每户增调帛三匹、谷二斛九斗,以供百官之禄;另增调外帛二匹。给禄之后,赃满一匹者死。
485	孝文帝	北魏太和九年	北魏颁行均田制。
486	齐武帝	齐永明四年	唐寓之攻占钱塘,称帝,国号吴。
494	孝文帝	北魏太和十八年	孝文帝发平城,迁都洛阳。诏禁士民胡服。洛阳龙门石窟约从本年起开凿。
495	孝文帝	北魏太和十九年	魏禁在朝廷讲鲜卑语;禁迁洛代人还葬北方。在洛阳立国子、太学、四门、小学。
496	孝文帝	北魏太和二十年	魏定族姓,改拓跋氏为元氏,其余鲜卑诸姓均改为汉姓。鲜卑八姓与汉四大姓同等。
497	孝文帝	北魏太和二十一年	高昌王马儒为部下所杀,立鞠嘉为王。高昌鞠氏政权始此。

北魏内乱：高欢获得权力

北魏宣武帝在位时，内部已隐隐显露危机。原本孝文帝在治理国家时虽然提倡文治，但仍赏罚分明、重视纲纪，要求奉公守法。宣武帝的态度则较孝文帝宽大，不过孝文帝自己到了太和年间对风纪的要求也慢慢地松弛下来。

另一方面，北魏在道武帝决定立明元帝为太子时订下了"子贵母死"规矩，就是效法汉武帝，在立太子时也要杀害太子的生母，以免母亲成为太后后干涉朝政或是引入娘家势力，对皇帝和朝廷的统治造成威胁。不过宣武帝立儿子元诩为太子后，并没有下令杀死他的生母胡氏。宣武帝过世后，太子即位为孝明帝；胡氏升格为代替六岁的皇帝处理政事的皇太后，世人称为灵太后。

当初道武帝的担忧竟然成真，胡太后任用的人不能适才适所，赏罚不公，又花大钱在京师兴建许多佛寺、佛塔，耗损国库和民工的力量。而北魏朝廷和北方六镇间的不和也在此时渐渐浮上台面。

北魏原来的都城平城靠近六镇，为防范柔然入侵，对镇守六镇的将领人选和军队成员非常注意，不是贵族亲信子弟还不能担任相关职务，因为该职务的前途无量。可是孝文帝推行汉化和迁都洛阳后，六镇的地位逐渐低落；沾染华风的洛阳鲜卑人，和面对柔然强敌、保存较多鲜卑风俗的六镇鲜卑人之间开始有隔阂，孝文帝尚未顾及这一层面就去世了，后来的皇帝们又没有好好应对，造成六镇百姓陆续叛乱。北魏的军队刚开始难以抵挡，孝明帝又遭胡太后所害而亡，胡太后改立宗室诸王之子为帝。此时北魏将领尔朱荣拥立孝明帝的叔叔长乐王元子攸为帝，是为孝庄帝；尔朱荣随后杀害胡太后和幼主，再平定六镇之乱，掌握了大权。

普泰元年（公元531年），高欢起兵讨伐尔朱氏，在信都（今河北冀县）拥立元朗。永熙元年（公元532年）夺取邺城，将内部不和的尔朱氏联军打得大败。进入洛阳后，又将尔朱氏和他自己所立的两个皇帝废掉，另立元修为孝武帝，自己出任大丞相、太师、世袭定州刺史，出兵平定并州，在晋阳造大丞相府。他对东魏的建立起到了决定性的作用。

当时，宇文泰据守关陇，孝武帝想依靠他消灭高欢，但计划不成，于永熙三年逃奔长安。高欢在洛阳立元善见为孝静帝，建立东魏。

公元 单位：年	帝王	年号	大事件
515	宣武帝	北魏延昌四年	孝明帝立，胡太后临朝称制。
523	孝明帝	北魏正光四年	怀荒镇民起义。破六韩拔陵率沃野镇兵民起义，杀镇将，六镇起义始此。
528	孝明帝	北魏武泰元年	尔朱氏之乱。
531	节闵帝	北魏普泰元年	高欢起兵讨尔朱氏，立元朗为帝，是为后废帝。
532	节闵帝	北魏普泰二年	高欢废节闵帝及后废帝，立元修为帝，是为孝武帝，自为大丞相。
534	孝武帝	北魏永熙三年	闰十二月，宇文泰毒杀孝武帝，立元宝炬为帝，是为西魏文帝，都长安。
547	孝静帝	东魏武定五年	东魏高欢死，其子高澄嗣。孝静帝被高澄幽禁。 阳衒之撰《洛阳伽蓝记》。

周武帝释奴废佛：乱世中难得一颗慈悲心肠

西魏历经文帝元宝炬、废帝元钦、恭帝拓跋廓三朝，公元557年被宇文泰的儿子宇文觉灭掉，改国号为周，史称北周。宇文觉三兄弟相继为帝，最有作为的数武帝宇文邕。

宇文邕登基时18岁，年轻英武，沉毅果决，精心治国，颇多建树，特别值得称道的是释放奴婢、废佛两件事。

鲜卑人进入封建时代，其自身仍保持着许多原始的野蛮习性，掠人做奴婢就是其一。自北魏以来，鲜卑人总是把战争中的俘虏和抢来的百姓当作奴婢，让他们子子孙孙受苦受罪。天长日久，奴婢的数量越积越多，成为一个严重的社会问题。宇文邕反对这种做法，专门颁布诏令说："古制规定，父亲有罪不能涉及儿子。现在，一旦被罪为奴婢，世代都不可免。这是违背古制，不合于法的。"接着先后几次下令，放免所有的奴婢和杂户，使他们一律成为平民。此举基本上解决了魏晋以来几百年间残存的奴隶制问题，具有进步意义。

公元 单位：年	帝王	年号	大事件
560	周武帝	北周武成二年	宇文护废明帝，立宇文邕为帝，是为周武帝。
561	周武帝	北周保定元年	北周武帝宇文邕下令铸"布泉"钱币。布泉钱直径2.6厘米，重4.3克。 宇文邕为了加强中央集权，于公元561年在居延地区设置了军事机构"同城戍"，驻地就在"大同城"（今山西大同老城区）。
562	周武帝	北周保定二年	凿河渠于蒲州（今山西永济西），龙首渠于同州（今陕西大荔），以增加灌溉。
563	周武帝	北周保定三年	周武帝司宪大夫拓跋迪造《大律》15篇，其制罪有：杖、鞭、徒、流、死等。
574	周武帝	北周建德三年	周武帝禁佛、道两教，毁经、像，命沙门、道士还俗。
575	周武帝	北周建德四年	废中华郡，将富平改属左冯翊。隋时复改属京兆郡。 周武帝命宇文纯、司马消难、达奚震为前三军总管，宇文盛、侯莫陈琼、宇文招为后三军总管。
576	周武帝	北周建德五年	周武帝大破齐军，北齐厉主逃回晋阳，改元隆化。
579	周静帝	大成元年	周宣帝传位于太子宇文阐，是为静帝。

南北朝时期，战乱天灾，人不自保，佛教十分流行。寺庙林立，僧徒遍布，单说北周，全国就有一万多处寺庙，一百多万和尚、尼姑。寺庙占的地方，不交赋税，人当了和尚，不服劳役和兵役。这与国家财政、兵源发生了尖锐的矛盾。宇文邕曾找僧人交谈，询问信佛到底有何好处，僧人能说什么呢？无非是信佛可以得福，来生可以交好运等。宇文邕越听越不爱听，果断地决定消灭佛教。公元574年，他颁诏废佛：寺庙的房屋、土地、财产，全部归公，充作军费；和尚、尼姑一律还俗，参加农业生产；年轻力壮的和尚要跟一般男子一样服兵役和徭役。公元577年，宇文邕灭了北齐，又把灭佛的做法推广到那里。他召集僧徒500人开会，宣布彻底废佛。僧徒听了，合掌念道："阿弥陀佛，阿弥陀佛，罪过呀罪过！"宇文邕生气地说："什么罪过？我看你们抛弃父母家人，外出当和尚才是最大的罪过！"有个叫慧远的和尚说："灭佛是要下地狱的呀！陛下难道不怕下地狱吗？"宇文邕毅然回答说："我怕什么？只要国家得以强盛，人民得以安乐，我甘愿下地狱受苦。"结果，四万余座寺庙被改作他用，近300万和尚、尼姑还俗，大大解放了生产力。

宇文邕作为皇帝，平时只穿麻布做的袍子，金银珠宝什么的，一概不用。打仗时关心士卒，能叫得出每个将领的姓名。一次见一个士兵光着脚行军，他就把自己的靴子脱下来，让那个士兵穿。由于宇文邕治国有方，所以北周逐渐强大起来，统一了北方，并为南北统一创造了条件。

第六章
隋唐五代十国

　　源远流长的中国古代文化，到了隋唐五代时期，发展到了一个全面繁荣的新阶段。从公元581年隋朝建立，到907年唐朝灭亡，是我国历史上著名的隋唐盛世。公元907年，朱温灭唐自立，历史进入了五代十国时期。直到公元960年，北宋王朝建立，国家由分裂重新走向统一。

外戚夺权：杨坚受禅建隋

杨坚出身关陇军事贵族集团，家族是北周的支柱之一，其父杨忠跟随北周宇文泰起义关西，因功赐姓普六茹氏，而其妻则出身于另外一个军事世家独孤氏。

周静帝即位时才七岁，杨坚就以外戚身份控制了北周的朝政。杨坚当上丞相以后就开始了篡夺北周大权的计划，宇文家族还有五位有势力的亲王，他们分别是赵王招、陈王纯、越王盛、代王达、滕王迪，都在地方统兵，如果他们联合起兵，杨坚自知很难对付。所以，杨坚便用假诏书将他们召回长安，收缴了他们的兵权和印信。

五位亲王见自己无法与杨坚抗衡，便设下了"鸿门宴"。杨坚对于五王的警惕不足，觉得自己既然已经解除了他们的兵权，谅他们也没什么作为了，见宇文招有请，遂带着杨弘、元胄等几个随员前往。到了王府，随从都被挡在门外，杨弘和元胄硬闯了进去。元胄进去一看就知道苗头不对，对杨坚道："相府有事，丞相不宜久留！"宇文招马上斥责元胄，喝令他退下。元胄不但不退，反而提刀上前保护杨坚。宇文招不敢动强，只得赐给元胄一杯酒，说："我哪有什么恶意，你何必如此紧张？"说完，装作呕吐，想要离开座位，却被元胄强行扶回座位上。宇文招几次想离开，都被元胄"劝"止。宇文招被置于元胄的威胁下，他手下的人也不敢轻举妄动。此时，元胄听到后堂有披挂盔甲的声音，急了，上前对杨坚说："相府的事那么多，丞相怎么这样，老坐着不走？"说完，拉着杨坚就走。宇文招快步追出来，元胄堵在门口，等杨坚出了府邸大门，他才紧走几步赶上。

杨坚回到相府后，马上以谋反罪杀掉了这五个亲王。宇文皇室的势力被消除后，杨坚的皇帝之路便彻底平坦了。

公元581年，北周静帝下诏宣布禅让。杨坚三让而受天命，自相府着常服入宫，备礼即皇帝位于临光殿，定国号为隋，改元开皇，史称隋文帝。

公元 单位：年	帝王	年号	大事件
581	隋文帝	开皇元年	杨坚称帝，是为隋文帝，国号隋，建都长安。 铸五铢钱，统一钱币。颁行《开皇律》。
582	隋文帝	开皇二年	在长安故城东南营建新都大兴城。 颁均田及租调新令。
583	隋文帝	开皇三年	隋军败突厥，突厥分裂为东、西两部。 废郡，行州县二级制。
584	隋文帝	开皇四年	开凿广通渠。
585	隋文帝	开皇五年	诏诸州置社仓。 东突厥沙钵略可汗称臣于隋，南迁入塞。

建立科举制度：彻底打破世袭关系和世族垄断

杨坚登基后，于开皇七年（公元587年）灭后梁，一年后下诏伐陈。开皇九年（公元589年），隋文帝派遣大军挥戈南下，灭亡了割据南方的陈朝，统一了中国，结束了西晋末年以来300年的分裂局面。

隋文帝统一全国以后，一面躬行俭朴，一面采取了许多有利于巩固政权的措施。

隋文帝除了提倡节俭外，还建立了科举制度，选用称职的官员，严办贪官污吏等，这一系列政策使人口迅速增加，经济日渐好转，社会呈现了一片繁荣景象。隋文帝的年号是"开皇"，历史上就将隋文帝统治的这20年称为"开皇之治"。

这一系列措施中，对后世影响最大的要算建立科举制度了。隋朝以前，政府选用官员用的是九品中正制度，在一定程度上规定了门第出身，名门望族的子弟可以被选为上品做高官，庶族寒门出身的人只能被选为下品小官，以致出现了"上品无寒门，下品无世族"的现象。

隋文帝废除了九品中正制，命令京官五品以上和地方总管、刺史等官员,依"志行修谨、清平干济"两个条件举荐人才,也就是要德才兼备的人。他希望通过这一制度缓和江南汉人的不满情绪,给中下层读书人提供入仕之途。考生不分出身,地位一律平等。到了隋炀帝杨广即位后,又创置了进士科,国家用考试的方法以才取人,考取的就可以到中央或地方政府中做官。

公元 单位:年	帝王	年号	大事件
588	隋文帝	开皇八年	十一月,以晋王杨广为统帅,伐陈国。
589	隋文帝	开皇九年	正月,隋军克建康,俘陈叔宝,陈国灭亡。 废行台,置并、扬、益、荆四总管府。
590	隋文帝	开皇十年	诏府兵入州县户籍。令丁男年五十,免役收庸。
599	隋文帝	开皇十九年	东突厥突利可汗内附,隋以其为启民可汗,筑大利城处其部落。
600	隋文帝	开皇二十年	废太子杨勇,改立杨广为太子。 医学家甄立言最早记载了糖尿病者尿甜的现象。
604	隋文帝	仁寿四年	七月,文帝去世,太子杨广即位,是为隋炀帝。

开凿运河:隋炀帝为了自己的享乐

杨广即位后,为了游玩和加强对全国的统治,征调了一百多万民工,历时五年,修建了一条东北起自涿郡(今河北涿县),东南到苏杭,全长两千多里的大运河。河的两旁开辟大道,道旁种上榆树和柳树,岸边每隔两个驿站设置一座供杨广休息的行宫,一共建了四十多座。

杨广命令江南赶造龙舟,好载自己下江都。龙舟造成之前,杨广不堪寂寞,先在洛阳西郊兴建西苑,山上宫殿林立,每座宫里都有美女两三百人,宫内布置豪华,犹如天堂。杨广每次出游,骑马随驾的宫女就有数千人之多。等到龙舟造成，运到洛阳，他就立刻出游江都。偌大的龙舟不用桨篙，完全用纤夫拉，一次就要动用纤夫八万人。杨广出游一次，加上护卫的军队，大概有一万余艘船，首尾相衔可以绵延二百多里。骑兵还夹岸护卫，万马奔腾，旌旗遍野，场面甚是壮观。饮食供应由二百多公里以内地方政府奉献，极尽精美，宫人们无法吃完的，临走时一概抛弃。

到了江都，官员们都来朝觐，杨广从不问他们的政绩，只问他们奉献多少礼物钱粮，多的升官，少的贬黜。有些官员搜寻民女进贡，便能马上受到奖赏。

虽然隋炀帝开凿运河的目的是为了自己游玩享乐，但隋运河以洛阳为中心，北起涿郡，南到余杭，共两千多里长，分为四段，这四段是永济渠、通济渠、山阳渎（邗沟）、江南河，运河将黄河、长江、海河、淮河、钱塘江五大水系连接起来，促进了沿途城市的发展，使江都、余杭、涿郡等地很快繁荣起来，对维护国家统一、促进中央集权的稳定也有一定的意义。

公元 单位：年	帝王	年号	大事件
605	隋炀帝	大业元年	营建东都。开通济渠。疏浚邗沟。
606	隋炀帝	大业二年	隋炀帝杨广开进士科，确立科举制度。科举制度作为封建统治阶级选拔人才的方法，萌芽于南北朝，开始于隋，而成形于唐。新都东京洛阳建成，周长55里，建制仿西京长安，城分宫城、皇城及外郭城三重。
607	隋炀帝	大业三年	遣羽骑尉朱宽、海师何蛮出使琉球。 颁《大业律》。改州为郡，改部分台、省、府、寺官名。 炀帝北巡至榆林，启民可汗来朝。
608	隋炀帝	大业四年	隋炀帝运用"以胡制胡"之战略，用丁男20万，修筑了河西榆谷长城。 开通京杭大运河的北段永济渠。
609	隋炀帝	大业五年	炀帝亲征吐谷浑，置西海、河源、鄯善、且末四郡。伊吾吐屯设内附，以其地置伊吾郡。高昌王伯雅朝见炀帝于张掖。

三征高丽：隋朝元气大伤

隋炀帝大业七年（公元611年）二月，炀帝已经在江都待了快一年，终于决定北上。他坐上他的龙舟经过邗沟、通济渠到达黄河。可是他这次的目的地不是东都洛阳，更不是京师长安，而是再进入永济渠转往涿郡，准备将东征高丽的念头变成事实。他花了几乎一整年的时间集结兵马、储备军粮。到了年底时，道路上都是战士和后方运输人员的热闹嘈杂声，从早到晚都没有安静下来过。

大业八年（公元612年）春正月初一日，隋军终于全数集结完毕，全军竟高达113.38万人，对外号称200万人，后方的补给人员总数还是前方军队的一倍多。初三日隋军开拔，分左右二军，以十二路出击。从首批部队出发到全数离开涿郡竟用了40天时间，隋军的规模庞大可见一斑。

辽东（今辽宁辽阳）是高句丽王国西境第一大城，在隋朝大军的猛烈攻击下，城垣塌陷，高句丽守军悬白旗乞降。将领们既不敢接受，也不敢继续攻击，急忙停止攻击，向御营报告杨广。等到指示回来，守军已把缺口填住，恢复了抵抗。一连三次，都被耽误，加之渡鸭绿江深入高句丽国境的另一支军队失败，杨广只好狼狈撤兵，这一战损失了30万人。

公元613年，杨广第二次御驾亲征。此时，杨素的儿子杨玄感正在黎阳（今河南浚县）督运军粮。他突然发动叛乱，截断了杨广的退路。杨广只得放弃辽东，回军迎战，第二次东征便这样草草收场。

公元614年，国内的起义已经呈汪洋之势，但杨广仍打算第三次东征。高句丽王国一连三年受到攻击，筋疲力尽，他们把杨玄感的同党，去年投奔到高句丽的斛斯政，送还给杨广，以表诚意。杨广觉得争到了一点儿面子，便撤军回到洛阳。

隋炀帝三次大动干戈东征高丽，只是想要高丽王高元来朝见他，行臣子的礼节。可是最后高元终究没有到隋朝，而隋朝在炀帝只求满足自己欲望不顾国家百姓的情况下，早已将开皇之治时累积的财富损耗殆尽。百姓们为求生存纷纷造反，隋朝的末日渐渐逼近了。

公元 单位：年	帝王	年号	大事件
611	隋炀帝	大业七年	炀帝将攻高丽，集百万大军于涿郡，又强征百万民夫运粮械。邹平民王薄起义于长白山。刘霸道、孙安祖、窦建德、张金称、高士达、翟让、杜伏威等相继起义，隋末农民起义爆发。
612	隋炀帝	大业八年	二月，炀帝渡辽水，一征高丽。七月，战败，撤兵。
613	隋炀帝	大业九年	四月，炀帝二征高丽，围辽东城，不下。六月，杨玄感起兵反炀帝于黎阳，围逼东都，炀帝被迫撤兵。八月，玄感兵败被杀。
614	隋炀帝	大业十年	炀帝三征高丽。高丽遣使请和，炀帝撤兵。
615	隋炀帝	大业十一年	八月，炀帝北巡，为东突厥始毕可汗围困于雁门。九月，解围，还东都。
616	隋炀帝	大业十二年	炀帝幸江都宫，以越王侗等留守洛阳。李密加入瓦岗军，瓦岗军大败隋将张须陀于荥阳。

李渊起兵：在隋末的群雄竞争中脱颖而出

李渊本是隋朝的贵族，号唐国公。在民变初起时，李渊曾带兵平乱，打败了不少起义队伍。但随着起义队伍越来越多，李渊逐渐感到情势恶化，起了脱离隋朝的心。

李渊有四个儿子，次子李世民是个很有胆识的青年。晋阳（今山西太原）县令刘文静，十分看重李世民，二人是知心朋友。刘文静跟李密有亲戚关系，李密参加起义军后，刘文静受到株连，被革了职，关在晋阳监牢里。

李世民赶到监牢里去探望，刘文静对他说："现在皇上远在江都，李密逼近东都，到处都有人造反。这可是打天下的好时机。"

李世民回到家里，想想刘文静的话，越想越觉得有道理。正好这时太原北面的突厥可汗进攻马邑，李渊派兵抵抗，打了败仗。李渊怕隋炀帝追究他的责任，心里非常着急。李世民抓住这个机会，劝父亲起兵反隋。

　　李渊犹豫了一下，也觉得不起兵确实无路可走了，便把刘文静从监牢里放了出来。刘文静帮助李世民招兵买马，李渊又派人把正在河东打仗的另外两个儿子李建成和李元吉召了回来。

　　李渊听从刘文静的计策，派人备了一份厚礼，到突厥可汗那里讲和，约他一起反隋。突厥可汗一口答应。

公元 单位：年	帝王	年号	大事件
617	隋炀帝	大业十三年	翟让推李密为魏公，据洛口。四月，瓦岗军进逼东都，与王世充相持。 五月，李渊起事于晋阳，七月，进军关中，十一月，攻占长安，立代王杨侑为帝。
618	唐高祖	武德元年	三月，江都兵变，推宇文化及为首，杀炀帝，立秦王杨浩为帝，引众西返关中。 五月，李渊废隋恭帝杨侑，称帝，国号唐，是为唐高祖。隋朝亡。东都群臣立越王杨侗，改元皇泰，史称皇泰主。九月，李密为王世充所败，降唐。宇文化及杀杨浩，称帝于魏县，国号许。十一月，窦建德定都乐寿，国号夏。
619	唐高祖	武德二年	二月，初定租庸调法。 四月，王世充废皇泰主，称帝，国号郑。
621	唐高祖	武德四年	七月，窦建德被杀于长安，部将刘黑闼复起义于河北。
623	唐高祖	武德六年	三月，唐诏分天下户为上、中、下三等。 八月，杜伏威余部在辅公祏率领下起义，国号宋，都丹阳。
624	唐高祖	武德七年	四月，唐颁行《武德律》及均田、租庸调法。

李渊稳住了突厥，就在太原正式起兵反隋，带领三万人马向长安进军。一路上他继续招募人马，打开官仓发粮给贫民，应募的百姓越来越多。在关中农民军的配合下，唐军顺利渡过黄河。留在长安的李渊的女儿见状，也招募了一万多人马，号称"娘子军"，响应唐军进关。

很快，李渊便攻下了长安，为了争取民心，李渊宣布约法十二条，将隋王朝的苛刻法令一概废除，并且让隋炀帝的孙子杨侑做了个挂名皇帝。

第二年（公元618年），江都传来了隋炀帝被杀、宇文化及称帝的消息，李渊于是把杨侑废了，隋王朝宣告灭亡。李渊即位称帝，改国号为唐，史称唐高祖。

玄武门之变：为争皇位，兄弟相残

唐高祖李渊当上皇帝后，把大儿子李建成封为皇太子，二儿子李世民封为秦王，小儿子李元吉封为齐王。

三兄弟中，数李世民的战功最多。太子建成和李元吉见自己不如李世民，心里非常妒忌，总想设法杀死李世民。

有一天夜里，李建成请李世民去喝酒，在酒里偷偷放了毒药。李世民喝了几杯后，忽然感到肚子疼痛，回家后，吐出了好多血，幸好及时请来医生，才没被毒死。后来，李元吉又在唐高祖面前说李世民许多的坏话，想让父亲将他杀死。

李世民手下的亲信知道这种种情况后，都劝他应抢先动手，杀死李建成和李元吉，免得自己被害。李世民想了好一阵子，答应了。

这一天，李世民派他的手下勇将尉迟敬德领一支精兵，埋伏在皇宫北面的玄武门，只等李建成、李元吉经过这里，就杀死他们。没多久，李建成、李元吉骑着马朝玄武门走过来，他们到了玄武门边，发觉四周情况和平时不太一样，心里感到不妙，两人立刻拨转马头，准备往回走。这时，李世民突然骑马跑出来，高声喊道："太子请等一等，我有话和您说呢！"李建成不听，掉头想跑。李元吉慌起来，拿起身边的弓箭，向李世民连射三箭，可是由于心里慌张，一箭也没射中。身经百战的李世民，武艺比他们二人高强多了。

说时迟，那时快，李世民拉弓搭箭，"嗖"地一下，把李建成射下马来，再上前一刀，将他杀死。紧接着，尉迟敬德一箭，将李元吉也射下马，砍死了。

　　这时，唐高祖正在太极宫的湖里，和妃子们及一班大臣划船玩乐，李世民的部下气喘吁吁跑来，向他报告："太子和齐王作乱，秦王已把他们杀了！""啊？"唐高祖吓得呆住了，好半天，才对身边的大臣说："没想到发生这样的事，你们说该怎么办？"大臣们回答："建成和元吉本没有什么功劳，

公元 单位：年	帝王	年号	大事件
626	唐高祖	武德九年	六月，李世民伏兵玄武门，杀太子建成及齐王元吉。八月，李世民即位，是为唐太宗。 东突厥深入，逼长安，唐太宗亲临渭水，与颉利可汗结便桥之盟，突厥退兵。
627	唐太宗	贞观元年	分全国为十道。
628	唐太宗	贞观二年	诏各地置义仓。 薛延陀首领夷男受唐封为真珠毗伽可汗，建汗庭于漠北。
629	唐太宗	贞观三年	松赞干布即吐蕃赞普位。
630	唐太宗	贞观四年	李靖俘颉利可汗，东突厥亡。日本遣唐使抵长安。
635	唐太宗	贞观九年	各乡置乡长。诏天下户分为九等。 李靖大破吐谷浑，其主慕容伏允及子先后为左右所杀，唐立伏允孙诺曷钵为可汗。 景教僧侣阿罗本将景教传入唐。 东突厥阿史那社尔附唐。
636	唐太宗	贞观十年	府兵军府改名折冲府，以折冲都尉为长，果毅都尉为副。
637	唐太宗	贞观十一年	颁贞观律令格式。
638	唐太宗	贞观十二年	高士廉等撰《氏族志》成，又称《贞观氏族志》。

二人妒忌秦王，几次要害秦王。秦王既然把他们杀了，这是件好事。皇上您要是把秦王立为太子，让他来治理国家，那就没事啦！"

唐高祖只好听从大臣的话，宣布李建成、李元吉有罪，立李世民为太子。过了两个月，唐高祖让位给秦王，自己做太上皇。李世民即位，这就是历史上有名的唐太宗，这一年他才27岁。

贞观之治：唐朝的第一个太平盛世

在唐太宗李世民即位之初，隋末征战带来的恶果还没完全消除，国家农田荒芜，民不聊生。唐太宗沿用了父亲李渊创立的政策，并逐步加以完善，在短短数年之间，就使流散的人回到故里耕作，粮价稳定，社会经济出现了迅速的恢复。在农业方面，唐太宗很重视水利工程，人们又创造了连筒、桶车和水轮等灌溉新工具，大大提高了灌溉效率。唐朝实行"均田制"，严格规定了占田的额度，抑制了土地兼并。农业生产的发展，使粮价越来越便宜，人口也随之大幅度增多。

在政治上，唐朝实行三省六部制。三省是中书、门下和尚书省。中书省是决策机构，负责军国大事、重要官员的任免、替皇帝起草诏旨，长官叫中书令。门下省负责审核中书省起草的诏旨，认为有不恰当的，可以驳回，长官叫侍中。尚书省是最高的执行机构，长官有尚书令、左右仆射、左右丞等。

尚书省下设吏、户、礼、兵、刑、工六部，长官为尚书，副职称侍郎。吏部掌管全国官吏的任免、考察、升降、调动；户部掌管天下土地、户籍、赋税、财政收支等；礼部掌管国家典章法度、祭祀、学校、科举、接待外宾等事务；兵部掌握武将选用、兵籍、军械、军令等；刑部掌管法律、刑狱事务；工部掌管山泽、屯田、工匠、水利、交通、各项工程，等等。

在唐太宗统治的二十余年间，政治清明稳定，经济繁荣，与周边民族的关系也十分融洽。唐太宗的年号是"贞观"，所以这一时期史称"贞观之治"。

公元 单位：年	帝王	年号	大事件
640	唐太宗	贞观十四年	八月，侯君集克高昌，唐以其地置西州。九月，置安西都护府于交河城，置庭州于可汗浮图城。
641	唐太宗	贞观十五年	文成公主入吐蕃，与松赞干布和亲。
642	唐太宗	贞观十六年	魏王李泰等撰《括地志》。
645	唐太宗	贞观十九年	玄奘取经还，抵长安。 太宗征辽东，无功而还。 铁勒九姓大首领率众降唐。 《大唐西域记》成书。
647	唐太宗	贞观二十一年	于铁勒诸部置羁縻州府。
648	唐太宗	贞观二十二年	黠戛斯内附，唐置坚昆都督府。 唐赴天竺使者王玄策俘摩揭陀国王阿罗那顺而归。 契丹内附，唐置松漠都督府。 奚内附，唐置饶乐都督府。 阿史那社尔平龟兹，唐始置安西四镇。

武则天兴起：唐高宗废立皇后

每当人们提到唐朝的知名人物与故事时，一定会提到武则天这位历史上唯一的女皇帝，尤其在当代多位知名女演员的相继饰演之下，武则天的事迹几乎已是无人不知、无人不晓。再加上连续剧的主题曲脍炙人口，不禁让人以为武则天的形象与那歌词里的意境相仿佛。史书里的武则天究竟是什么样的人呢？

我们常说的武则天是当今世人对她的通称。武氏出生于唐高祖武德六年（公元623年），父亲武士彟曾跟随高祖起兵，担任过工部尚书、利州都督、荆州都督等官职。唐太宗贞观十年（公元636年）六月，长孙皇后过世；同年武氏14岁，太宗听说她的仪容举止很美，就宣召入后宫立为才人，并且赐她一个名字：武媚。这是目前所知武氏最早的名字。那么电视剧里为什么都称她为武媚娘呢？

其实"武媚娘"原来不是名字，而是一首歌曲，最晚可能在隋文帝开皇年间编成；到武氏称帝前，社会上又开始流行起这首曲子。不晓得是否由于太宗赐号武媚，社会上又流传着《武媚娘》这首歌的缘故，而让后人以为武媚娘就是武氏的真名了。像明末清初人褚人获所写的章回小说《隋唐演义》里的内容即是一例。

公元 单位：年	帝王	年号	大事件
649	唐太宗	贞观二十三年	五月，太宗去世。六月，太子李治即位，是为唐高宗。 蒙舍诏首领细奴逻建大蒙国，自称奇嘉王，遣使入贡于唐。
651	唐高宗	永徽二年	瑶池都督阿史那贺鲁叛唐，统西突厥十姓之地。 大食第三任哈里发奥斯曼遣使来唐，唐与大食的官方联系始此。 唐颁《永徽律》。
653	唐高宗	永徽四年	长孙无忌等撰修《律疏》。 睦州女子陈硕真起义，自称文佳皇帝，不久，失败。
655	唐高宗	永徽六年	废王皇后，立武则天为皇后。
656	唐高宗	显庆元年	《五代史志》（即《隋书》诸志）修成。
657	唐高宗	显庆二年	苏定方擒阿史那贺鲁，西突厥亡。唐以其地分置昆陵、蒙池二都护府，并隶安西都护。
659	唐高宗	显庆四年	诏改《贞观氏族志》为《姓氏录》。 颁《新修本草》，此为世界上第一部官修药典。
660	唐高宗	显庆五年	苏定方破百济，擒其王。

贞观二十三年（公元 649 年）太宗过世，太子李治即位，是为唐高宗。武才人则与其他太宗嫔妃离开宫中，到感业寺落发为尼。次年唐高宗改元永徽，立正妻王氏为皇后。

永徽年间王皇后和淑妃萧氏争宠，王皇后听闻高宗与武媚有旧，故想要拉拢武氏打击萧淑妃，所以不断游说高宗。高宗到感业寺见到武氏后即召回宫中立为昭仪，地位仅在皇后、淑妃之下。

只是王皇后万万没想到武昭仪渐渐得宠，也加入竞争行列，三人在高宗面前不断地讲彼此的坏话。高宗的立场越来越偏向昭仪，皇后感到相当不安，和母亲柳氏求助巫祝的力量想要改变情势，加上武昭仪诬指王皇后扼杀其女，高宗得知后相当愤怒，虽有长孙无忌、褚遂良劝谏，高宗仍然在永徽六年（公元 655 年）冬十月，将王皇后和萧淑妃废为庶人，改立武昭仪为皇后。这次废立皇后竟对唐朝产生了重大的影响。

"二圣"理政：取代李唐王朝仅差一小步

武则天当上皇后，距离权力的巅峰仅差一步。从显庆五年（公元 660 年）之后，唐高宗由于身体的原因，开始让武则天协助处理政务。几年后，武则天又开始垂帘听政，她甚至与高宗合称为"二圣"。不过，《资治通鉴》所说的"天下大权，悉归中宫，黜陟、杀生，决于其口，天子拱手而已"，却并不符合当时的实际情况。在很长一段时间内，武则天并未完全掌握朝政大权，在重要政务的决策比如对宰相的选拔上，高宗仍然掌握着最后的权力。

直到上元元年（公元 674 年），武则天上表建言十二事，才真正提出了自己的一套完整的政治主张，如轻徭薄赋、停止边疆战争，同时，她还试图从礼制的角度提高妇女地位，并建议提高中下层官员的待遇，使才高位下者得以升迁等。这些建议既显示了武则天对当时国情的深刻理解和卓越的政治才能，也透露出她收买人心、提高自身威望的野心。

在武则天的背后，有一个属于她自己的私人谋士集团，其核心是元万顷、范履冰、苗神客、周思茂等人，他们当时大多担任着史官、著作郎等著述之职，虽然官阶较低，但大多"善属文"，也就是一些笔杆子组成的写作班子。与绝大多数朝官在皇城上班不同，这些人常常出入长安北面的宫城，故称"北门学士"。他们不仅帮武则天编写诗文著作如《臣轨》《列女传》《百僚新戒》等，同时也参决政务，为武则天出谋划策，成为她幕后的得力助手。

此后，武则天不仅鼓动高宗改立太子，还将一些年轻资浅的文士任命为宰相，而这些人大都是她的拥护者。弘道元年（公元683年），唐高宗病死，次子李显即位，是为唐中宗。不久，在宰相裴炎的配合下，武则天用一个近乎儿戏的理由废掉了李显，改立三子李旦为帝，即唐睿宗，她自己则正式临朝称制，把朝中一切军政大权都集中到自己手中。从此，武则天加快了取代李唐王朝的步伐。

公元 单位：年	帝王	年号	大事件
668	唐高宗	总章元年	高丽内乱，唐遣李绩等攻灭之，俘其王高藏，以其地置安东都护府。
670	唐高宗	咸亨元年	吐蕃陷龟兹拨换城，唐废安西四镇。
671	唐高宗	咸亨二年	义净自广州浮海赴天竺学佛学。
679	唐高宗	调露元年	裴行俭平西突厥阿史那匐延都支，重建安西四镇，以碎叶代焉耆。
682	唐高宗	永淳元年	后突厥骨咄禄崛起，回纥受其压迫，西徙甘、凉二州之间。
683	唐高宗	弘道元年	高宗去世，太子李显即位，是为中宗，武则天执政。
684	唐中宗	嗣圣元年	二月，中宗被废，弟李旦立，是为睿宗，武则天执政。九月，徐敬业于扬州起兵反武则天，三个月后兵败被杀。
686	唐睿宗	垂拱二年	唐军为吐蕃所败，安西四镇再度失守。

武则天称帝：一代女皇走上历史前台

对于武则天的野心，朝野上下自然都是心知肚明，而不满其专权的大有人在，就在她临朝称制的第二年，扬州爆发了徐敬业的叛乱。徐敬业是曾为武则天登上皇后宝座立下大功的李勣之孙，他纠集了一批失意的高官子弟，打出了匡扶李唐天下的旗号，公开起兵反对武则天，骆宾王那篇《讨武曌檄》就是在这样的背景下写成的。然而，徐敬业虽然组成了一支十万人的军队，一度来势汹汹，但很快就被武则天派去的大军平定了。

徐敬业叛乱的迅速平定显然坚定了武则天的信心与决心。垂拱四年（公元688年），武则天自称圣母神皇，并以高压手段镇压了越王李贞等李唐宗室诸王在各地发动的武装反抗。与此同时，她开始任用来俊臣、周兴等一大

公元 单位：年	帝王	年号	大事件
687	唐睿宗	垂拱三年	东突厥骨咄禄扰昌平（今北京），被右鹰扬卫大将军黑齿常之击败。 唐睿宗封皇子李成美为恒王，李隆基为楚王，李隆范为卫王，李隆业为赵王。
690	武后	天授元年	武则天废睿宗，称帝，改国号为周。
692	武后	长寿元年	武则天遣王孝杰等大破吐蕃，夺回安西四镇。
694	武后	延载元年	摩尼教由波斯人佛多诞传入唐。
696		万岁通天元年	契丹李尽忠与孙万荣等叛唐，陷营州，攻略河北诸州。唐诏山东近边诸州置武骑团兵，以御契丹。
698	武后	圣历元年	置武骑团兵于河南、河北，以抗突厥。 靺鞨首领大祚荣建震国于东牟山、奥娄河。
699	武后	圣历二年	突骑施首领乌质勒遣子来朝拜大唐。
702	武后	长安二年	分安西都护府天山以北之地为北庭都护府，治庭州，辖西突厥十姓部落。

批酷吏，大肆屠杀李唐宗室子弟与反对她的朝臣，扫清了称帝道路上的最后障碍。

天授元年（公元690年），武则天正式改唐为周，改元为"天授"，并为自己加上了"圣神皇帝"的尊号，一代女皇最终走上了历史的前台。这一年，她65岁。

政归李唐：武则天做出正确抉择

武则天晚年，最大的心病就是她的皇位继承人问题。究竟是立本家的侄儿武承嗣、武三思，还是立自己的儿子为皇太子？武则天一度非常犹豫。最终，她做出正确的选择。圣历元年（公元698年），武则天从均州召回了先前被废掉的次子李显，重新立他为皇太子。

大足元年（公元701年）十月，武则天回到了长安，并大赦天下，改元为"长安"。这无疑是一个意味深长的信号，因为这是她自永淳元年（公元682年）移居洛阳之后，20年来首次西返长安，具有明显的政治指向作用。

但是，武则天还必须协调朝中各派政治势力的斗争。一方面，侄儿武三思再度拜相，表明武则天希望在她身后，武氏家族能够继续享有她称帝期间获得的一切特权；另一方面，她的男宠张易之、张昌宗兄弟又结成了一个新的权力集团。这两方面的势力都对李显顺利继承皇位构成巨大威胁。

神龙元年（公元705年）正月，宰相张柬之等联合禁军将领发动了一场政变，杀死了张易之兄弟，武则天被迫提前让位给儿子，即中宗李显。大约一年之后，无比落寞的她在东都洛阳的上阳宫辞世，享年81岁。武则天时代就此终结。

无论后人如何评价她的一生，都不能不对她无与伦比的创造力表示赞叹。正是由于武则天的出现，唐朝的历史才显得那样的多姿多彩。

在武则天时代，虽然一度因改朝换代而造成血雨腥风，但在她的统治稳定之后，社会秩序就恢复正常了。"政启开元，治宏贞观"，郭沫若对武则天的历史定位可谓公允。在她统治时期，人口大量增殖，国家疆域空前拓展，基层社会安定，生产力得到大幅提高。与此同时，科举制得到进一步完善，为国家发现和培育了许多优秀人才。这一切，都为即将到来的开元盛世打下了坚实的基础。

公元 单位：年	帝王	年号	大事件
699	武后	圣历二年	突骑施首领乌质勒遣子朝唐。
702	武后	长安二年	分安西都护府天山以北之地为北庭都护府，治庭州，辖西突厥十姓部落。
705	唐中宗	神龙元年	正月，张柬之、崔玄等人发动政变，杀张易之、张昌宗，逼武则天退位，复立中宗李显。二月，复国号唐。
706	唐中宗	神龙二年	唐与吐蕃首次会盟。
707	唐中宗	神龙三年	七月，太子李重俊发动政变，失败被杀。
709	唐中宗	景龙三年	金城公主和亲于吐蕃赞普赤德祖赞。
710	唐中宗	景龙四年	六月，中宗去世，韦后临朝，立子李重茂为帝。睿宗子李隆基与太平公主发动政变，杀韦后及安乐公主，逼李重茂退位，拥立睿宗。刘知几撰成《史通》。

开元之治：唐朝的第二个太平盛世

唐玄宗即位时年仅29岁，他的姑姑太平公主对年纪轻轻却已立下大功的皇帝侄儿感到相当不放心，认为会影响到自己的权位，因此想要发动政变。玄宗先下手为强，诛杀了公主同党再迫使公主自尽，朝廷内部的多年动荡完全结束。玄宗随后改先天二年为开元元年（公元713年）。

唐玄宗李隆基继帝位后，首先把自己的兄弟都派到地方去做官，免得他们在长安积聚力量，堵塞了他们发动宫廷政变的可能。

随后，唐玄宗先后任命干练正直的官员姚崇、宋璟、张嘉贞、张九龄、韩休等人为宰相，针对当时的弊政进行了一些改革。

唐玄宗先从经济方面改革。为了增强国力,加大财政收入,制定新的经济措施打击豪门士族,增加政府财政收入,减轻人民负担;打击佛教势力,淘汰僧尼;大力发展农业。

唐玄宗对兵制进行改革,还采取了其他很多的整军措施,在边境地区大力发展屯田,提高军队战斗力,扩张疆域。

公元 单位:年	帝王	年号	大事件
712	唐玄宗	先天元年	八月,李隆基即位,是为唐玄宗。
713	唐玄宗	开元元年	大祚荣封为渤海郡王。 太平公主谋反,被诛。 高力士为右监门将军,知内侍省事。
721	唐玄宗	开元九年	令监察御史宇文融主持括户。
722	唐玄宗	开元十年	吐蕃夺小勃律九城,小勃律首领没谨忙联合唐军大破吐蕃,唐封其为小勃律王。
723	唐玄宗	开元十一年	纳张说建议,募兵宿卫,号长从宿卫。 改政事堂名为"中书门下",置堂后五房。
724	唐玄宗	开元十二年	僧一行制成铜黄道游仪。
725	唐玄宗	开元十三年	僧一行与梁令瓒制成铜铸水运浑仪。 南宫说等人以一行之术实测子午线1°之长。
733	唐玄宗	开元二十一年	改全国十道为十五道,各置采访处置使。
734	唐玄宗	开元二十二年	以裴耀卿为江淮、河南都转运使,于运河沿线置仓,分段转运江淮仓米。 唐蕃会盟于赤岭,各竖界碑。
737	唐玄宗	开元二十五年	定令1546条,共27篇、30卷,是为《开元二十五年令》。

对外实行和睦的民族政策，改善民族关系，使国家得到进一步统一。同时，开元年间和睦的民族关系对于社会稳定和经济发展也起了很大的促进作用。

唐玄宗在他即位以后的前二十多年里，比较肯接受宰相和大臣们的正确意见，采取了一些有利于经济发展的措施。这个时期唐朝国力强盛，财政充裕。当时各州县的仓库里都堆满了粮食、布帛，长安和洛阳的米和帛都跌了价，历史上把这一时期称为"开元之治"。

诗仙李白：伟大的浪漫主义诗人

唐朝是诗的国度，那个时期上自帝王，下到贩夫走卒，粗至大字不识的士兵，细到见识全无的山村老妇都能理解诗，愿意接近诗。可以说，唐诗是强盛、豪迈、大气的唐朝历史的写照，而李白是盛唐时最好的歌手。

李白出生于盛唐时期，祖籍碎叶地区（这个地方在唐代是中国领土，现属于吉尔吉斯斯坦国），父亲是蜀中的大商人并担任着小官职，可以说是"富二代"。他年轻时游览了大半个中国，在饱览祖国大好河山之时，一路挥洒着自己的诗情。

"君不见黄河之水天上来，奔流到海不复回"，这种气概，很显然只有一个国土覆盖从黄河源头到黄河入海口的万里流域的国度才能拥有。比如南宋诗人，他们的辖境内根本没有黄河，再怎么豪迈、大气，也只能面对淮河哀叹"中流以北即天涯"了。

李白在《胡无人》中写道："……履胡之肠涉胡血。悬胡青天上，埋胡紫塞傍。胡无人，汉道昌。"描绘了一个战无不胜的抗胡英雄。李白能写出如此豪迈、大气的诗篇，除了与李白的经历和个性有关外，很显然，也只有生活在战无不胜的国家里的文人才能写出这样的诗句。

生活在同一时代，和李白一样以豪迈见长的诗人还有王昌龄、高适等人，"文艺反映生活"，通过对大气唐诗的解读，我们也可以想象盛唐时代泱泱大国的那种气度了。

公元 单位：年	帝王	年号	大事件
738	唐玄宗	开元二十六年	封南诏皮罗阁为云南王，赐姓名为蒙归义。《唐六典》成书。
742	唐玄宗	天宝元年	全国兵数为57.4万名，边兵占49万。
744	唐玄宗	天宝三年	葛逻禄、回纥两部败拔悉密部颉跌伊施可汗。回纥部骨力裴罗自称骨咄禄毗伽阙可汗。
745	唐玄宗	天宝四年	后突厥为回纥所灭。玄宗敕改波斯（景教）寺为大秦寺。
746	唐玄宗	天宝五年	敕天下度僧尼，并令祠部给牒。封回纥骨力裴罗为奉义王、怀仁可汗。

安史之乱：大唐盛世从此一去不复返

唐初，最稳定的统治基础就是均田制和府兵制。到了唐中期，府兵军镇最集中的关中地区，土地被豪强权贵兼并殆尽，府兵不堪重负，只能逃亡。而出于对外战争需要，国家必须维持足够数量的军队，唐玄宗采用的策略不是抑制兼并这种根本方法，而是一方面在边境上大量任用胡人为将领，驱使胡人部民为兵；另外一方面，改府兵制为募兵制，并将募兵的权力交给节度使。

其造成的后果是，边关的将士有十分之三是胡人。而在募兵制下，"兵为将有"，边关的十大节度使所控制的地盘和军力已经远远超过虚弱的中央。

在这些权势极大的节度使中，安禄山身兼平卢、范阳及河东三镇节度使，拥有士兵二十多万。他担任范阳节度使一职长达30年，可以说他手中的精锐兵力已经占到唐朝总兵力的30%。再加上其兄安思顺担任河西节度使，临近京师，而且唐玄宗对安禄山信任有加，丝毫不会认为他会谋反，可以说安禄山的造反条件已经成熟了。

天宝十一年（公元752年），让安禄山忌惮不已的宰相李林甫去世，继

公元 单位：年	帝王	年号	大事件
750	唐玄宗	天宝九年	安禄山身兼范阳、平卢、河东三节度使。安西节度使高仙芝袭破石国。 南诏背唐，附吐蕃。
753	唐玄宗	天宝十二年	十二月，鉴真抵日本。
754	唐玄宗	天宝十三年	唐相杨国忠征兵全国，令剑南节度留后李宓进攻南诏，大败于太和城。
755	唐玄宗	天宝十四年	十一月，安史之乱爆发。唐诏令军事要冲置防御使。十二月，叛军陷洛阳。唐监军边令诚奉诏杀封常清、高仙芝于军中。
756	唐玄宗	天宝十五年	正月，安禄山称帝于洛阳，国号燕。六月，叛军陷潼关。玄宗奔蜀，至马嵬驿，军士哗变，杀杨国忠，玄宗被迫缢杀杨贵妃。太子李亨走灵武。叛军陷长安。七月，李亨即位于灵武，是为肃宗。
757	唐肃宗	至德二年	正月，安禄山为其子安庆绪所杀。九月，唐军与回纥军克长安。十月，唐军克洛阳，安庆绪逃往邺郡。 置左右神武军，至此北衙始有六军。
759	唐肃宗	乾元二年	三月，史思明增援安庆绪，败九节度使兵于邺城，旋杀庆绪，还范阳。四月，自称大燕皇帝，九月，攻占洛阳。
761	唐肃宗	上元二年	三月，史思明为其子史朝义所杀。
762	唐代宗	宝应元年	四月，玄宗、肃宗相继去世，张皇后谋立越王，宦官李辅国、程元振囚禁张皇后，杀越王，拥立太子李豫，是为唐代宗。
763	唐代宗	宝应二年	正月，史朝义自缢，余党降唐，安史之乱结束。 十月，吐蕃攻占长安十余日，代宗奔陕州。十二月，代宗返长安，神策军扈从，入为禁军。

任者杨国忠和安禄山不和，安史之乱很快便爆发了……

天宝十四年十一月初九（公元755年12月16日），安禄山联合同罗、奚、契丹、室韦、突厥等部落组成联军，以奉密诏讨伐宰相杨国忠为借口在范阳起兵，同时率领15万精兵直指长安。

而当时的朝廷对此毫无防备。天宝十五年正月初一，安禄山在攻下洛阳后自称大燕皇帝，改元圣武，而唐朝廷在慌乱后任命哥舒翰为帅守潼关。本来战局进入相持阶段，可是唐玄宗和杨国忠命令大军出关作战，最后20万新军丧失潼关险要后被击溃，哥舒翰被杀。唐玄宗匆忙逃亡四川，在经过马嵬坡时，为了迎合士兵要求，不得已下令杀死了杨贵妃，以挽回士气。之后玄宗启程前往蜀地避难，太子李亨留下来号召各地兵民筹划抗敌。

七月，太子李亨在灵武即位，是为唐肃宗，八月玄宗退位改称太上皇。至德二年（公元757年）正月，安禄山被其子安庆绪所杀。九月、十月，广平王李豫、郭子仪相继收复长安、洛阳两京；十二月，玄宗、肃宗终于一起回到长安。乾元二年（公元759年）叛军声势再起。史思明自立年号，又杀安庆绪取而代之，接着在九月再度夺下洛阳，战事陷入胶着状态。上元二年（公元761年）史思明也被其子史朝义所杀；上元三年（公元762年）玄宗过世，同年肃宗也过世。太子李豫即位，是为唐代宗。

唐军集结各地兵力，又获得外族回纥兵相助，积极展开反攻，终于在宝应元年（公元762年）年底、宝应二年（公元763年）年初时击溃史朝义的部队，其部下杀害史朝义。历时八年的安史之乱终于落幕。

藩镇割据：节度使扩大自己的力量

唐德宗建中三年（公元782年）十一月，在魏州（今河北大名）东部，四位反叛朝廷的河北节度使在这里上演了一场建号立国的闹剧。幽州节度使朱滔称冀王，魏博节度使田悦自称魏王，成德的王武俊称赵王，平卢的李纳自称齐王。他们追溯了周代的分封制度，刻意把自己的领地打扮成周代的诸侯王国，虽然仍沿用唐朝年号，但却只对天子做象征性的臣服，在各自管内仿照朝廷典章设置百官。

公元 单位：年	帝王	年号	大事件
764	唐代宗	广德二年	始税青苗地头钱。吐蕃取凉州。
766	唐代宗	大历元年	吐蕃取甘州、肃州，唐河西节度使徙治凉州。 南诏王阁罗凤立《南诏德化碑》于其都太和城。
779	唐代宗	大历十四年	五月，代宗去世，太子李适即位，是为唐德宗。
780	唐德宗	建中元年	正月，废租庸调制，行两税法，时全国土户180万；客户130万。
781	唐德宗	建中二年	正月，成德李惟岳、淄青李正己、魏博田悦三镇叛唐。二月，山南东道梁崇义亦叛。六月，唐以淮西节度使李希烈讨梁崇义。
782	唐德宗	建中三年	四月，幽州节度使朱滔叛。十一月，河北三镇相约称王，又邀平卢李纳称齐王。十二月，李希烈自称建兴王，联合四镇叛。
783	唐德宗	建中四年	正月，唐蕃会盟于清水，第三次议界。十月，长安发生泾卒之变，拥前卢龙节度使朱泚为秦帝，德宗出奔奉天。
786	唐德宗	贞元二年	四月，李希烈为部将所杀，"四王二帝之乱"平。
790	唐德宗	贞元六年	吐蕃攻占北庭。
801	唐德宗	贞元十七年	贾耽绘《海内华夷图》，撰《古今郡国县道四夷述》，杜佑撰《通典》。 骠国王子舒难陀率乐队及舞蹈家抵长安。
804	唐德宗	贞元二十年	日本学问僧空海抵长安留学。
805	唐德宗	贞元二十一年	正月，德宗去世，子李诵继立，改年号为永贞是为顺宗。八月，宦官俱文珍、节度使韦皋等逼顺宗让位于太子李纯，改元永贞，是为唐宪宗，史称"永贞内禅"。 二王八司马被贬，革新失败。

这种形势，正是安史之乱后朝廷面临的最大困局，那就是藩镇割据。当时为了尽快平乱，唐王朝先后任命了几位安史旧部担任节度使，他们仍然统率着原来的军队，并自行任命管内的官吏，只是以表面上的投降换取了朝廷的承认，而朝廷则以节度使的头衔换取了暂时的安宁。在这些藩镇中，李宝臣的成德镇（治今河北正定）、李怀仙的幽州镇、田承嗣的魏博镇并称为"河朔三镇"，是最跋扈的藩镇，名义上尊奉唐王朝，实际"既有其土地，又有其人民，又有其甲兵，又有其财赋"，父死子继，长期割据一方，直到唐亡。在中唐以后，河朔三镇成为朝廷的心腹大患，时常连兵对抗朝廷，他们的存在，对中晚唐的政局有着巨大的影响。

安史之乱后，内地也普遍设立藩镇。河北之外，中原藩镇有些割据性较强，如淄青（治所在今山东东平西北）、淮西（治所在今河南汝南）等。南方藩镇则军队很少，往往不设节度使，而只设观察使，以文臣充任，他们基本忠于朝廷，江淮、剑南诸道则成为朝廷财政的支柱。

牛党与李党：宦官与藩镇夹缝中的朋党之争

在藩镇和宦官夹缝中，唐王朝的中央政府又出现了朋党斗争，这两个政客集团，一称"李党"，一称"牛党"。李党的重要人物有李德裕、李绅、郑罩；牛党重要人物有李逢吉、牛僧孺、李宗闵。

这场争斗还是在唐宪宗在位时候开始的。一年，长安举行考试，选拔能够直言敢谏的人才。在参加考试的人中，有两个下级官员，一个叫李宗闵，一个叫牛僧孺。两个人在考卷里批评了朝政。考官看了卷子，认为这两个人符合选拔的条件，就把他们推荐给唐宪宗。

这件事让宰相李吉甫知道了，李吉甫是个士族出身的官员，本来就瞧不起科举出身的官员，现在出身低微的李宗闵、牛僧孺居然敢批评朝政，揭了他的短处，更加生气。他在唐宪宗面前说，这两人被推荐，完全是因为跟试官有私人关系。唐宪宗听信了李吉甫的话，把几个试官降了职，李宗闵和牛僧孺也没有受到提拔。

李吉甫死后，他的儿子李德裕依靠父亲的地位，做了翰林学士。那时候，李宗闵也在朝做官。李德裕对李宗闵批评他父亲这件事，仍旧记恨在心。

　　唐穆宗即位后，又举行进士考试。有两个大臣因为熟人应考，私下里托过考官，考官钱徽没买他们的面子。正好李宗闵有个亲戚应考，被选中了。这些大臣就向唐穆宗告发钱徽徇私舞弊。唐穆宗问李德裕是否有这么回事，李德裕回答有这回事。结果唐穆宗把钱徽降了职，李宗闵也受到牵连，被贬谪到外地去。

　　从此以后，李宗闵、牛僧孺就跟一些科举出身的官员结成一派，李德裕也跟士族出身的官员结成一派，两下明争暗斗得厉害。

　　牛、李两派为了争权夺利，都讨宦官的好。到了唐武宗即位，李德裕当了宰相，竭力排斥牛僧孺、李宗闵，把他们都贬谪到南方去了。

　　公元846年，唐武宗病死，宦官们立武宗的叔父李忱即位，就是唐宣宗。唐宣宗在登基之日就对左右说："刚才靠近我身边的人是不是李太尉？他每次看我的时候，我都感到毛发耸立。"果然没过几天，李德裕即被罢相，然后一贬再贬。李党成员也被纷纷斥出，牛党却时来运转，一升再升。然而这时争了大半辈子的牛僧孺、李宗闵等，毕竟年事已高，虽得到升迁，却多数病死在途中。闹了40年的朋党之争终于收场，但是混乱的唐王朝已经闹得更加不好收拾了。

公元 单位：年	帝王	年号	大事件
807	唐宪宗	元和二年	李吉甫撰《元和国计簿》成，总计全国方镇四十八，州府二百九十五，县一千四百五十三，每岁国家财赋倚办止于东南八道四十四九州岛，一百十四万户，比天宝税户四分减三。
808	唐宪宗	元和三年	牛僧孺、李宗闵等应直言极谏科，指陈时政，宰相李吉甫恶之，贬主考官，抑牛僧孺等人，启牛李党争之端。 沙陀朱邪尽忠背吐蕃附唐，中途被执杀，其子执宜率余众至灵州，唐置其于盐州，以执宜为阴山都督府兵马使。

公元 单位：年	帝王	年号	大事件
815	唐宪宗	元和十年	裴度为相，继续讨伐淮西。
817	唐宪宗	元和十二年	十月，唐邓随节度使李愬雪夜袭蔡州，擒吴元济，淮西平。
819	唐宪宗	元和十四年	平定淄青，成德、卢龙两镇节度使自请入朝，藩镇割据局面暂时平定。
820	唐宪宗	元和十五年	正月，宪宗为宦官陈弘志等所杀，子李恒即位，是为穆宗。
823	唐穆宗	长庆三年	唐蕃会盟碑立。
824	唐穆宗	长庆四年	正月，穆宗去世，子李湛立，是为敬宗。
826	唐敬宗	宝历二年	十月，敬宗为宦官刘克明等所杀，弟李昂立，是为文宗。
829	唐文宗	大和三年	南诏攻占成都，掠男女工匠数万而去。
835	唐文宗	大和九年	十一月，文宗与李训、郑注等谋杀宦官，失败，宦官大杀朝臣，史称甘露之变。
837	唐文宗	开成二年	新罗在唐留学生达二百余人。
838	唐文宗	开成三年	正月，文宗去世，弟李炎立，是为唐武宗。 回鹘为黠戛斯所灭。回鹘族人被迫迁徙：其西迁葛逻禄者与邻近部落建哈剌汗国；西南迁西州、龟兹者称西州或高昌回鹘。西迁甘州者称甘州回鹘；亦有南迁附唐及迁入吐蕃。
844	唐武宗	会昌四年	平定泽潞刘稹之叛，史称会昌伐叛。
846	唐武宗	会昌六年	三月，武宗去世，皇叔李忱立，是为宣宗。 李德裕罢相，从此牛党当权，牛李党争结束。

黄巢起义：昔日的大唐帝国岌岌可危

咸通十三年（公元872年），关东地区遭到了一场严重的旱灾，可唐朝廷依然催促地方上交赋税。濮州（今河南范县南）人王仙芝领导几千人在长垣（今河南长垣）起义，以"天补平均大将军兼海内诸豪都统"的名义传檄诸道，痛斥唐朝廷官吏"贪沓，赋重，赏罚不平"，深得人们的拥护。公元875年，王仙芝打下了濮州和曹州，队伍壮大到数万人。这时，黄巢率领数千人在冤句（今山东菏泽西南）起义，响应王仙芝。

黄巢和王仙芝两支起义队伍会合后，转战山东、河南一带，接连攻下许多州县，声势越来越大。乾符四年（公元877年），王仙芝兵败被杀，黄巢成为义军首领，自称"黄王"，号"冲天大将军"。乾符五年（公元878年），黄巢率义军避开唐军主力，从浙江开山路700里，挺进福建。乾符六年（公元879年），循福建向西，一举夺取南方重镇广州。十月，义军出师北上。广明元年（公元880年）七月打过长江，占领洛阳，逼近潼关，十二月，唐僖宗逃往四川，黄巢大军进入长安，建国号"大齐"，年号"金统"。义军宣称"黄王起兵，本为百姓"，大杀唐宗室与官吏，剥夺富家财产。

经过农民军的打击，唐朝廷的公卿大臣、名门显贵死亡、逃散殆尽，他们的土地、资财也被没收。然而，在进入长安之后，以黄巢为首的农民军首领却满足于眼前的胜利，没有乘胜追击，给唐王朝留下了喘息之机。

很快，唐朝廷又调集沙陀首领李克用率四万精骑赴关中参战，诸道援军对长安形成了包围态势，长安城中的粮食供应与兵员补充都成为严重问题，形势开始对义军不利。到中和二年（公元882年）九月，黄巢部下大将朱温（后改名朱全忠）投降唐朝廷，农民军元气大伤。一系列战斗之后，义军被迫撤出长安，又转战河南、山东一年多，中和四年（公元884年）六月，黄巢在泰山东南狼虎谷被杀，起义失败。

公元 单位：年	帝王	年号	大事件
848	唐宣宗	大中二年	张议潮率沙州人民起义，逐吐蕃守将，自摄州事，遣使上表唐朝廷。
851	唐宣宗	大中五年	八月，张议潮兄张议潭入朝，献沙、瓜等十一州图籍。宣宗以张议潮为归义军节度使。
859	唐宣宗	大中十三年	八月，宣宗去世，子李漼即位，是为懿宗。 十二月，浙东民裘甫起义，占领象山。
860	唐懿宗	咸通元年	二月，裘甫攻占剡县，自称天下都知兵马使，改元罗平，铸印曰天平。八月，起义失败，裘甫被杀。
868	唐懿宗	咸通九年	七月，徐州戍卒庞勋起义于桂州，卷旗北归。十月，庞勋攻占徐州。 王阶刻印《金刚经》，此为现存所标年代最早的雕版印刷品。
869	唐懿宗	咸通十年	九月，庞勋战败牺牲，起义失败。
873	唐懿宗	咸通十四年	七月，懿宗去世，其子李儇立，是为僖宗。
875	唐僖宗	乾符二年	年初，王仙芝与尚让等起义于长垣，仙芝自称"天补平均大将军兼海内诸豪都统"。五月，黄巢起义于冤句，以应仙芝。
876	唐僖宗	乾符三年	王仙芝、黄巢分兵作战。
878	唐僖宗	乾符五年	二月，王仙芝战死于黄梅，尚让引余众与黄巢会合，推黄巢为黄王，号"冲天大将军"。
880	唐僖宗	广明元年	十一月，义军克东都。十二月，僖宗与宦官田令孜等奔蜀，义军入长安，黄巢称帝，国号大齐。 沙陀李克用兵逼晋阳，后为唐军所败，与其父李国昌逃入鞑靼。

公元 单位：年	帝王	年号	大事件
881	唐僖宗	中和元年	唐赦李国昌、李克用罪，用以镇压义军。僖宗至成都，田令孜总领禁军，遂专制朝政。
883	唐僖宗	中和三年	四月，黄巢放弃长安东撤。 李克用任河东节度使，自此据太原。朱温任宣武节度使，自此据汴州。
884	唐僖宗	中和四年	六月，黄巢牺牲于狼虎谷，起义失败。 秦宗权称帝于蔡州，遣军四出攻略。

朱温废掉哀帝：唐王朝退出历史的舞台

黄巢起义失败后，唐僖宗回到长安。这时候，各地藩镇在镇压黄巢起义的过程中，都扩大了自己的势力，成为大大小小的割据力量。其中最强大的，是河东节度使李克用和宣武（治所在今河南开封）节度使朱温。朱温自从背叛黄巢投靠唐朝廷后，唐僖宗给了他高官厚禄，还赏他一个名字，叫"全忠"。

当黄巢从长安退到河南的时候，兵力还很强。有一次，黄巢军攻打汴州，朱温向李克用求救。李克用打败了起义军，回到汴州，朱温假意殷勤招待，大摆酒宴，趁李克用喝得酩酊大醉的时候，派兵把驿馆团团围住，想把李克用害死。李克用靠几个亲兵拼命救出，才突围逃走。从此，李克用与朱温结下了冤仇，一直互相攻打。

唐僖宗病死后，他的弟弟唐昭宗李晔想依靠朝臣来清除宦官，结果都失败了。到了后来，宦官还把唐昭宗软禁了起来，打算另立新皇帝。这件事给野心勃勃的朱温一个好机会。朱温派出亲信偷偷溜进长安，跟宰相崔胤秘密策划，发兵杀了宦官头目刘季述，迎接唐昭宗复位。唐昭宗和崔胤还想杀所有宦官，另一些宦官就投靠另一个藩镇、凤翔节度使李茂贞，把唐昭宗劫持到了凤翔。崔胤向朱温求救，朱温带兵进攻凤翔，要李茂贞交出唐昭宗。李茂贞兵力敌不过朱温，只好投降。

朱温把唐昭宗抢了过来，带回长安，不久就动手把唐昭宗杀了，另立了一个13岁的孩子做傀儡，就是哀帝。

公元907年，朱温废了哀帝，自立为帝，改国号为梁，建都汴（今河南开封），史称后梁。统治了将近300年的唐朝宣告结束。

公元 单位：年	帝王	年号	大事件
888	唐僖宗	文德元年	三月，僖宗去世，弟李晔立，是为昭宗。
891	唐昭宗	大顺二年	王建攻占成都，据有西川。
892	唐昭宗	景福元年	唐以杨行密为淮南节度使。
900	唐昭宗	光化三年	十一月，神策中尉刘季述、王仲先等废昭宗，立其子李裕。
901	唐昭宗	天复元年	正月，昭宗复位，杀刘季述等。二月，封朱温为梁王。冬，宰相崔胤召朱温入关，谋诛宦官，宦官劫昭宗走凤翔，依李茂贞。朱温兵围凤翔。
902	唐昭宗	天复二年	南诏权臣郑买嗣杀其王舜化真，建大长和国，蒙氏所建的南诏亡。
903	唐昭宗	天复三年	李茂贞势蹙，被迫送昭宗出凤翔。朱温拥昭宗还京，废神策军中尉，以朝臣为枢密使。唐封王建为蜀王。
904	唐哀帝	天祐元年	正月，朱温逼迁昭宗于洛阳。八月，朱温遣人杀昭宗，立其子李柷，是为哀帝。
905	唐哀帝	天祐二年	唐以刘隐为清海军节度使。朱温贬逐朝臣，旋杀被贬朝官三十余人于白马驿，投尸于河，史称"白马驿之祸"。杨行密卒，子杨渥立，军政大权旁落大将徐温、张颢之手。
907	后梁太祖	开平元年	朱温废唐哀帝，自行称帝，改名为朱晃，建都开封，国号为大梁，史称后梁。

后梁与后唐争霸：中国进入五代十国的纷乱时期

朱温在称帝前后，革除了一些唐朝积弊，奖励农耕，减轻租赋，基本上统一黄河中下游地区，与河东（今山西太原西南）的晋（李克用）、南方的吴、吴越、楚、闽、南汉、剑南的前蜀、凤翔的岐（李茂贞）、幽州的燕（刘守光）等政权并立。朱温虽然做了某些改革，但他残暴成性，战争中滥行杀戮，与据有太原的李克用、李存勖父子连年作战，使黄河两岸遭到严重破坏。

朱温篡唐后，很多藩镇均不承认后梁，仍用唐年号。次年（公元908年）蜀王王建也称帝，建立了前蜀。当时有些割据势力表示归顺后梁，朱温遂晋封湖南马殷为楚王，两浙钱镠为吴越王，广东刘隐为大彭王，福建王审知为闽王。后幽州刘守光称帝，建立燕国。连同后梁，十个割据势力并存。

在唐时，朱温就与另一个节度使李克用有仇怨，所以自建国起，后梁与晋王李克用、李存勖持续战斗，直至亡国。后梁建立后就发兵八万，打算收复被李克用占据的潞州，但围攻半年不下。次年初李克用死，李存勖继为

公元前 单位：年	帝王	年号	大事件
909	后梁太祖	开平三年	后梁将都城迁至洛阳。
912	后梁废帝	乾化二年	六月，朱友珪弑杀其父朱温，欲篡位称帝。
913	后梁废帝	乾化三年	二月，朱温第三子朱友贞发动政变，逼朱友珪自杀，朱友贞即位，朱友贞即后梁末帝。后梁重新还都开封。
916	后梁末帝	贞明二年	契丹族首领耶律阿保机自称帝，建契丹国，建都城（即后来的上京）。耶律阿保机即辽太祖。
918	后梁末帝	贞明四年	岭南刘隐、刘岩兄弟改国号为汉，定都番禺（今广东广州），史称"南汉"。
920	后梁末帝	贞明六年	后梁陈州（今河南淮阳）人毋乙、董乙起义，数月后兵败。同年（契丹神册五年），辽太祖颁行仿照汉字创造的契丹国字，即契丹大字。

晋王，亲率晋军为潞州解围，大获全胜。此后，在与晋的争斗中，梁多次战败，处于劣势。

乾化二年（公元912年）二月，朱温亲统大军与晋争河北，得病返洛阳。六月，他的次子朱友珪发动政变杀掉朱温，自立为帝。公元913年正月，改元凤历。二月，朱温第三子朱友贞发动洛阳禁军兵变，朱友珪自杀。此后，后梁内部分裂，内乱不断，国力进一步削弱。

公元911年，晋在柏乡（今属河北）决战中，大败后梁兵，接着攻占幽（今北京）、魏（今河北大名北）等州，取得河北。后梁龙德三年（公元923年）四月，李存勖称帝于魏州，是为庄宗，改元同光，国号唐，史称后唐。十月，后唐庄宗李存勖攻入开封，末帝自杀，后梁亡。

从后唐到后晋：石敬瑭的兴起

五代后唐自认是"中兴"唐朝，不过事实上后唐的先祖是沙陀人，本姓朱耶（朱邪），后来才被唐朝廷赐予国姓李氏，纳为皇室成员。事实上他们和唐朝皇室没有血缘关系。而且由于他们的沙陀血统，使得后唐成为中国历史上第一个由外族建立的正统朝代。

后唐庄宗从即位晋王开始到过世（后梁太祖开平二年到后唐庄宗同光四年）近20年的时间，一战并吞强邻幽州节度使刘仁恭和刘守光（后自称大燕皇帝）父子；再战灭后梁以报朱全忠企图谋害父亲李克用之仇；三战亡前蜀而获得西南土地；君临华北，好不威风！可是在他灭亡后梁之后，开始志得意满，竟然重蹈唐朝覆辙宠信宦官。而且因为他擅长音乐，所以对伶官（乐官）也倍加信任，使他们得以趁机抓取权力。到其在位后期，对军队的奖赏也不尽公平，终于招致叛乱爆发，庄宗遇害。

接替庄宗帝位的是后唐明宗李嗣源（李克用养子）。明宗的个性仁厚，即位后立即裁减皇宫内宦官、伶官等编制的人数，施政也尽量不扰民，让百姓休养生息。在位期间可以说是后唐的小康时代，有"后唐明宗之治"的美称。

明宗过世后，三子宋王李从厚即位，是为闵帝。闵帝在位仅约半年，就被他的兄长潞王李从珂（其实是明宗养子，所以两人不是亲兄弟）赶下台。

公元 单位：年	帝王	年号	大事件
923	后唐庄宗	同光元年	李存勖称帝，国号大唐，史称后唐，迁都洛阳。
925	后唐庄宗	同光三年	后唐灭亡前蜀，后唐授孟知祥为西川节度使。
926	后唐庄宗	同光四年	正月，孟知祥入主成都。 七月，耶律阿保机去世，次子德光即位，耶律德光即辽太宗。
930	后唐明宗	长兴元年	设置三司使（盐铁、户部、度支三使），掌管国家财政。
932	后唐明宗	长兴三年	后唐令国子监依照西京的《石经》来校正《九经》，并将其刻版印制。官方大规模刻书由此开始。
934	后唐闵帝	应顺元年	孟知祥在成都称帝，改元"明德"，定国号蜀，史称"后蜀"。
936	后唐末帝	清泰三年	五月，河东节度使石敬瑭反叛后唐，请以幽蓟十六州为代价，求援于契丹。 九月，契丹挥师南下，大败后唐军。 十一月，石敬瑭被契丹国辽太宗册封为帝，并甘愿称"儿皇帝"。定国号晋，史称"后晋"。 闰十一月，石敬瑭攻破洛阳，后唐末帝李从珂自焚而死，后唐灭亡。
937	后晋高祖	天福二年	后晋将都城迁至开封。同年，吴主杨溥正式册命徐知诰为齐国王。
938	后晋高祖	天福三年	徐知诰改元"昇元"，定国号唐，史称"南唐"。 石敬瑭割燕云十六州与契丹。辽太宗诏以皇都为上京，升幽州为南京，南京为东京。

潞王即位，是为废帝（末帝）。随着废帝得位，石敬瑭的势力也逐渐兴起。

石敬瑭何许人也？他是后唐明宗李嗣源的女婿，明宗称帝后逐渐在朝廷里担任要职。李嗣源死，他的第三子李从厚即位，是为后唐闵帝，当闵帝被潞王逼迫离开洛阳时，曾经投靠石敬瑭，但石敬瑭反而倒向潞王阵营，闵帝随即被杀。废帝即位后，契丹不断出兵骚扰边界，身为河东节度使的石敬瑭要求增兵增粮，引起废帝疑心，想要削弱其权力。石敬瑭于是在清泰三年（公元936年）五月造反。为了能够一举扳倒废帝，石敬瑭寻求契丹支持，并被立为皇帝，以晋为国号，改元天福，是为后晋高祖，双方并且约定为父子之国。

废帝面对后晋军的攻势一筹莫展，结果在当年十一月于洛阳自焚殉国，后唐灭亡。

从后晋到后汉：被契丹操纵命运的后晋

五代后唐废帝清泰三年（公元936年）十一月，当石敬瑭获契丹太宗耶律德光支持，并且被册立为皇帝时，双方约定为父子之国。当然，契丹是父亲，后晋是儿子。可是石敬瑭大约比契丹太宗还要大上十岁，实在很难想象他可能得称契丹太宗一声"父皇"的情景！

石敬瑭为了要向契丹献殷勤，竟然还割让雁门以北及幽州的土地（包括幽、涿、蓟、澶、顺、瀛、鄚、蔚、朔、云、应、新、妫、儒、武、寰等十六州，大约是横跨今山西省和河北省北方，经过长城一带的土地），后来通称"燕云十六州"，每年再输出30万匹的帛给契丹。结果原本防御外族入侵的长城屏障，反倒成了保护外族的利器，从此契丹有长驱直入华北平原的机会，五代后期和北宋倍感威胁与此有关，后晋的国势也因此被契丹所掌控。

后晋开国后，后晋高祖在讨契丹欢心这件事上似乎是乐此不疲，常常派使者送礼物到契丹，生怕契丹方面不高兴。有些将领看不过去想要和契丹战斗还被高祖阻止，这情景简直是匪夷所思。

高祖死后，侄儿石重贵即位，是为出帝（少帝）。由于出帝的即位没有经过契丹同意，契丹太宗大表不满。后晋的大臣景延广还对契丹使者说：

"高祖是契丹所拥立的,现在的皇上是我国自立继承的;向契丹称自己是孙子(高祖是儿子,出帝就是孙子)是可以的,可是要自称是契丹的臣子就不行。我国已经备有十万口横磨剑(表示有十万精锐部队随时应战),要战的话就来吧!"当然契丹太宗听到后,就亲自领兵来攻后晋了。

双方一开战,后晋发现无法有效抵挡契丹军,但是已经来不及了。开运三年(公元946年)年底,京城开封就被契丹军攻破。次年,契丹将出帝和后晋皇族的主要成员全部押往北方,后晋灭亡。

契丹太宗原本想要留下来入主中原,还在二月时将国号改为"辽",不过由于水土不服,加上军队纪律和习惯与中原不合而失去人心,辽太宗决定回到北方。此时刘知远乘机称帝,而辽太宗也在北返途中过世,侄儿耶律阮即位,是为辽世宗。

公元 单位:年	帝王	年号	大事件
942	后晋高祖	天福七年	后晋高祖石敬瑭去世,其侄石重贵即位,是为晋出帝(又称少帝)。
946	后晋出帝	开运三年	十二月,辽兵攻下开封,被俘后晋出帝石重贵及皇族成员北迁,后晋亡。
947	后晋出帝	开运四年	辽天禄元年二月,河东节度使刘知远称帝于太原。六月,复都开封,国号汉,史称后汉。 正月,辽太宗耶律德光入汴京,改国号辽,四月,辽太宗北返,至栾城卒。
948	后汉隐帝	乾祐元年	正月,后汉高祖刘知远卒,子承祐即位,是为隐帝。
950	后汉隐帝	乾祐三年	郭威自邺城起兵,攻入开封,隐帝被杀,后汉亡。

周世宗改革:为北宋统一奠定基础

公元950年,郭威推翻了后汉,被将士拥戴为皇帝,国号周,就是后周太祖。周太祖出身贫苦，也读过一点书，注意重用人才，改革政治。在他的治理下，五代时期的混乱局面开始好转。

周太祖去世后，他的养子也是内侄柴荣继承帝位，是为周世宗。柴荣年轻时曾随商人颉跌氏在江陵贩茶，对社会积弊有所认识。史载其"器貌英奇，善骑射，略通书史黄老，性沉重寡言"，柴荣在协助郭威处理军政时期，就展示了他出众的才华。

周世宗即位不久，北汉勾结契丹，联兵南下。周世宗亲自出征，打败了北汉的军队，获得大捷。战后，周世宗简选禁军骑、步诸军，将精锐者升为上军，羸弱者裁汰，革除了唐后期豢养冗兵的积弊。周世宗广泛收罗人才，继续推行改革。

政治上，澄清吏治，严明赏罚，惩治贪赃，倡导节俭，力戒奢华。经济上，鼓励逃户回乡定居，减免各种苛捐杂税，安抚流民，招民垦殖逃户田，编制《均田图》，派遣使者分赴各地均定田租，查实隐匿耕地，使之均摊正税，废除曲阜孔氏的免税特权，鼓励人们开垦荒田，把中原的无主荒田都分配给逃亡人户耕种，优待返回的逃户，并免收以前人民所欠的两税，取消了两税以外的苛捐杂税和一些徭役，动员民众兴修水利，疏浚漕运；停废敕额（朝廷给予寺名）外的大量寺院，敕额外僧尼一律还为编户，禁私度僧尼。此外，周世宗还倡导文治，他修订刑律、历法，考正雅乐，广搜遗书，雕印古籍。周世宗在政治、经济和军事上进行的相关改革，取得了一定的成效，连年战乱中终于出现了安定的局面。

显德二年（公元955年），世宗采用王朴提出的"先易后难"的战略方针，致力于统一全国的大业，先出兵后蜀，收回西州。次年伐南唐，经三年苦战，收回淮南、江北的大片土地。显德六年（公元959年）征辽，收回燕云十六州中的三个州，就在周世宗欲乘胜进取幽州的时候，他突患重病，被迫班师，六月驾崩，时年仅39岁。

世宗柴荣在政治、经济和军事上的改革及成就，为北宋统一全国奠定了基础。

公元 单位：年	帝王	年号	大事件
951	后周太祖	广顺元年	正月，郭威称帝于开封，是为后周太祖，国号周，史称后周。 刘知远弟刘崇称帝于太原，改名旻，国号汉，史称北汉。
954	后周世宗	显德元年	正月，后周太祖郭威卒，养子柴荣即位，是为后周世宗。 十月，世宗大阅禁军，置殿前军，以殿前都点检、副都点检统之。
955	后周世宗	显德二年	后周世宗下令废毁佛寺三万多所，僧尼入编还俗，销毁铜佛像并将其铸成钱币。同年，后周大败后蜀，获秦、阶、成、凤四州。
957	后周世宗	显德四年	后周世宗诏集大臣修撰完成《大周刑统》。
958	后周世宗	显德五年	南唐主李璟向后周称臣，主动献出江北、淮南十四州。
959	后周世宗	显德六年	辽国发生内乱，后周世宗趁机亲征，获得瀛、莫、易三州和瓦桥、益津、淤口三关。
960	后周世宗	显德七年	正月，赵匡胤废后周恭帝，后周灭亡。

第七章
宋、辽、西夏、金

　　北宋建国后，宋太祖便着手统一全国，经过近20年的兼并战争，基本统一了中原地区，从而结束了五代十国的纷争局面。这一段时期属于多民族竞争时期，而这四个朝代也分别由不同的民族所建立，比如宋朝为汉族、辽朝为契丹族、西夏为党项族、金朝为女真族。自唐朝灭亡开始，直到元朝建立，中国本土（包括华北和华南）从未被一个统一政权所控制。北宋灭亡。赵构在南方的临安（今杭州）建立南宋，金宋在淮河一线又形成对峙态势。其后就是元朝建立，元宋于1234年联合灭掉金，其后元又灭掉西夏和大理，并于1279年灭南宋，统一全国。

杯酒释兵权：宋太祖加强中央集权

宋太祖赵匡胤做了皇帝以后，功臣手中的兵权一直让他耿耿于怀，担心有一天自己也会被其他大臣赶下皇帝宝座。赵普知道宋太祖的心事后，二人便商量出一条妙计。

这天，太祖摆上一桌丰盛的酒席，将石守信等大将都请了过来。太祖同大家连喝了几杯酒以后，叹息道："唉，没有你们各位出力，我做不了皇帝，但如今做了皇帝也觉得真难啊！这么长时间以来，我可是没睡过一个安稳觉啊！"

听太祖这么一说，大家一下子愣住了，忙问原因。

太祖说："这还不清楚，皇帝这个位子，谁不想坐！"

听了这句话，石守信等人吓慌了，都离开酒桌跪倒在地，赶忙说："我们对陛下赤胆忠心，谁敢三心二意！"

宋太祖又叹口气道："我不是信不过你们，只是你们的部下，如果有人贪图富贵，把黄袍披在你们身上，你想不做皇帝，行吗？"

石守信等人听罢，感到大事不妙，连连叩头，说："陛下英明，我们愚笨，不曾想到这件事，万望陛下给我们指引一条出路。"

宋太祖见该是将问题挑明白的时候了，说道："人生如过眼云烟，你们也为大宋江山立下了不少功劳，现在应该去享享清福了。我替你们着想，不如把兵权交出来，多买些田产房屋，和子孙们在一起，快快乐乐地安度晚年，这样我们君臣互不猜疑，相安无事，不知众位认为如何？"

石守信等人几乎异口同声地答道："陛下为我们想得太周到了，臣等感激不尽！"

第二天上朝时，几位将军都一一递上了奏章，说自己年老多病，要求辞职还乡。太祖含笑一一批准了，收回了他们的兵权，赏赐给他们大批的钱财，打发他们走了。

太祖收回了兵权以后，建立了新的军事制度，进一步加强了中央集权，使北宋王朝的统治渐渐稳定了下来。

公元 单位：年	帝王	年号	大事件
961	宋太祖	建隆二年	赵匡胤生母杜太后病危，以后事相嘱，特命赵普记录，让赵匡胤百年之后，把皇位传给弟弟赵匡义，这就是"金匮之盟"。 赵匡胤称帝后，为防武将以其道还治其身，以温和的方式收夺石守信、高怀德、王审琦、张令铎、赵彦徽等高级将领的兵权，史称"杯酒释兵权"。 宋修《唐会要》《周世宗实录》成。 南唐元宗李璟逝世，六子李煜即位。
962	宋太祖	建隆三年	宋禁止举人呼知举官为恩师、师门及自称门生。
963	宋太祖	乾德元年	宋军平定湖南。 宋命文臣为知州事、京官知县事。 高丽行宋年号。
964	宋太祖	乾德二年	宋置参知政事以副宰相。
965	宋太祖	乾德三年	宋兵入成都，后蜀亡。 宋收节度使兵权，置转运使监察州郡。
966	宋太祖	乾德四年	宋禁止将帅有私人武装。
967	宋太祖	乾德五年	因黄河多次决口，宋定制每年春季缮治。
969	宋太祖	开宝二年	赵匡胤亲率大军伐北汉。 回鹘、于阗朝贡于宋。

烛影斧声：一桩发生在宫廷内的悬案

宋太祖即位后，采取了一系列措施，击溃了后周残余势力李筠、李重进等的反抗，然后采取"先南后北"统一中国的策略，先后攻灭了南平、湖南、后蜀、南汉、南唐等割据政权，同时又加强了对北方契丹的防御。在内部也进一步加强了中央集权，并采取积极措施恢复生产。宋初的经济得到了发展，但就在赵匡胤踌躇满志的时候，却突然在开宝九年（公元976年）十月的一个晚上驾崩了。第二天，他的弟弟赵光义继承了皇位，即历史上的宋太宗。

相传在赵匡胤去世的当晚，曾召时任开封府尹的弟弟赵光义入宫，兄弟二人酌酒对饮，商议国事。室外的宫女和宦官在烛影摇晃中，远远看到赵光义时而离席摆手后退，时而又见赵匡胤手持玉斧戳地，"嚓嚓"的斧声清晰可闻。

两人饮酒直至深夜，赵光义才告辞出来，赵匡胤睡下。然而次日凌晨，突然传出赵匡胤的死讯，皇后立即命宦官王继恩去召皇子赵德芳入宫，然而王继恩却将赵光义请了来。皇后心知不妙，只得哭喊道："我们母子性命都托付于官家了。"官家是对皇帝的称呼，皇后这样说，也就表示承认赵光义做皇帝了。赵光义也伤心流泪，说："共保富贵，不用担心。"两天后，赵光义登基为帝。

公元 单位：年	帝王	年号	大事件
970	宋太祖	开宝三年	辽发六万骑围攻定州，太祖命判四方馆事田钦祚率3000士兵前往抵御。
971	宋太祖	开宝四年	宋兵至广州，平定南汉，于广州置市舶司。
972	宋太祖	开宝五年	宋始行殿试。
973	宋太祖	开宝六年	宋帝亲试举人于讲武殿，从此为常式。
974	宋太祖	开宝七年	宋修《五代史》成。
975	宋太祖	开宝八年	宋兵攻下金陵，江南李煜降，南唐亡。
976	宋太宗	太平兴国元年	赵匡胤在"烛影斧声"中死去，弟赵光义即位，是为太宗。
977	宋太宗	太平兴国二年	宋分四川为东西两路，各置转运使。 宋置榷场出售舶来香药、宝货以济国用。
978	宋太宗	太平兴国三年	陈洪进、钱俶相继纳土，漳泉、吴越平。 宋建崇文院以储图书。

赵匡胤以 50 岁的盛年逝世,而且是突然死去,本就容易令人起疑。再加上赵光义在赵匡胤死的当晚与之单独相处,又抢在赵德芳之前登基,留下了许多令人不解的疑团。

高梁河之战：辽宋关系的重要转折点

太平兴国四年（公元 979 年）五月,宋灭北汉。六月,向河北进发。同时下诏京东、河北诸州,送军储赴北面行营。宋太宗自镇州亲征,至定州。宋军初入契丹境,接连胜利,并很快打到了幽州城南。

当时,正在狩猎的辽景宗耶律贤,得知幽州危急,连忙停止打猎,召集大臣商议。辽景宗准备放弃幽州。大将耶律休哥说："请给我一支军队,前去支援,如果不成功,再退出幽州,也来得及。"辽景宗同意了他的建议,命他和另一个大将耶律沙带领十万大军,前往幽州。耶律沙率一支辽军,先赶到幽州。宋军集中力量迎击。双方在高梁河（今北京西）大战。耶律沙

公元 单位：年	帝王	年号	大事件
979	宋太宗	太平兴国四年	宋帝亲征北汉,刘继元降宋,北汉亡。 宋攻辽,大败于高梁河,宋帝弃军逃归。
981	宋太宗	太平兴国六年	宋薛居正死,曾领衔修《五代史》。
982	宋太宗	太平兴国七年	宋置译经院,令西僧译佛经。 宋于诸州置农师。
983	宋太宗	太平兴国八年	宋《太平御览》书成。 宋令选童子 50 人就译经院习梵学、梵字。 辽恢复契丹国号。西夏李继迁反宋,宋、夏战事启端。
984	宋太宗	雍熙元年	辽在蓟县建独乐寺观音阁,为中国现存最古木构楼阁。
985	宋太宗	雍熙二年	都进奏院使于唐中期,宋代承袭此制。 李继迁奔袭银州（今山西米脂、佳县一带）。

远道赶来，人困马乏，加上军队人数不足，因此，吃了败仗，只好退军。这天晚上，耶律休哥带领大队人马赶到。为了壮大声势，耶律休哥命令每个士兵拿着两把火炬，远远看去，仿佛一条火龙。宋军不知道敌人究竟又来了多少，担心起来。

耶律休哥跟驻守在幽州城外的南院大王耶律斜轸的军队会合了。第二天，辽军分左右两路，向宋军发动了猛烈的攻击。这时守卫幽州的辽军也杀出城来。宋军腹背受敌，最终大败，死伤一万余人。

此次战争，就是高梁河之战，又称"幽州之战"。由于宋太宗收复燕云十六州心切，没有充分准备，仓促出兵，最后以宋军失败告终。

君子馆之战：宋军河北防线遭到重创

宋太宗雍熙三年（公元986年）九月，辽积极准备大举进攻宋。十一月二十八日，辽军发兵进攻。宋太宗下了一道圣旨，让各将士做好作战的准备。十二月初四，田重进奉诏北进，第二天攻下岐沟关，杀守城辽军千余人。

十二月初八，辽萧太后和南院大王留宁率领的东路大军也迅速赶到，辽数万大军开始进攻君子馆。一场大规模的战斗开始了。当时，天气非常寒冷，宋军都没有御寒的皮衣，将士们一个个冻得手脚麻木，没有办法拉弓射箭。

辽军看到宋军这个状况，暗暗心喜，趁机攻占了君子馆，然后继续向南推进，先后攻陷了邢州（今河北邢台）、深州（今河北深县南）、德州（今山东乐陵）。第二年正月，辽军攻占束城（今河北河间东北之束城）、文安（今河北文安），于正月初五才开始撤兵。至此，河北方向的君子馆之战以宋军彻底失败告终。

北宋经此惨败，其河北军队的有生力量已经消耗殆尽，不但彻底丧失了收复幽蓟十六州的能力，而且就连河北的防务，也因驻守黄河以北地区，自此再无斗志而大成问题，以致辽兵后来能更加肆无忌惮地征讨中原。

辽军在君子馆之战中，虽然大获全胜，达到了预期的战斗目标，但也付出了巨大的代价，其伤亡人数与宋军基本相当。前线指挥耶律休哥与留宁均负重伤，而国舅详隐大将挞烈哥和宫使萧打里当场阵亡。

公元 单位：年	帝王	年号	大事件
986	宋太宗	雍熙三年	宋遣曹彬、潘美等分三路攻契丹，大败，死者数万。 宋将杨业败死于朔州狼牙邨。
987	宋太宗	雍熙四年	李继迁败宋兵于王亭。
988	宋太宗	端拱元年	契丹开始科举，及第者仅一人。
989	宋太宗	端拱二年	契丹攻陷宋易州。
990	宋太宗	淳化元年	宋赐诸路印本九经。 契丹封李继迁为夏国王。
991	宋太宗	淳化二年	宋置提点刑狱。 李继迁降于宋，授银州观察使，赐名赵保吉。女真归附契丹。
993	宋太宗	淳化四年	四川王小波以"均贫富"号召起义，旋战死，李顺继之。
997	宋太宗	至道三年	宋以孔延世为曲阜令，封文宣公。 宋封李继迁为定难军节度使。 契丹封李继迁为西平王，河西党项附于契丹。

屈辱的"澶渊之盟"：一种地缘政治的产物

公元1004年秋天，辽朝萧太后、辽圣宗亲自率领20万大军，大举向南进犯。不久，前锋到达澶州（今河南濮阳）城下。

辽军来势凶猛，告急文书接连传到朝廷。平时神气十足的文武百官们，此时吓慌了神，都纷纷劝宋真宗迁都逃跑。

宋真宗犹豫不决，就问宰相寇准怎么办。寇准见有官员煽动逃跑，声色俱厉地说："逃跑？是谁出的主意，应当斩首。现在是非常时刻，皇上不仅不能退,还应该亲自带兵出征,这样才能鼓舞士气,一举击败辽军。否则,一退国家就完了!"

宋真宗无法,只好同意亲自出征,寇准也随同指挥。但宋真宗到达韦城(今河南滑县)时,又打起了退堂鼓。寇准说:"击败辽军,在此一举,现在人心恐慌,皇上只能前进,不能后退!"

公元 单位:年	帝王	年号	大事件
998	宋真宗	咸平元年	宋真宗赵恒即位。 高丽穆宗在位时,宋温州人周佇随商舶来,官至礼部尚书。
999	宋真宗	咸平二年	契丹帝及太后大举攻宋。
1000	宋真宗	咸平三年	宋益州戍卒乱。
1001	宋真宗	咸平四年	宋修《续通典》及校定《周礼》等成。 建定县开元寺塔,为中国现存最高砖塔。
1002	宋真宗	咸平五年	沙州将曹宗寿杀节度使曹延禄,遣使进贡,宋封为归义军节度使。
1003	宋真宗	咸平六年	李继迁侵宋,大败,中流矢死。
1004	宋真宗	景德元年	契丹大举攻宋,围澶州。宋帝用寇准言亲征,双方订澶渊之盟。
1005	宋真宗	景德二年	杨亿等奉敕编纂《册府元龟》。 宋国子监书版有十余万。
1006	宋真宗	景德三年	宋、夏定和议,李德明进誓表于宋,封西平王。 越南改官制及朝服,使用宋朝制度。
1008	宋真宗	大中祥符元年	宋帝诈言天书降,改元,至泰山封禅,至曲阜祭孔子。
1009	宋真宗	大中祥符二年	宋封孔子弟子及历代大儒为公侯、伯爵。
1010	宋真宗	大中祥符三年	宋修《诸道图经》成,共1166卷。

寇准见真宗仍十分害怕，就进一步解释说："眼下守城的各路军队，都盼望着皇上前去。皇上一去，必定士气大振。再说随皇上来的军队，他们的父母妻儿都留在京城，为保护京城百姓，他们也会以死报国的！"

这时，辽国的主将骄傲轻敌，只带几个骑兵在澶州城下察看地形，被守城的宋军发现，一箭射死了，辽军士气大落。而宋真宗此时在寇准等人的护卫下已到达澶州，登上了城楼。守城的将士和各路前来增援的宋兵，看到城楼上的黄龙旗迎风招展，士气高涨，欢声雷动，准备和辽军决一死战。

辽军虽然兵临城下，但孤军深入，粮草供应困难，主将又被宋军射死，所以萧太后打算放弃攻城，准备议和。恰好宋真宗也有这样的心理，不想打仗。于是双方秘密派使节商谈。寇准虽坚决反对和谈，但宋真宗心意已决，寇准也毫无办法。

公元1005年，宋辽双方达成和议。辽国退兵，宋朝答应每年送给辽国十万两银子，20万匹绢，历史上称这次和议叫"澶渊之盟"。

北宋在形势十分有利的情况下，订立屈辱的盟约，充分暴露了政府的软弱无能。

张咏教宰相：寇准恍然大悟

张咏（公元946~1015年），字复之，号乖崖，谥号忠定，濮州鄄城（今山东菏泽市鄄城）人。太平兴国年间进士。累擢枢密直学士，真宗时官至礼部尚书，诗文俱佳，是北宋太宗、真宗两朝的名臣。

宋真宗年间，张咏在成都做官，听说寇准做了宰相，就对属下说：寇准这个人是个奇才，可惜学问差点。张咏和寇准是多年的好朋友，对他十分了解，听说他当上了宰相，当然很高兴。但是身为宰相所作所为关系到国家的兴衰，所以张咏很想找个机会劝寇准多读些书。

过了不久，恰好寇准到陕西来办事，张咏也刚从成都卸任来到这里。老朋友见面，非常高兴，寇准赶快命人准备酒宴招待张咏。酒席宴上两人谈得十分投机，不知不觉天色已晚，于是张咏起身告辞。寇准送了一程又一程直到郊外，将分手时，寇准问张咏："你有什么要指教我的吗？"张咏对此早有考虑，但是今日的寇准已经不是过去的寇准，要怎么样才能既让寇准明白要多读书，提高学问，又不伤这个一人之下万人之上的宰相的尊严呢？他想了想，慢慢地说："《霍光传》不能不读。"当时寇准不明白张咏这话是什么意思。

寇准回去以后，拿出《汉书·霍光传》仔细读起来。当他读到"光子不学无术"时，恍然大悟，笑着自语道：这是张咏要和我说的话。霍光在汉朝当过大司马、大将军，地位相当于宋朝的宰相，他由于不认真读书，不明事理，酿成一些弊病，导致家族的最终败灭。寇准由此明白了张咏的真实用意，心中对好友非常感激。

张咏批评寇准的方式非常高明，如果直截了当地说：寇准你学问太差，

公元 单位：年	帝王	年号	大事件
1012	宋真宗	大中祥符五年	宋就福建取占城稻种给江淮、两浙三路种植。 女真三十姓乞盟。
1014	宋真宗	大中祥符七年	宋帝朝亳州太清宫，升应天府为南京。
1015	宋真宗	大中祥符八年	宋修后妃事迹成，赐名《彤管懿范》。
1016	宋真宗	大中祥符九年	宋京西、河北等地遭遇旱灾和蝗灾，并且延及江淮一带。
1019	宋真宗	天禧三年	契丹封沙州曹贤顺为敦煌郡王。 宋黄河决口，泛滥六州。
1021	宋真宗	天禧五年	大食求婚于契丹，契丹以宗女为公主妻之。
1022	宋真宗	乾兴元年	宋真宗卒，仁宗赵祯即位，刘太后垂帘听政。 吐蕃首领李立遵归附于宋。
1023	宋仁宗	天圣元年	宋置益州交子务，四川地区发行纸币，为世界最早的纸币。
1024	宋仁宗	天圣二年	宋始令诏书摹印颁行。

应该多读些书。寇准恐怕很难接受，于是张咏让他读《霍光传》，使他从书中体味到张咏要讲的道理，结果收到了很好的效果。

党项族、李元昊和西夏：兴起于西北的少数民族政权

党项族是羌族的一支，在唐朝时已登上历史舞台，并且在五代的乱世中一直割据着陕西西北、河西走廊一带。其首领曾被赐姓为李，世代担任着定南军节度使一职，一直到宋初年还保持着割据状态。

宋建立后，党项族在西北时叛时降，一直是宋西北的巨大威胁。景德三年（1006年），党项族首领李德明将都城迁到贺兰山脚下的兴州（今宁夏银川），大力发展生产，积极蓄养军力，加强和宋的经济来往。30年间，西夏

公元 单位：年	帝王	年号	大事件
1029	宋仁宗	天圣七年	宋复置制举十科。
1030	宋仁宗	天圣八年	李德明献马于宋，求佛经。
1031	宋仁宗	天圣九年	龟兹国、沙州朝贡于宋。
1032	宋仁宗	明道元年	宋设置谏院。 李德明死，其子李元昊嗣。契丹册封李元昊为西夏王。
1033	宋仁宗	明道二年	宋刘太后死，仁宗始亲政。
1034	宋仁宗	景祐元年	李元昊多次扰宋。 宋赐越南《大藏经》。
1036	宋仁宗	景祐三年	李元昊制蕃书成，颁行。又译《孝经》《尔雅》等书。
1037	宋仁宗	景祐四年	李元昊署置百官，分兵防备契丹，并为攻宋做准备。
1038	宋仁宗	宝元元年	党项首领李元昊称帝，建都兴庆，国号大夏，史称西夏（1038～1227年）。

国"禾黍云合，甲胄尘委"，实力再次强大起来，并趁机攻占了甘州、凉州等地。

李德明死后，继承者是李元昊。李元昊是党项族杰出的政治家、军事家，武功高强，精通汉文化和宋朝律法，同时还精通佛经，擅长兵法、绘画和发明器械。他在做太子时，就战功赫赫，颇受部族敬畏；等到即位后，则重用宋朝流落到西夏的失意文人，加快西夏的封建化，仿照汉字创制了党项文字，模仿宋朝建立了中央官制和地方行政制度。

党项族首领李元昊的作为彻底让西夏国从一个部落联盟变成了一个国家。宝元元年（1038年），李元昊称帝，建大白高国，国号大夏，定都兴庆府，史称西夏。

庆历新政：范仲淹完美士大夫的代表

北宋发展到宋仁宗的时候，官僚机构变得十分臃肿，1043年4月，宋仁宗将敢于直言劝谏、锐力改革的范仲淹调回汴京，封为参知政事。

范仲淹深知朝廷弊病太多，早就该加以整顿。没过多久，他就写了一道奏章，提出必须进行政治改革。这道奏章便是著名的《答手诏条陈十事》，它的主要内容包括：一、明黜陟，即严明官吏升降制度；二、抑侥幸，即限制侥幸做官和升官的途径；三、精贡举，即严密贡举制度；四、择长官，即严格选拔地方官；五、均公田，即按官职公平分配职田；六、厚农桑，即重视农桑等生产事业；七、修武备，即整治军备；八、推恩信，即广泛落实朝廷的惠政和信义；九、重命令，即要严肃对待和慎重发布朝廷号令；十、减徭役，即减少公役人数，使更多农民可回家安心种地。

宋仁宗决意改革，看过范仲淹的奏章后，非常满意，命令范仲淹主持改革事务，让大臣韩琦、富弼、欧阳修从旁协助。由于当时的年号是"庆历"，所以这次改革被称为"庆历新政"。

在范仲淹的严格考核下，平庸的官员被撤职，才智过人的官员则受到提拔，官府的办事效率得到提高。可是，对改革不满的保守势力却不甘心失败，他们兴风作浪，到处散布范仲淹、富弼、欧阳修等人结党营私的谣言。

1045年初，范仲淹、韩琦、富弼、欧阳修等人相继被排斥出朝廷，各项改革也被废止，新政彻底失败。这次改革虽然失败，却为后来的王安石变法拉开了序幕。

公元 单位：年	帝王	年号	大事件
1039	宋仁宗	宝元二年	宋下令削李元昊官爵，夺国姓，绝互市，宋夏战事起。
1040	宋仁宗	康定元年	西夏大败宋军于延州三川口，宋派韩琦、范仲淹经略陕西。
1041	宋仁宗	庆历元年	宋兵攻夏，大败于好水川。 毕昇发明活字印刷。
1042	宋仁宗	庆历二年	宋增岁币与契丹议和。
1043	宋仁宗	庆历三年	宋用范仲淹为参知政事，推行新政。 宋仁宗命曾公亮等编纂《武经总要》。
1045	宋仁宗	庆历五年	"庆历新政"夭折。宋令州县都设立学校。 宋与夏和议成。夏主称臣，称夏国主，宋岁赐银绢茶等物。 契丹攻西夏惨败，宋、辽、西夏对峙局面确立。
1048	宋仁宗	庆历八年	宋册立夏国主谅祚。
1049	宋仁宗	皇祐元年	宋开封建祐国寺塔，为中国现存最早的琉璃面砖塔。

狄青征战西夏：宋王朝重文轻武的缩影

西夏在国王李元昊时期，经济得到了较快的发展，他还采取了联辽抗宋的战略，不断入侵宋边境。夏宋之间的战争持续不断，西夏严重威胁着北宋王朝，无良将可用的宋仁宗急需杰出的军事将领。这时，普通士兵出身的狄青进入了求贤若渴的仁宗的视野。

狄青家世代为农，入伍后即参加了对西夏的战斗。因作战英勇，得到了当时主持西北战事的韩琦和范仲淹的赏识。

　　宋仁宗从范仲淹的口中听说过狄青，打算召他进京。但前线战事紧迫，狄青离不开，仁宗于是就让他画出作战地图送至京师。狄青是士兵出身，脸上有从军时的刺字，仁宗曾下诏让他将脸上的刺字印记用药除去，狄青却说："陛下以功擢臣，不问门第，臣所以有今日，是因为有这印记，臣愿意留着印记，用以激励军心，所以不敢奉诏。"仁宗因此更加器重和信任这名爱将。

　　由于狄青勇猛善战，屡建奇功，所以升迁很快，几年之间，历任泰州刺史、惠州团练使、马军副都指挥使等，皇祐四年（1052年）六月，推枢密副使。宋夏议和后，狄青又受命平定了广西的叛乱。

　　此时，狄青的声望达到顶峰，随着官职的升迁，朝廷对他的猜忌、疑虑也在逐步加深。嘉祐元年（1056年）八月，仅做了四年枢密使的狄青终于被

公元 单位：年	帝王	年号	大事件
1050	宋仁宗	皇祐二年	范仲淹任杭州知州，遭遇大饥荒，他实施"荒政三策"，有效缓解了灾情，百姓从中获得益处。 契丹禁医卜、屠贩、奴隶、背父母及犯事逃亡者不得应进士举。
1052	宋仁宗	皇祐四年	侬智高聚众起事，建大南国，称皇帝。攻略广西，围广州。宋以狄青为宣抚使，领军讨伐。
1056	宋仁宗	嘉祐元年	中国佛宫寺释迦塔建成，为世界现存最高的木构建筑。
1059	宋仁宗	嘉祐四年	王安石上万言书，向宋帝陈述变法主张。 泉州建成中国第一座海港大石桥洛阳桥。
1061	宋仁宗	嘉祐六年	当阳建玉泉铁塔，为中国现存最高铸铁塔。
1063	宋仁宗	嘉祐八年	宋仁宗卒，英宗赵曙即位。
1065	宋英宗	治平二年	宋修《太常因革礼》成。宋文学家苏洵卒。
1066年	宋英宗	治平三年	司马光奉诏编历代君臣事迹，后赐名《资治通鉴》。契丹改国号为辽。

解除职务，出知陈州，但因无过，被加同中书门下平章事（即宋代的宰相）衔。不到半年，狄青就发病郁郁而死，年仅49岁。

狄青的遭遇是宋王朝重文轻武国策的缩影，这种政见使得北宋在后来的对外战争中，一直处于被动的地位。

王安石变法（上）：君臣达成共识

宋朝到了神宗年间，因开国以来的军、政制度失当，积弊日深，财政也出现左支右绌的窘况。

虽然澶渊之盟让宋朝得以用岁币来打发辽国这只北国苍狼，但是西北边原本心悦诚服的西夏，至仁宗年间，却出了个不甘俯首称臣的李元昊。他建国大夏，像只饿虎般紧咬不放，宋朝吃了几场败仗后，便采取守势，最后比照辽国模式，每年靠赐银、赐绢、赐茶来换取和平，也付出了不少代价。经过这一番折腾，宋朝的荷包大为缩水，因为战争是最花钱的；重文轻武的政策又导致一般人不愿当兵（"好男不当兵、好铁不打钉"一语即始于宋朝），士兵普遍素质不佳，只好多招募一些兵，以量取胜；加上其他种种费用，使得军费暴增，在英宗年间竟已占到总支出的八成。

宋太祖立国以来，为了扫除唐末五代的尚武风气，而大力提倡科举制，并礼遇文人，希望借此改变社会风气，只要你肯念书就不怕没官做，而且待遇优渥、地位崇高，如此一来，官员人数不断增加，政府的财政赤字也不断攀高。

就在此时，出了一个倡言改革的王安石，他曾向仁宗上过万言书，虽然未被采纳，但已引起朝野的热烈反响，称得上名动天下。锐意改革的神宗在当太子时，对这篇万言书的见解也是赞赏不已，所以当他即位后不久，便命王安石入京任翰林学士兼侍讲，随即于宫中召见之。这对相见恨晚的君臣互述己见，因理念相符，自然顺利取得了改革的共识。熙宁二年（1069年），神宗以王安石为参知政事（相当于副宰相），将整顿财政、变法图强的重责大任托付给这个不世出的奇人。

公元 单位：年	帝王	年号	大事件
1067	宋英宗	治平四年	宋英宗卒，神宗赵顼即位，召王安石为翰林学士。
1069	宋神宗	熙宁二年	王安石任参知政事，设立制置三司条例司，开始实行变法。
1070	宋神宗	熙宁三年	宋以王安石为相。推行保甲法、免役法。
1071	宋神宗	熙宁四年	宋改革贡举法，经经义、策论试进士。
1072	宋神宗	熙宁五年	宋推行保马法、方田均税法。 文学家欧阳修卒。著有《新唐书》（合著）、《新五代史》等。
1073	宋神宗	熙宁六年	宋置经义局，由王安石主持修《三经新义》。 宋理学家周敦颐卒。著《太极图说》《通书》，为宋代理学的倡导者。
1074	宋神宗	熙宁七年	以沈括提举司天监，制浑仪、浮漏成。

王安石变法（下）：遭权贵反对，新法黯然废除

王安石与吕惠卿、曾布等人陆续推出了农田水利、青苗、免役、均输、保甲、保马、市易、方田均税等新法，涵盖了各个层面，影响之大，只有千年前王莽的改革足堪比拟。新法推行后，的确收到了不错的效果，政府收入增加了，军队的战斗力有所提升，但是棘手的问题也陆续出现了。

由于法规、制度都不可能是完美的，在实行时必然会产生一些弊端，新法也不例外。如某些本意良善的便民措施最后竟成了聚敛扰民的嗜人恶法，空有理想却不切实际，未必能符合当时社会的需要或期待，更何况改革不免会侵害到一些权贵豪强的利益，因此新法实施后，即引起强烈的批评。

然而王安石这人个性很硬，听不进半点反对的声音，或许他有政治天赋，也有文学天分，不免恃才傲物，但他不懂谋事必须人和的道理，若有人

批评新法，他就骂他们不读书，甚至翻脸不认人。而反对者中不乏才德兼备的大臣名士，对自己的才学见识亦颇为自负，双方不免你来我往，最后王安石变得孤立无援，身边只剩下为谋取私利的小人之流。他们未必了解新法的精神或实施的成效，最在乎的是自己的官位利禄，只要求账面的数字好看，却不管这数字背后隐藏着多少人民的血泪呼号。如此之新法，如何能行？再加上王安石担任宰相期间发生了大旱灾，无数流民涌入京城，自然惹来四面八方的攻击不断，神宗对王安石的信心不免产生动摇，最后王安石只好黯然挂冠求去。

虽然新法在神宗的支持下仍持续实行，但数年后神宗去世，反对新法的代表人物司马光上台主政，便陆续废除了各项新法。整个"熙宁变法"前后的实行时间约有15年之久。

公元 单位：年	帝王	年号	大事件
1075	宋神宗	熙宁八年	宋迫于辽的压力，与辽重划河东地界，失地700里。
1076	宋神宗	熙宁九年	交趾入侵广西，攻宋邕州。鬼章亦扰宋边境。 王安石再次罢相，由宋神宗亲自推行新法。
1081	宋神宗	元丰四年	宋神宗下令五路进攻西夏，收复兰州古城。
1084	宋神宗	元丰七年	宋司马光的《资治通鉴》书成，为中国第一部编年体通史。
1085	宋神宗	元丰八年	宋神宗卒，哲宗赵煦即位，太皇太后高氏听政，起用司马光为相，开始废除新法。 理学家程颢卒，与弟程颐之学世称洛学。
1086	宋哲宗	元祐元年	司马光卒。改封孔子后代为奉圣公。 宋确立以经义、词赋两科试进士。
1088	宋哲宗	元祐三年	沈括于本年前后作《梦溪笔谈》。

苏轼三抄《汉书》：伟大文学家精于学问

苏轼，北宋时期我国著名的文学家，"唐宋八大家"之一。一生中写下了2700多首诗歌、300多首词作和大量的优秀散文作品。

苏轼被贬官黄州（今湖北黄冈）时，一次，有位姓朱的朋友拜访他，等了很长时间，也不见他出来，真有点不耐烦了。这时，就见苏轼匆忙来见，并道歉说："真对不起，刚才正在结束未完的功课，让你久等了。"客人问他："先生这么倾心，做什么功课？"他回答说："抄写《汉书》。"客人大为惊奇，不解地问道："凭先生这样过人的才智，读一遍便可过目不忘，怎么还要抄书呢？"苏轼笑着回答道："我抄《汉书》到现在已是第三遍了。第一遍，我每段抄三个字为题，就能记忆；第二遍，每段抄两个字就可以了；现在只抄

公元 单位：年	帝王	年号	大事件
1089	宋哲宗	元祐四年	宋告诫边将不要侵扰西夏边境。
1090	宋哲宗	元祐五年	秦观著《蚕书》印行，为中国最早养蚕专著。
1093	宋哲宗	元祐八年	太皇太后高氏死，宋哲宗亲政，重行新法。高丽遣使入宋请求购书。
1095	宋哲宗	绍圣二年	辽因阻卜扰边，命教汉军炮弩。
1096	宋哲宗	绍圣三年	夏侵扰宋鄜延路，大肆杀掠。辽建妙应寺喇嘛塔，1279年重建，即今北京白塔。
1097	宋哲宗	绍圣四年	宋禁锢元祐被贬诸人子弟。
1100	宋哲宗	元符三年	宋哲宗卒，弟赵佶即位，是为徽宗。李诫著《营造法式》成书，为世界最早的建筑手册。
1101	宋徽宗	建中靖国元年	文学家苏轼、秦观、陈师道都卒于此年。高丽获得宋朝赐给《太平御览》及《神医普救方》。

一个字就足以记忆了。"客人取过苏轼抄书的笔记来看，怎么也看不明白其中的意思。于是，苏轼请他从中任选一字，便应声背出整段文章，而且可以讲解。连试了几次，每次都背得一字不差。

苏轼精读文史，为他的文学创作打下了深厚的基础。宋神宗元丰年间，苏轼写出了名作《念奴娇·赤壁怀古》，这首词篇一问世，立刻轰动了整个词坛。许多人都纷纷称赞这首词表现出了豪放的风格，扫除了以往诗词那种浮华不实的词风，开辟了宋词发展的新天地。苏轼的另外一首名作《水调歌头·明月几时有》，充分表达了作者的真情实感，寄托了作者对弟弟苏辙的深切思念和诚挚的感情，其中两句"但愿人长久，千里共婵娟（指明月）"成了千古绝唱。

苏轼在诗、词、文各方面的巨大成就，终于使他成为我国文学史上的"天骄"。

海上之盟：原来是一场死亡之吻

天祚帝是辽国最后一位皇帝，他在位时，辽国开始走下坡路，很大的原因是天祚帝本人荒淫无道、无心于政事。

此时宋朝正值徽宗在位，在宦官童贯的怂恿下，图谋攻辽，以收复燕云十六州。政和元年（1111年），童贯受命出使辽国以窥探虚实，途中他认识了辽国的失意政客马植，这人向童贯献上灭辽之计，内容详情不得而知，大致上就是趁辽国腐败不堪之际，发兵北上而灭之。此一计谋深得童贯之激赏，而命令他继续待在辽国，见机行事。数年后，北方原本臣属于辽国的女真部族，在完颜阿骨打的率领下，正式起兵叛辽，马植眼见机不可失，便潜往宋朝，并得到徽宗的亲自召见。他鼓起三寸不烂之舌慷慨陈词，请宋朝派人联合女真，南北夹击，必可一举歼灭辽国，收复宋朝君臣念兹在兹的燕云十六州。徽宗听了不禁怦然心动，为了嘉其忠义，赐以国姓，于是马植改名为赵良嗣。

重和元年（1118年），宋朝派遣马政从山东半岛的登州渡海前往金国，开始商议结盟之事。两年后，即宣和二年（1120年），更派了赵良嗣这个始

公元 单位：年	帝王	年号	大事件
1102	宋徽宗	崇宁元年	宋立元祐奸党碑（蔡京手书），禁元祐学术。
1105	宋徽宗	崇宁四年	宋于苏州置应奉局，主管花石纲事。 诗人、书法家黄庭坚卒。
1107	宋徽宗	大观元年	宋理学家程颐、书画家米芾卒。
1111	宋徽宗	政和元年	宋以宦官童贯入辽，带回燕人马植（改名赵良嗣），进联合女真攻辽之策，徽宗赐良嗣姓赵。
1114	宋徽宗	政和四年	宋尊崇道教，求道教仙经，设道阶。
1117	宋徽宗	政和七年	道箓院册宋徽宗为教主道君皇帝。 大理朝贡于宋，封其王段和誉为云南节度使、大理国王。
1119	宋徽宗	宣和元年	辽册封金帝为东怀国皇帝，金帝不接受。 宋朱彧《萍洲可谈》记载指南针应用于航海。
1120	宋徽宗	宣和二年	宋遣使入金，订立海上之盟，相约夹攻辽国。 睦州方腊聚众起事，攻下睦、歙、杭等州，东南大震。宋江横行河朔。
1121	宋徽宗	宣和三年	宋帝下诏罪己，停止苏杭造作局及花石纲。方腊败，解往东京处死。宋江亦败。
1122	宋徽宗	宣和四年	宋再次出兵攻辽，皆告惨败。童贯密邀金兵攻燕京。金帝亲自率军攻陷辽燕京，辽萧太后北走。
1123	宋徽宗	宣和五年	金以燕山六州归宋，宋输岁币给金。
1124	宋徽宗	宣和六年	宋严禁收藏苏轼、黄庭坚之文。西夏向金称臣。

作俑者前往，经过一番讨论后，正式达成"海上之盟"的协议。双方约定南北夹击辽国，由金国攻辽的中京，宋攻辽的燕京及西京。伐辽成功后，宋朝可收回燕云十六州，但需将原来付给辽国的岁币转赠金国以为酬谢。

海上之盟约定后，宣和二年（1120年）方腊起义爆发，宋徽宗慌忙命童贯率原先准备攻辽的军队南下镇压。又听说辽朝已知道宋金海上盟约之事，宋徽宗害怕辽朝报复，一度后悔与金交往，想单方面撕毁约定。次年二月，金使前来催促宋朝如约进兵，宋徽宗有意拖延，直到八月才写了封含混模棱的国书，把金使打发回去，致使金人以为宋朝已经悔约，为双方以后的争端埋下了祸根。

宣和四年（1122年）初，金军接连攻下辽中京和西京，天祚帝逃往夹山（今内蒙古萨拉齐西北），辽朝的灭亡已成定局，宋徽宗于是决意用兵。这年四月和七月，童贯、蔡攸两次率领宋军向燕京进发，发动攻辽战役，均遭败绩，熙宁、元丰以来在河北边境蓄积的粮草军需也丧失殆尽。

宋朝的腐朽无能被金人看得一清二楚。宣和四年底，金兵占领了燕京。事情的结果既然不同于当初的约定，金人自然不肯轻易履行原约。几经交涉，才让宋朝收回燕京及其所属的六州之地，条件是：宋朝不但要把给辽的50万两匹岁币如数交给金，还得每年加纳100万贯的"燕京代税钱"。金兵撤军时，把燕京的人口、财富席卷而去，宋朝付出巨额代价买回的只是几座空城。

宋朝君臣不但没有从中吸取教训，反而在虚幻的胜利气氛中弹冠相庆，以为天下从此可以高枕无忧了。没料到这个看似甜蜜的礼物，实际上却是可怕无比的"死亡之吻"，一场世纪灾难正在酝酿之中。

靖康之难：北宋灭亡的标志

公元1125年，金国灭亡辽国以后，金太宗借口宋朝收留了辽国的逃将，便兵分两路进攻北宋。

金军一路南下，势如破竹。消息传到朝廷，昏庸的宋徽宗一下子吓得昏了过去，大臣们手忙脚乱，好不容易把他救醒。宋徽宗苏醒后，立刻下了诏书，要他儿子赵桓接他的皇位，这就是宋钦宗。

宋钦宗虽表示抗金，却暗中和主和派宰相白时中商议逃跑之事。兵部侍郎李纲知道后，坚决劝阻钦宗南逃，迫于压力，宋钦宗答应抗金，并命令李纲全权负责。

公元 单位：年	帝王	年号	大事件
1126	宋钦宗	靖康元年	金兵东路渡过黄河，再攻开封。
1127	宋钦宗	靖康二年	金攻陷东京，俘徽、钦二帝，北宋亡。 宋康王赵构在南京应天府（今河南商丘）即位，南宋开始。 河东、河北等地官民群起抗金。
1128	宋高宗	建炎二年	金侵宋京东西及陕西，屡陷州府，宋军亦间有收复，形成拉锯战。 宋主战派宗泽忧愤而死。
1129	宋高宗	建炎三年	宋帝南奔杭州，升为临安府。南宋苗、刘之变。 金兀术渡江南侵。
1130	宋高宗	建炎四年	金兀术自江南北撤，韩世忠组织黄天荡之役。 金立刘豫于北京，国号大齐。秦桧潜回南宋。
1133	宋高宗	绍兴三年	宋与金议和，禁沿边将士攻犯刘豫。 金徙女真人居汉地。
1134	宋高宗	绍兴四年	宋将岳飞、韩世忠、吴玠连破金兵，收复多个府州。
1136	宋高宗	绍兴六年	刘豫大举攻宋。 刘豫刻石《华夷图》《禹迹图》，为世界最古老的地图印版。
1138	宋高宗	绍兴八年	宋再用秦桧为宰相兼枢密使，专主和议。 金颁布官制。金诏谕使至宋，答应讲和。

李纲领命后，立即着手对京城进行布防，三天时间，一切准备就绪。这时金军已到城下，他们先用几十条火船攻打宣泽门。李纲率兵士2000人，在城下列队防守。金军火船一到，他们就用挠钩钩住敌船，然后用大石将火船砸沉，金兵纷纷落水。

金兵见火攻不成，改用云梯攻城，又被李纲指挥的官兵烧毁云梯，无数金兵不是摔死，就是被弓箭射死在城下，其中还有几十名金将。金军的攻城计划被彻底击败了。

然而，正在这时，懦弱的宋钦宗却准备和金国议和。李纲知道后极力反对，但宋钦宗仍不顾一切地派人到金军大营去讲和，为表示和谈的决心，还罢免了李纲的官职。

李纲被罢官，激怒了京城的百姓。京城军民数万人要求恢复李纲的官职。宋钦宗无奈，只好照办，但却把李纲调离了京城。此时，金兵刚刚退去，钦宗便以为天下太平了，把原来在外地逃难的徽宗也接了回来。

不久，贪婪的金军再次渡过黄河，很快就打到了京师城下。这时，城中只剩下三万禁卫军，李纲又在外地。宋钦宗也无力抵抗了，京城终于被金军占领。

公元1127年4月，金军将城内的无数金银珠宝搜刮一空，连同宋徽宗、钦宗两个皇帝、皇族及官吏数千人，一齐掳到北方，北宋灭亡了。

这场灾难发生在北宋靖康年间，因此称"靖康之难"。

岳飞抗金：靖康耻，犹未雪

在金国南攻的进程中，南宋涌现出一批保家卫国的中下级将领，岳飞是他们中的杰出代表。

岳飞（1103～1142年），字鹏举，汉族，相州汤阴县（今属河南）永和乡孝悌里人，中国历史上著名的战略家、军事家、抗金名将。在北宋灭亡的背景下，他坚持与金人抗争，建立起一支拥有赫赫威名和战无不胜的军队——岳家军。岳家军军纪极其严厉，有着"冻死不拆屋，饿死不掳掠"的美誉，令金贵族有"撼山易，撼岳家军难"的感慨。

公元1140年，金朝再次发动全国精锐部队，以完颜兀术为统帅，分四路大举南下。宋高宗这才不得不下诏书，要各路宋军抵抗。

岳飞得到命令，立刻派兵出击，自己坐镇郾城指挥，先后收复了颍昌（今河南许昌东）、陈州（今河南淮阳）和郑州。完颜兀术见状，带大军"铁浮图"直逼郾城，"铁浮图"是经过专门训练的一支骑兵，又叫"拐子马"，

公元 单位：年	帝王	年号	大事件
1140	宋高宗	绍兴十年	金内讧，主和议的挞懒被杀。金兀术分道南侵，夺取河南、陕西地。 宋将刘锜、吴玠、岳飞、韩世忠屡挫金兵，收复失地。 宋帝听秦桧议，诏岳飞班师，于是收复诸城复失。
1141	宋高宗	绍兴十一年	宋罢韩世忠、张俊、岳飞兵权。岳飞被诬"莫须有"罪名下狱，不久遇害。 宋金订立"绍兴和议"，以淮河为界，宋向金称臣，岁币银绢各25万。
1147	宋高宗	绍兴十七年	蒙古酋长自称祖元皇叔，建元天兴。
1148	宋高宗	绍兴十八年	宋文学家叶梦得卒。金兀术死。
1149	宋高宗	绍兴十九年	金完颜亮杀熙宗自立。
1152	宋高宗	绍兴二十二年	宋泉州建成安平桥（五里桥），为中国现存最长石桥。
1155	宋高宗	绍兴二十五年	宋杨甲制《六经图》中的《地理之图》，为世界最早的木版印刷地图。 宋相秦桧死。女词人李清照卒。
1161	宋高宗	绍兴三十一年	金迁都汴京。完颜亮大举南侵。金人立东京留守完颜雍为帝，是为世宗。 宋将虞允文败金兵于采石矶，完颜亮被部下所杀。

号称刀枪不入。

岳飞看准了拐子马的弱点,命令将士上阵时带着刀斧。等敌人冲来,弯着身子,专砍马脚。马砍倒了,金兵跌下马来,被岳飞的军队打得一败涂地。

完颜兀术在郾城失败后,又改攻颍昌,结果又被岳飞打败。岳家军节节胜利,一直打到距离汴梁只有45里的朱仙镇。各地的义军听到岳家军打到了朱仙镇,都欢欣鼓舞,渡过黄河来同岳家军会合。岳飞看到胜利在望,也止不住心里的兴奋,鼓励部下"直捣黄龙(金朝国都)"。

但就在这时,岳飞突然接到了宋高宗要他退军的命令,并一连下了12道圣旨。岳飞对此极为悲愤,泪流满面地说:"十年的抗金战果,就这样白废了!"

岳飞回到临安后,立即陷入了秦桧等人设下的陷阱。秦桧一伙诬告岳飞谋反,以"莫须有"的罪名将他们父子抓进监狱。公元1141年,岳飞惨遭杀害,年仅39岁。一代民族英雄,就这样冤死在奸臣卖国贼的手中。

朱熹:一代理学大师

朱熹是婺源(今江西婺源)人,宋朝著名的理学大师。他继承前人学说,建立了一个庞大细密的"理学"体系。这一理论成为中国封建专制社会后期的统治思想,产生过巨大而深远的影响。

朱熹少年时,胸怀大志,非常好学,先后拜当时的经学大师胡宪、刘勉之等人为师,学业进步很快。

他一生除有十年多时间做官从政外,其余的时间主要是讲学和著述,为后人留下了《论语集注》《孟子集注》《启蒙》《大学章句》《中庸章句》等一大批经典著作。

朱熹最有影响的主张是"存天理,灭人欲"。现在看来,这一套克制压抑的思想有不少荒谬可笑之处,不过,我们也应明白,他要人们安于现状、不要起来为改善自己的生活而斗争的思想,最适合中国传统农业社会的统治。从元朝开始,道学成为官方钦定的统治思想,对人们的日常生活、一言一行都有极大的约束作用。后来人看到道学发挥了跟宗教相近的作用，所以就把道学称为"儒教"。

公元 单位：年	帝王	年号	大事件
1191	宋光宗	绍熙二年	金建成卢沟桥，为中国现存最早的联拱式石桥。
1192	宋光宗	绍熙三年	宋理学家陆九渊卒。
1194	宋光宗	绍熙五年	宋孝宗卒。光宗退位，立子赵扩，是为宁宗。
1195	宋宁宗	庆元元年	宋右相赵汝愚罢官，韩侂胄专权，攻击道学者渐起。
1200	宋宁宗	庆元六年	中国伟大的哲学家、教育家、宋代理学集大成者朱熹卒。著有《四书集注》，言论编为《朱子语类》。
1204	宋宁宗	嘉泰四年	宋将北伐金，追封岳飞等以激励诸将。

开禧北伐：宋、金订立嘉定和议

淳熙十四年（1187年），高宗去世，这对于孝顺的孝宗来说实在是个沉重的打击。除了坚持为高宗守孝三年外，已无心于政事的他，还仿效高宗之例将皇位传给儿子光宗，退位为太上皇。

光宗因为有精神上的疾病（似乎是一般所说的妄想症），所以在绍熙二年（1191年）发病后，就无法理性地处理政事；加上其李皇后个性泼辣，御夫甚严，因此光宗对于她干涉朝政、无法无天的行径，也只能放任不管。绍熙五年（1194年），孝宗去世，宗室赵汝愚及外戚韩侂胄遂请求高宗的皇后也就是吴太后强逼光宗退位，将皇位传给了儿子宁宗。

韩侂胄因拥立宁宗有功，加上外戚的身份，很快便得到宁宗的信任，掌握了朝政大权。由于此时的金朝发生内乱，其北方又遭到新兴的蒙古攻击，遂有金国即将崩溃的谣言传出。韩侂胄认为机不可失，便于开禧二年（1206

年）发动了北伐。但此时的宋朝实在没有几个优秀的将领可用，久未征战的士兵也缺乏作战经验；同时金国的局势并不如传言中那般混乱，一定程度的战力还是有的，所以除了号称能战的毕再遇所率领的东路军取得胜利外，其余部队都连吃败仗。韩侂胄见情势不妙，便派人与金国讲和，没想到金国提出的一个条件竟是要韩侂胄的项上人头。此举未免欺人太甚，故韩侂胄得知后勃然大怒，打算整军再战。但宋朝的主和派势力早已对他心生不满，史弥远因而联合杨皇后暗杀了韩侂胄，将其人头送往金国。

嘉定元年（1208年），南宋王朝与金朝签订了"嘉定和议"，和议条款为：两国境界仍如前；嗣后宋以侄事伯父礼事金；增加岁币银帛各五万；宋纳犒师银300万两与金，疆界依旧。宋朝皇帝与金朝皇帝的称谓由以前的侄叔改变为侄伯，比"隆兴和议"更能显示和约的屈辱性。

公元 单位：年	帝王	年号	大事件
1205	宋宁宗	开禧元年	韩侂胄为平章军国事，位在宰相之上。
1208	宋宁宗	嘉定元年	宋、金订立"嘉定和议"，改叔侄为伯侄国，增岁币。 宋临安大火四日，毁民舍五万多家。
1209	宋宁宗	嘉定二年	蒙古攻西夏，夏国主纳女请和。蒙古与金绝交。
1210	宋宁宗	嘉定三年	西夏侵金。蒙古袭杀金边将。 宋文学家陆游卒。
1211	宋宁宗	嘉定四年	蒙古成吉思汗亲自率军攻金。 耶律氏建立的西辽政权灭亡。
1213	宋宁宗	嘉定六年	蒙古人破金九十余州，大肆杀掠。
1220	宋宁宗	嘉定十三年	宋金继续交战。金向蒙古求和被拒。
1227	宋理宗	宝庆三年	宋将李全降于蒙古。 蒙古成吉思汗卒，第四子拖雷监国。

蒙古攻克燕京：迅速灭亡的金政权

金国趁着辽、宋衰弱的时机，兴起于东北，很快建立起一个疆域辽阔的王朝。然而由于没有稳固的政权基础，金国注定是不能长久存在的。

金国没有确立嫡长子继承制，这造成金国上层继承权争斗很激烈。从第三任金国皇帝继承开始，每一次金国皇帝的更替，都伴随着血腥的争斗和随之而来的新皇帝对所有拥有继承权宗室的血腥屠杀。这种争斗让金国的核心统治力量很快衰落下去了。

公元1229年，蒙古帝国正式由铁木真三子窝阔台继任，史称元太宗。此后蒙古再度发起对金的战争。公元1230年窝阔台汗开始三路伐金，窝阔台汗率大军渡黄河直攻汴京，斡陈那颜率东路军走济南，拖雷率西路军自汉中借宋道沿汉水攻打汴京。公元1232年拖雷成功地迂回至汴京，金哀宗派完颜合达、移剌浦阿率大军阻击于邓州。此时窝阔台汗率大军渡河，并派速不台攻汴京。而完颜合达急率军北援汴京，与拖雷率领的蒙古军发生遭遇战，金军精锐溃败，名将张惠、完颜陈和尚等先后阵亡。

此战后，野战力量全部被蒙古消灭的金国再也无法守住自己的京城。公元1234年，金哀宗自杀，金国灭亡。

公元 单位：年	帝王	年号	大事件
1229	宋理宗	绍定二年	蒙古推成吉思汗第三子窝阔台为大汗，是为元太宗。
1235	宋理宗	端平二年	宋蒙战争全面爆发。蒙古征西域、攻高丽。
1239	宋理宗	嘉熙三年	蒙古攻占重庆。
1242	宋理宗	淳祐二年	宋以孟珙为四川安抚大使，余玠为四川安抚制置使，分领东西川，抵御蒙古。
1243	宋理宗	淳祐三年	余玠在蜀与蒙古大小36战。经营钓鱼城。
1249	宋理宗	淳祐九年	蒙古扰宋淮西。
1250	宋理宗	淳祐十年	宋蒙继续交战。
1254	宋理宗	宝祐二年	蒙古攻四川、云南、荆襄。

文天祥：留取丹心照汗青

文天祥，南宋杰出的民族英雄。"人生自古谁无死，留取丹心照汗青"是他著名的诗篇《过零丁洋》中的两句，表达了他坚守民族气节，宁死不屈的英雄气概。

文天祥生长在南宋统治极端腐败，而蒙古贵族灭掉金国，准备向南进攻的时代。所以，他少年时就立下了救国救民的远大志向。20岁时到临安（今浙江杭州）赶考，中了状元。

公元1274年，元朝大军连续攻陷襄阳、樊城（今属湖北）后，顺江而下，又在池州（今安徽贵池）同宋军决战，结果宋军全军覆没，再也没有多少抵抗的力量了。

这时，南宋朝廷的官员，跑的跑，溜的溜，没有人起来抵抗元军。只有文天祥费尽心机招募了三万军队，朝临安开来。但不久，也被元军击败。

公元1276年，元军打到离临安30里的皋亭山，想不战而灭亡南宋，要南宋政府派宰相出城谈判。但贪生怕死的宰相陈宜中，一天夜里偷偷地溜走了。朝廷只好任命文天祥为右丞相，和元军统帅伯颜进行谈判。

文天祥见了伯颜根本不提求和的事，义正词严地要元朝退兵。伯颜见他不是来投降的，就板着脸说道："宋朝已经不行了，你还是坐下来和我们议和吧，否则对你没什么好处！"文天祥见伯颜威胁自己，气愤地说："你别拿死来吓唬我，我身为南宋宰相，代表国家来谈判，早已把生死置之度外。"

伯颜见捞不到什么便宜，就扣留了文天祥。元军占领宋朝临安后，文天祥被押往大都（今北京）。

押送途中，文天祥不想受辱，几次想到自杀。后来，他听说张世杰等人又在福州立赵昰为皇帝，就乘元军不备在京口（今江苏镇江）逃了出来。

第二年赵昰病死后，张世杰等人又拥立六岁的赵昺即位，据守崖山（今广东新会南）。

这时，文天祥率领军队在广东潮阳一带继续抗击元军。不久，遭到了张弘范率领的元军的包围，最后在海丰附近的五岭坡兵败被俘。

公元1279年2月,张弘范攻破了南宋朝廷最后据守的崖山,宋朝灭亡了。听到这个消息,文天祥非常伤心,朝着崖山方向失声大哭。

南宋灭亡后,忽必烈几次三番地派人来劝降文天祥,还答应让他做元朝

公元 单位:年	帝王	年号	大事件
1259	宋理宗	宝祐七年	蒙古蒙哥汗在合州钓鱼城下中炮死。 宋帅贾似道向蒙古请和,忽必烈许之,急北归争位。 宋寿春府制成突火枪,为人类最早用火药发射子弹的管状火器。
1269	宋度宗	咸淳五年	蒙古颁行八思巴所造新字,称"八思巴文"。
1272	宋度宗	咸淳八年	蒙古改中都为大都。宋、蒙继续激战。
1274	宋度宗	咸淳十年	元遣军十万、造船800艘,命伯颜率以伐宋。 宋度宗死,子恭帝即位,太皇太后谢氏垂帘听政。
1275	宋恭帝	德祐元年	元军攻宋,势如破竹,直指宋都临安。
1276	宋恭帝	德祐二年	蒙古统帅伯颜到达临安,宋恭帝奉表请降。 元军掳宋帝、太后北行。 陆秀夫等奉益王赵昰即位于福州,是为端宗。
1277	宋端宗	景炎二年	文天祥至江西,组织抗元。 元军紧追不舍,宋帝逃亡于福建、广东沿海。
1278	宋端宗	景炎三年	宋端宗卒,卫王赵昺立。 文天祥兵败被俘。
1279	宋帝昺	祥兴二年	元将张弘范攻破崖山,陆秀夫负幼帝蹈海卒。宋亡。

宰相，都遭到了严词拒绝。文天祥坚贞不屈，宁死不降，元朝统治者见劝降无望，在脏臭的牢房里将文天祥整整关了三年，最后将他杀害。文天祥死时才47岁。

第八章
元　　朝

元朝又称"大元",是中国历史上第一个由少数民族（蒙古族）建立并统治全国的封建王朝。1206年,成吉思汗建立蒙古国。1271年,忽必烈取《易经》中"大哉乾元"之意,改国号为"大元"。1279年,元统一全国。元朝的疆域空前辽阔,开创了我国统一多民族国家发展的新局面。1368年,元朝被朱元璋建立的明政权灭亡。元朝自成吉思汗起,历经15帝163年,自1271年忽必烈定国号起,历11帝98年。

一代天骄成吉思汗：铁骑上奠定大元政权

说到元朝，人们首先想到的就是元太祖成吉思汗。成吉思汗原名叫铁木真，大汗只是蒙古人对部落首领的尊称。

铁木真是在非常艰难的逆境中长大的。九岁那年，他的父亲被塔塔儿部落的人毒死。仇人又怕铁木真长大后报仇，就千方百计地要把他除掉，铁木真只好同母亲和弟妹们躲进深山老林，过着十分困苦的生活。

铁木真长大后，想尽一切办法将父亲原来的旧部族召集起来，打了几次胜仗后，力量慢慢壮大起来。这时，草原上另一个叫札答剌儿的部落，对铁木真的崛起感到不安，率三万人马攻打铁木真。铁木真也不示弱，把自己三万人的队伍，分成13支迎敌抗击，但结果却被打败了。札答剌儿部落虽获胜，但残酷地屠杀俘虏，引起本部落的强烈不满，许多人纷纷投靠了铁木真。铁木真的实力反而比以前更壮大了。

铁木真没有忘记要报杀父之仇。公元1202年，铁木真率部消灭塔塔儿部落，成为蒙古地区东部最强大的统治者。公元1204年夏，铁木真经过周密部署，出其不意地袭击了蒙古西部的乃蛮部落，彻底打败了这个竞争对手，1206年统一了整个蒙古。

成吉思汗在成为蒙古大汗前，蒙古各部落一直受金国的统治。金朝统治者不仅残酷地压迫和掠夺蒙古人，还经常挑拨蒙古各部落的关系，让他们互相残杀。因此，蒙古人民对金朝的残暴统治，恨之入骨。成吉思汗统一蒙古后，发誓要消灭金国。

公元1211年，成吉思汗以金国曾杀害蒙古族祖先为借口，和他的四个儿子，率领十万大军，向金国发动了进攻。金将胡少虎率30万大军进行抵抗，被打得一败涂地。金国的精兵良将在这场战斗中几乎全部被歼。直到金国献出大批金帛，把公主嫁给成吉思汗求和，成吉思汗才引兵退去。

公元1219年，一支蒙古商队在花剌子模被杀。成吉思汗又亲率20万大军攻打花剌子模，接着又向西进军，占领了现在的中亚西亚各国，前锋一直打到现在的欧洲东部和伊朗的北部，才撤兵回国。

公元1227年，当成吉思汗再次率兵攻打西夏国的时候，终于病死在军帐中,终年65岁。

成吉思汗一生东征西战,给不少国家和地区的人民造成了巨大的灾难,但他败金朝、战西夏,为他子孙统一中国打下了基础,从这一点上看,可称得上是"一代天骄"。

公元 单位:年	帝王	年号	大事件
1206	蒙古太祖	元年	铁木真被推举为全体蒙古人的大汗,大蒙古国建立。 蒙古开始征伐西夏,1227年灭西夏。
1211	蒙古太祖	六年	蒙金战争开始,1234年灭金。
1218	蒙古太祖	十三年	蒙古灭西辽。
1219	蒙古太祖	十四年	成吉思汗西征花剌子模,1222年灭花剌子模。
1220	蒙古太祖	十五年	蒙古开始征伐亚美尼亚,1223年灭亚美尼亚。
1222	蒙古太祖	十七年	蒙古开始征伐钦察草原的突厥部落,1224年灭钦察。蒙古第一次征伐印度。
1223	蒙古太祖	十八年	蒙古开始征伐突厥人的伏尔加保加利亚汗国,1236年灭伏尔加保加利亚。
1227	蒙古太祖	二十二年	成吉思汗在攻打西夏时病死,窝阔台即位。
1231	蒙古太宗	三年	蒙古开始征伐高丽,1259年高丽向蒙古称臣纳贡,建征东行省。
1235	蒙古太宗	七年	窝阔台以南宋"背盟"为借口,开始征伐南宋。 蒙古开始征伐格鲁吉亚,1330年灭格鲁吉亚。
1236	蒙古太宗	八年	蒙古开始征伐基辅罗斯,1242年基辅罗斯向蒙古称臣,建钦察汗国。
1240	蒙古太宗	十二年	蒙古征服吐蕃。

公元 单位：年	帝王	年号	大事件
1241	蒙古太宗	十三年	蒙古征伐波兰、立陶宛、波希米亚等。
1242	蒙古乃马真皇后	元年	窝阔台妻子脱列哥那（乃马真后）临朝称制。 蒙古征伐塞尔维亚、克罗地亚和保加利亚。
1246	蒙古定宗	元年	贵由被推举为大汗，乃马真后还政。
1248	蒙古定宗	三年	贵由去世，其妻海迷失后抱窝阔台的孙子失烈门（阔出之子）临朝称制。

四大汗国的建立：史上疆域最大的帝国

蒙古帝国建立后，除了超过1200万平方公里的元帝国皇帝直接领属地外，名义上属于蒙古帝国的还有四大汗国：钦察汗国、察合台汗国、窝阔台汗国和伊尔汗国。

钦察汗国源自成吉思汗长子术赤一系，由成吉思汗的孙子拔都所建。钦察汗国疆域最为辽阔，东起额尔齐斯河，西到欧洲中部，都城设在伏尔加河北部。因为拔都的中军大帐使用金顶，因此他建立的汗国又称作"金帐汗国"。15世纪以后，金帐汗国的蒙古贵族被突厥化，全部消失。

成吉思汗次子察合台因功获得了天山附近的土地封赏，建立起察合台汗国。元延祐元年（1314年），大汗国内兄弟争位，本就弱势的察合台汗国分裂。东部汗国坚持游牧传统，西部汗国则进行改革，在河中发展农耕，但是不久政权被中亚地区的突厥贵族攫取。至正八年（1348年），帖木儿汗国占据东察合台汗国领土，改信奉伊斯兰教，强制让16万蒙古人改宗。

成吉思汗三子窝阔台封地在新疆东部、蒙古西部地区，不过建立后不久就因蒙古贵族内讧削弱。至大三年（1310年），察合台汗国被打败，部分并入钦察汗国，部分被划入元帝国。

伊尔汗国，又称伊儿汗国或伊利汗国，是成吉思汗孙子旭烈兀所建，疆域位于欧洲、亚洲交界处的中东、阿拉伯地区。14世纪末期，伊尔汗国被帖木儿汗国的后裔征服。

事实上，除了四大汗国外，整个蒙古帝国还包括其他许多藩属国和小汗国，最强盛时期的疆域东到黄海、西到尼罗河，北到北冰洋、南到印度洋，其声势覆盖了欧亚大陆。

公元 单位：年	帝王	年号	大事件
1251	蒙古宪宗	八年	宗王们举行忽里勒台大会，拥戴拖雷的儿子蒙哥登基即位，海迷失后被拘禁起来。
1252	蒙古宪宗	二年	蒙古灭大理。 斡兀立海迷失企图谋害蒙哥事情败露，蒙哥下令将她脱至全裸凌辱，然后投入河中溺死。
1258	蒙古宪宗	八年	蒙军攻陷巴格达，饿死阿拉伯帝国末代哈里发，灭阿拔斯王朝。
1259	蒙古宪宗	九年	钓鱼城之战，宋军杀死蒙哥。
1260	元世祖	中统元年	忽必烈于开平自立为大汗，其弟阿里不哥在哈拉和林被蒙古本土的贵族忽里勒台大会推举为大汗，蒙古内战爆发。 征伐立陶宛、波兰的蒙古军还师本土。
1264	元世祖	至元元年	忽必烈建都燕京，改燕京为中都，改年号为至元。
1268	元世祖	至元五年	海都、八剌和钦察汗国君王在塔拉斯河会盟，公开反对忽必烈和伊尔汗国，并商议以海都为盟主。会盟各王指称忽必烈已经被汉族同化，言明要对忽必烈用兵以恢复蒙古人的游牧本性。蒙古四大汗国同为一体的历史到此为止。
1271	元世祖	至元八年	蒙古改国号为大元。

马可·波罗游中国：17年成就《马可·波罗行纪》

元世祖忽必烈在位的时候，博大而又神奇的东方大国成了许多西方人日夜向往的地方，他们纷纷来到中国出使、经商和旅游观光。其中最有名的就是马可·波罗。

马可·波罗的父亲和叔叔原来是威尼斯商人，他们一直在中亚西亚的一座城市布哈拉做生意。一天，忽必烈的使者经过布哈拉，在使者的引荐下，马可·波罗的父亲和叔叔见到了忽必烈。

元世祖见从欧洲来了两位客人，十分高兴，亲切地接见了他们，还问这问那，要求他们回去后给罗马教皇捎个信。希望他能派人到中国传教。两人临走时，元世祖送给了他们大批珍宝。

兄弟俩回到威尼斯后，把他们到中国的情况说了一遍，年仅15岁的马可·波罗央求父亲和叔叔一定要带他到中国去。

1275年，他们三人来到上都（今内蒙古多伦）。此时，忽必烈已经称帝，他听说欧洲又来客人了，赶紧派人把他们叫进宫里。元世祖一看又多了个英俊少年，就问是谁，他的父亲说："是我的孩子，叫马可·波罗，也是皇帝陛下的仆人！"元世祖当晚举行宴会盛情招待他们，还留他们在朝廷里做事。

马可·波罗在上都很快就学会了蒙古语和汉语，得到了元世祖的赏识。后来，元世祖还专门派他到云南等各地办事。马可·波罗每次回来，都详细地向元世祖汇报各地的人情风俗。元世祖听了，直夸他聪明能干。

马可·波罗在中国整整待了17年，游遍了中国的大好河山，对中国的概貌有了较完整的了解。但日子一久，不免思念故乡，打算回国，但元世祖特别喜爱马可·波罗，舍不得让他们走，最后才勉强答应。

马可·波罗和父亲、叔叔回到威尼斯后不久，威尼斯和另一城市热那亚发生了战争。马可·波罗也参加了战斗，结果被俘，关在热那亚的一所牢房里。

热那亚人听说马可·波罗到过中国，都纷纷到监牢里听他讲述在中国的经历，和他关在一起的一位作家，把马可·波罗讲述的故事一一记录下来，编成一本书，这就是著名的《马可·波罗行纪》。马可·波罗由此而出名，后被释放出狱。

公元 单位：年	帝王	年号	大事件
1273	元世祖	至元十年	元军攻陷樊城，吕文焕投降。
1274	元世祖	至元十一年	元军征伐日本，失败。
1275	元世祖	至元十二年	钦察汗国、金帐汗国袭击立陶宛。
1281	元世祖	至元十八年	忽必烈发军侵日本，遇台风，全军覆没。
1283	元世祖	至元二十年	江南各族人民起义。十月，福建建宁黄华起事；元军征伐缅甸。
1285	元世祖	至元二十二年	金帐汗国征伐匈牙利、保加利亚。
1286	元世祖	至元二十三年	五月，元军征伐安南，六月退还；十月，元军再次征伐缅甸。
1287	元世祖	至元二十四年	三月，发行至元通行宝钞；四月，诸王乃颜反，忽必烈亲征，乃颜战败被杀。忽必烈再征伐安南。

行省制度：地方政治渐入划省而治阶段

元朝统一全国后，设立拥有高度自治的行省机构来管理地方。和传统的地方行政区域划分不同，元代的行省制度纯粹以军事控制为目的，无视山川河流的阻隔，这种做法一方面加强了中央对地方的控制，另一方面让地域间的交流更加频繁。到元中后期，全国都建立了这种半独立性质的行省制度。

相对于历史上的任何帝国，元的疆域实在是太广阔了，而且民族情况复杂，特别是元统治者对域内人民区别对待的等级制度，造成了各个地域有不同的行政基础。所以，如果同前朝一样，实行中央对地方的统一管理是不现实的。就制度层面而言，元朝行省辖区广阔，权力集中，地方军、政、财权分散，与此前宋朝分割地方权力的体制有明显差别。作为新兴的少数民族政权，元朝能够对空前广袤的疆域统治近百年，行省制度在其中所起的作用是不容低估的。

公元 单位：年	帝王	年号	大事件
1289	元世祖	至元二十六年	二月，籍江南户口，凡北方诸色人寓居者亦就籍之。七月，海都军进攻漠北，忽必烈亲征，收和林，留伯颜镇守。
1291	元世祖	至元二十八年	二月，改提刑按察司为肃政廉访司；五月，颁行《至元新格》。
1292	元世祖	至元二十九年	命太史令郭守敬兼领都水监事，仍置都水监、丞、经历、知事等人员。
1293	元世祖	至元三十年	七月，开通惠河，海运漕粮可直达大都。元军远征爪哇，失败。
1294	元世祖	至元三十一年	正月，忽必烈卒。四月，铁穆耳即帝位，是为元成宗。

混乱中的帝国：兄终弟及的混乱

忽必烈死后，因为太子真金早已亡故，皇帝之位便由真金的儿子铁穆耳继承，史称元成宗。成宗晚年时患病，朝政交由皇后卜鲁罕打理，立爱子德寿为皇太子。可惜的是，德寿却并不长命，竟然死在了成宗前头。成宗悲痛欲绝，一个月后也撒手西去。在立继承人的问题上，卜鲁罕倾向于成宗的兄弟阿难答，他也是忽必烈很欣赏的孙子，是个虔诚的穆斯林。如果他继承了皇位，那么中华大地在 14 世纪都将信奉伊斯兰教。

不巧的是，元成宗还有两个侄子——海山和爱育黎拔力八达。他们早就对帝位垂涎了，经过一番宫廷争斗，海山获得了帝位，史称元武宗。海山即位后马上处死了阿难答，幽禁了婶婶卜鲁罕。海山在位只有三年时间，这位年轻的皇帝也喜欢赏赐群臣和宗族，以至于国库空虚，最后为了满足贵族的贪婪欲望，就滥封爵位。虽然海山不是一个称职的皇帝，但却是一个好兄长。他对弟弟辅佐自己登上皇位很是感激,任凭身边的大臣怎样劝说,海山都不册立自己的儿子为太子,执意要将皇位传给弟弟。

不久海山病死,爱育黎拔力八达顺利即位,史称仁宗。元仁宗虽然和哥哥的感情很好,但对哥哥宠信的大臣们,却只有一个字:杀!海山在位时的主要大臣都遭到清洗,大多数政策也被废止。究其原因,应该说元仁宗所受

公元 单位:年	帝王	年号	大事件
1300	元成宗	大德四年	十一月,诏颁宪令,免上都、大都、隆兴大德五年丝银、税粮。十二月,元成宗发军侵八百媳妇国。
1301	元成宗	大德五年	海都等在岭北与元军战,海都败,退出岭北,死于途中。
1303	元成宗	大德七年	三月,《大元大一统志》编成。
1304	元成宗	大德八年	元朝与西北诸王约和,各遣使宣谕和好之意。
1307	元成宗	大德十一年	正月,元成宗卒。三月,其侄爱育黎拔力八达发动政变,夺取政权,自北方迎其兄海山。五月,海山即帝位,是为元武宗。爱育黎拔力八达被立为皇太弟。
1311	元武宗	至大四年	正月,武宗卒。爱育黎拔力八达执政。三月,即帝位,是为元仁宗。
1313	元仁宗	皇庆二年	元仁宗采纳王约恢复科举的建议,下令次年开始进行科举考试,以程朱理学作为考试的内容。
1320	元仁宗	延祐七年	正月,元仁宗卒。三月,太子硕德八剌嗣帝位,是为元英宗。
1322	元英宗	至治二年	元英宗改革,重用儒士,限制蒙古保守贵族的特权。
1323	元英宗	至治三年	二月,《大元通制》成,颁行天下;八月,硕德八剌自上都还,驻南坡,为铁失等所杀。九月,晋王也孙铁木儿即帝位,是为泰定帝。

的教育和海山截然不同。海山还是蒙古的一员虎将，而仁宗却是一位汉化非常深厚的皇帝了，他从十几岁就学习儒家思想，不仅能够读写汉文，鉴赏中国绘画与书法，还非常熟悉儒家学说和中国历史，对于海山制定的政策，仁宗都是反对的，只是为了保住皇太弟的位子，隐忍不发而已。

元仁宗按照中原传统方式对元朝政府进行了一场大规模改革，可惜没能走得太远，因为他无法削弱蒙古诸王的行政权、司法权和经济特权，梦想中的加强中央集权始终没有实现，反而受到更激烈的反抗，进而引发了宫廷内部的激烈派别之争。元仁宗从未成为他的家族乃至宫廷的主人，因为他的权力总是受到来自他的母亲——皇太后答己及其属下的强烈限制。在答己的亲信中，铁木迭儿是权力最大的人，元仁宗在位的最后两年，围绕铁木迭儿的权力之争几乎使政府陷于瘫痪。

在海山在位的时候，世家出身的铁木迭儿就赢得了皇太后的信任。元仁宗即位后，皇太后即任命铁木迭儿为右丞相，这违背了元仁宗的意愿，但他却不能像杀死海山的亲信那样杀死铁木迭儿。在宫廷事务中，元仁宗大概只做了一件他自己认可的事情，那就是册立自己的儿子为继承人，将哥哥海山的儿子"流放"到云南去了。

天历之变：两个短命的皇帝

公元1328年9月，元武宗次子怀王孛儿只斤图帖睦尔于大都称帝，史称元文宗。孛儿只斤和世㻋见状，索性就在漠北即皇帝位，史称元明宗。

元明宗遣使回大都说，自己立弟弟图帖睦尔为皇太子。文宗没有表示异议，说自己只是代行皇帝之权，国家一直都是属于哥哥的，请明宗回大都主持大局。明宗很高兴，一路南下，见到的都是文宗派来迎接他的官员，听到的都是"我们的皇帝真要从北方回来了"的欢呼声，戒备之心也就渐渐消除了。不久，明宗南下来到上都附近的王忽察都，设宴请文宗与丞相燕帖木儿，可没过几天，明宗就死了。

关于明宗的死，普遍的说法是被文宗"毒杀"了。文宗是如何"毒杀"哥哥的，史料没有确实的记载，我们只知道文宗写了一篇文采飞扬的祭文悼念明宗，并且在不久后杀了明宗的妻子，废掉了明宗儿子的太子称号。明宗死后，文宗在上都又一次宣布即位，改元天历，史称天历之变。他在位期间，编修了《经世大典》，颇有意于兴文治。当时色目人在朝廷上的政治势力被削弱，而钦察官僚集团则权势大增。燕帖木儿擅权恣纵，政事一决于他，吏治继续败坏，财政愈趋竭蹶。

公元 单位：年	帝王	年号	大事件
1328	元文宗	天历元年	七月，泰定帝卒。九月，泰定皇太子阿速吉八即帝位于上都。燕帖木儿于大都发动政变，迎元武宗之子图帖睦尔为帝，是为元文宗。十月，上都政权失败。十一月，图帖睦尔遣使往漠北迎其兄和世㻋。
1329	元文宗	天历二年	正月，和世㻋于和林北即帝位，是为明宗。八月，和世㻋南来，与图帖睦尔相会于王忽察都，数日后暴死。图帖睦尔复即帝位。
1332	元文宗	至顺三年	八月，元文宗卒。十月，明宗和世㻋次子懿璘质班被立为帝，十一月死，庙号宁宗。
1333	元顺帝	元统元年	六月，和世㻋长子妥懽帖睦尔即帝位，是为元顺帝。

四等人制度：元朝的民族政策

元朝初期，民族问题是最严重的问题，元朝采取的是四等人统治制度，即依据不同民族成分，将百姓的社会地位划分为四等：蒙古人是社会政治地位最优等级；色目人即最早被征服的西夏人、畏兀儿人等西域民族为第二等；长江以北地区的汉人、契丹人、渤海人和女真人排在第三；南人也就是原来南宋统治的民众，身份地位最低。

四种人的地位不平等是非常明显的，比如在司法上，蒙古人杀死汉人，只需要赔偿财物——比如一头驴就可以了，而汉人杀死蒙古人则要偿命，并且近亲都会受到牵连。而且，这种民族制度的不平等是一些民族缓和政策无法掩盖的,比如元仁宗皇庆二年(1313年)末,政府下令重开科举,并作为选拔官员的重要(不是唯一)依据。很显然,汉人在科举考试上具有很大优势,但是为了维护民族优越感,元代实行按民族来分配录取名额。

除了民族等级制度外,元朝还实行身份等级制度,即"一官、二吏、三僧、四道、五医、六工、七猎、八娼、九儒、十丐",这种做法更是引起汉族的知识分子和地主阶级不满,以民族矛盾为主体的危机,让元统治再也无法继续了。

公元 单位:年	帝王	年号	大事件
1338	元顺帝	至元四年	袁州(今江西宜春)慈化寺僧彭莹玉之徒周子旺起义,称周王,改年号,旋被捕杀。彭莹玉避往淮西,继续活动。漳州路南胜县民李志甫起义,围漳州城。棒胡败死。
1339	元顺帝	至元五年	重申汉人、南人不得执军器、弓箭的禁令。禁倡优盛服,许男裹青巾,女穿紫衣,不许戴笠、骑马。
1340	元顺帝	至元六年	郑光祖编杂剧《倩女离魂》。 顺帝追查其父明宗和世㻋死因,诏撤文宗庙主,徙卜答失里后东安州(今河北安次西)安置,流放燕帖古思于高丽。七月,顺帝遣月阔察儿杀燕帖古思于途中。
1341	元顺帝	至正元年	元顺帝罢黜伯颜,脱脱上台,开始脱脱更化。主要内容有,恢复被伯颜废除的科举;大兴国子监;置宣文阁,开经筵;恢复太庙四时祭及其他礼仪制度;平反冤狱;允许民间养马,减盐税。
1342	元顺帝	至正二年	七月,教皇伯涅的克十二世使节来中国,抵达上都。

红巾军起义：石人一只眼，挑动黄河天下反

公元1351年，元朝统治者强征15万民工疏通黄河。民工在两万军队的监督下，顶风冒雨，不分白天黑夜地干，但官吏却不顾他们死活，不仅不让他们吃饱肚子，还随意殴打辱骂他们，不少民工在饥饿和皮鞭下，纷纷病倒或死去。

要救民于水火之中，农民韩山童和刘福通担起了这个重任。他们先在工地上传播一支民谣："石人一只眼，挑动黄河天下反。"民工们预感到，轰轰烈烈的日子就要来到了。果然，几个民工在挖土时，挖出了一个只有一只眼的石人。这消息一传十、十传百，很快在十几万民工中传了开来。其实，这石人是韩山童事先派人埋在那里的。韩山童还向大家宣布，他自己本来姓赵，是宋徽宗第八代孙子，而刘福通是南宋大将刘光世的后代，他们要率领大家恢复大宋天下。

这一宣布，很快就有三千多人响应。他们推韩山童为首领，号称"明王"，用红巾裹头，称"红巾军"，准备正式发动起义。不料，起义前走漏了消息，韩山童被抓遭杀害。

韩山童惨遭杀害后，刘福通立即起兵，一举攻占了颍州。挖河的民工们得到消息后，纷纷杀死治河官吏，投奔红巾军。起义军迅速扩大到十多万人。

起义军每到一处，杀富济贫，开仓放粮，深得民心，等攻下河南许多州县后，队伍已壮大到几十万人。元朝统治者闻听起义消息后，吓破了胆，急忙调动由色目人组成的精锐部队阿速军前往镇压。但双方还没交锋，阿速军就全线溃退了。

元军接连溃败，朝廷惊恐万分，又派30万大军攻打红巾军，双方在汝宁（今河南汝南）交战，结果元军主将被杀，全军溃散。

公元1355年，红巾军达到了极盛时期，刘福通把韩山童的儿子韩林儿接到亳州（今安徽亳州），称"小明王"。建立国号"大宋"。接着起义军兵分三路，出师北伐，公元1358年占领汴梁（今河南开封），把汴梁定为都城。

红巾军北伐虽不断取得胜利，但由于三支队伍各自为战，互不配合，没

有建立稳固的根据地,终于被元军各个击破。公元1359年,元军攻陷汴梁,刘福通在突围战斗中壮烈牺牲。

红巾军起义前后一共坚持了13年,经历了数百次大小战斗,沉重地打击了元朝统治。

公元 单位:年	帝王	年号	大事件
1344	元顺帝	至正四年	五月,黄河决口,山东、河北皆受灾。
1345	元顺帝	至正五年	十月,《辽史》《金史》《宋史》修成;十一月,《至正条格》成。
1348	元顺帝	至正八年	台州方国珍起事,聚众海上。
1351	元顺帝	至正十一年	四月,修治黄河。十一月,黄河堤成。五月,颍州刘福通起义。八月,蕲州徐寿辉起义,国号天完。
1352	元顺帝	至正十二年	二月,濠州郭子兴、孙德崖等起义。闰三月,朱元璋投奔郭子兴。八月,徐州被元军攻陷,李二死。是年,红巾军攻克长江中下游广大地区。
1353	元顺帝	至正十三年	正月,淮东张士诚起义,攻克高邮等地。是年,元军大举反攻,天完红巾军连遭挫折。
1354	元顺帝	至正十四年	正月,张士诚称诚王,国号大周。九月,元丞相脱脱率大军围高邮。元顺帝突然下令罢脱脱官爵,元军溃散。
1355	元顺帝	至正十五年	二月,刘福通迎韩山童之子韩林儿为帝,建国号宋,改元龙凤。韩林儿号小明王。是年,天完红巾军复起,连败元军。

朱元璋扫平群雄(上):高筑墙、广积粮、缓称王

元朝末年,各地起义不断,其中较有势力的几支队伍中,以至正八年

（1348年）起事的方国珍出道最早，但其活动范围集中在浙江沿海一带。真正掀起惊天巨浪的则是至正十一年（1351年）刘福通所率领的红巾军，他们在元帝国腹心之地的河南、安徽一带连败元军，迅速崛起，大江南北的反元势力，也纷纷打起红巾军的旗号，朱元璋是在这样的背景下加入到起义队伍之中的。

朱元璋出身于濠州的一户贫农家庭，至正四年（1344年）的旱灾夺走了父母及兄长的性命，迫使这位16岁的少年只好出家当和尚，至少庙里还有些香油钱可以让他活命。但饥荒实在太严重，庙里收入不足，迫使他只好出外化缘维生，其实跟乞丐讨饭没两样（这就是"乞丐皇帝"一名的由来）。后来在好友汤和的邀请下，他加入了郭子兴的军队，靠着过人的胆识与能力，他逐步建立起一支属于自己的军队。至正十五年（1355年），郭子兴父子接连死去，他顺理成章地成为这群人的老大。次年更攻下集庆（今南京），有了这座龙盘虎踞的金陵城，朱元璋才真正拥有一个可与群雄争霸的据点。

不过此时的朱元璋尚不成气候，还好有大树遮阴，北方刘福通的红巾军为他挡下元军的大部分攻势，让他能够好整以暇地在南方攻城略地，厚植实

公元 单位：年	帝王	年号	大事件
1356	元顺帝	至正十六年	二月，张士诚部渡江攻克平江等地。三月，朱元璋取集庆。是年，天完、宋红巾军分头出击，连获胜利。
1357	元顺帝	至正十七年	宋红巾军分三路北伐，攻入陕西、山西、山东等地。是年，张士诚降元。
1358	元顺帝	至正十八年	宋红巾军毛贵部由山东入河北，直逼大都。刘福通于五月间攻占汴梁。天完红巾军连克江西、福建广大地区。十二月，宋红巾军攻占上都。
1359	元顺帝	至正十九年	北方元军反攻，北伐相继失败。九月，汴梁破，韩林儿、刘福通逃至安丰。
1360	元顺帝	至正二十年	五月，天完红巾军攻克太平。陈友谅杀徐寿辉，称帝，建国号汉。

力。朱元璋听从了谋士朱升的建议——"高筑墙、广积粮、缓称王",筑墙与积粮使他拥有可以长期作战的本钱;缓称王则是以低姿态来躲避元军的主动攻击。

朱元璋扫平群雄(下):从乞丐到皇帝

当时朱元璋所面临的两股最强大势力是:东方的张士诚及西方的陈友谅。张士诚占据高邮一带,属于粮食产区,因此最富有;极具野心的陈友谅则据有两湖及江西一带,兵力最强。至正二十三年(1363年),经历了惨烈厮杀的鄱阳湖大战后,朱元璋在不被看好的情况下,以寡击众,打败了陈友谅这个强大的对手,陈友谅中箭身亡;至正二十七年(1367年),又在平江之战中消灭了张士诚政权,大致上完成了南方的统一。

朱元璋挟着这股锐不可当的气势,随即命徐达率领25万大军北伐,并以破竹之势席卷山东、河南等地。而元朝廷似乎有点搞不清楚状况,因为在这节骨眼儿上,竟还在自相残杀。原本王保保奉令率领李思齐等人讨伐反元军队,但李思齐等将领本为王保保之父察罕帖木儿的部将,这些人倚老卖老,把王保保看成乳臭未干的小孩子,不听指挥调度,气得王保保亲率军队攻打李思齐。双方就这样打得难分难解,也不管什么北伐军了,甚至连顺帝也来搅局,命令诸将合攻王保保。直到徐达的军队已逼近大都,顺帝及诸将领这才放下心结,慌忙请王保保率军抗敌。但远水救不了近火,此时王保保还在山西太原,当他调兵遣将准备出发时,北伐军已经离大都不远了。

当心急如焚的顺帝得知大都的门户通州已经沦陷时,便有了逃跑的打算,在至正二十八年(1368年)七月二十八日晚上,趁着夜黑风高,带着后妃、太子北奔上都。八月初二日,徐达的大军轻而易举地攻陷了大都,也宣告了元朝的灭亡。

公元 单位：年	帝王	年号	大事件
1361	元顺帝	至正二十一年	三月，明玉珍在四川称帝，建国号夏。
1363	元顺帝	至正二十三年	朱元璋与陈友谅在鄱阳湖决战，陈败亡。张士诚出兵袭安丰，刘福通、韩林儿为朱元璋救出。张士诚自称吴王。
1364	元顺帝	至正二十四年	正月，朱元璋称吴王。
1366	元顺帝	至正二十六年	八月，朱元璋发《平周檄》，大举进攻张士诚。十二月，朱元璋沉韩林儿于江，宋政权灭亡。
1367	元顺帝	至正二十七年	九月，朱元璋攻破平江，杀张士诚，命徐达率大军北伐。十一月，浙东方国珍投降朱元璋。是年，北方军阀混战。
1368	元顺帝	至正二十八年	正月，朱元璋在应天府即帝位，国号明，是为明太祖；闰七月，元顺帝逃往上都，史称北元。八月，明军占领大都，元亡。

第九章
明　　朝

　　明朝是中国历史上最后一个汉族建立的中央王朝。1368年由朱元璋建立,共历17世,16位皇帝,共277年。明朝已经进入中国封建社会末期,封建君主专制达到顶峰,同时也暴露了它自身的弱点,开始盛极而衰。明朝也是中国传统的政治、经济、文化向近代转型的开端时期。

废除相权：朱元璋强化君主专权

在洪武十三年之前，明朝的政治构架是：中央由中书省、御史台、大都督府分掌行政、监察和军事；中书省下设吏、户、礼、兵、刑、工六部；地方上设行中书省，简称行省；行省之下设府或直隶州；府之下设州、县。都司和卫、所是军事管理机构，但部分具有疆土管理的功能。

在明朝最初的十几年中，中书省是政治运作的中枢，设左、右丞相。朱元璋本人也特别重视中书省丞相的人选。第一任中书省左、右丞相，分别是开国功臣李善长和徐达。李善长富贵而骄，引起了朱元璋的不满。洪武四年（1371年），朱元璋命李善长退休，表明他对中书省丞相权力过大的情形开始有所警觉。

李善长之后，朱元璋对丞相的人选举棋不定。他找刘基商量，由于没有更合适的人选，朱元璋还是提拔汪广洋为中书省右丞相，胡惟庸为中书省左丞相。汪广洋是一个好酒的文人，没有什么政治头脑，中书省大权渐归于胡惟庸之手。从洪武六年到十三年（1380年），胡惟庸负责中书省事务八年之久，是明初任职时间最长的宰相。

随着权力的膨胀，胡惟庸"生杀黜陟，不奏径行"，还刻意结纳一些有罪而遭惩罚的勋臣，密相往来。胡惟庸本人的胡作非为，最终引爆了洪武十三年皇权和相权的冲突。这年正月，胡惟庸被杀。

处死胡惟庸后，朱元璋决定废除中书省，其职权一分为六，由吏、户、礼、兵、刑、工六部分掌；大都督府的权力则被一分为五，由中、前、后、左、右五军都督府分掌。此外，朱元璋在洪武十一年（1378年）增设通政司，掌内外章奏；洪武十四年（1381年）改御史台为都察院。这样，之前中书省、御史台、大都督府向皇帝负责的政治架构，变成了五军都督府、六部、都察院、通政司等13个机构共同向皇帝负责的格局，就是一切政务都由皇帝总揽，一切权力集中在皇帝的手中。

公元 单位：年	帝王	年号	大事件
1369	明太祖	洪武二年	以临濠为中都；诏天下府、州、县皆立学。侍官制，定封建诸王之制。
1370	明太祖	洪武三年	四月，元顺帝病死于应昌，昭宗即位；分封诸王。诏定科举制度。
1374	明太祖	洪武七年	定屯田法。颁《大明律》；罢市舶司，实行海禁。
1375	明太祖	洪武八年	正月，令乡里立社学；三月，立钞法，造大明宝钞；四月，改各都卫为都指挥使司；空印案发，株连甚广。
1376	明太祖	洪武九年	改行中书省为承宣布政使司。
1378	明太祖	洪武十一年	改南京为京师。
1380	明太祖	洪武十三年	胡惟庸案发，株连三万余人；罢中书省，废丞相制度。改大都督府为五军都督府。罢御史台，废御史大夫。

洪武施政：重本抑末，寓兵于农

政治制度的调整与完善，巩固了朱元璋的统治地位。然而，新兴的王朝要得到长治久安，还需要经济和财政的合理运行。财政的来源在民，而财政的最大支出在军队。因此，如何对百姓进行治理？如何维持一支有战斗力的军队？这些问题也是朱元璋建国后亟待解决的。

朱元璋的理想是构建一个稳定的农业社会，关键是牢牢抓住人口和土地两大要素。洪武三年（1370年），朱元璋下令在全国范围内调查户口，推行户帖制度。洪武十四年（1381年），朱元璋下令州县以下推行里甲制，以一百一十户为一里，其中十户为里长，每十户为一甲，甲首一人。

同年，以里甲制为基础，朱元璋命令核查全国户口，编制户籍册，每里一册，详列各户的人口、田土、房屋，编成后抄成四份，布政司、府、县各存一份，一份送呈户部。由于送呈户部的户籍册以黄纸为封面，故称黄册。

黄册送到南京之后，储存在后湖湖心岛屿的黄册库之中。田土册的绘制从洪武十三年（1380年）开始，到洪武二十五年（1392年）完成，也是以里为单位对相邻田土按顺序编号、绘图，记录每块田地的名称、类别、面积、田主姓名和四至。由于田土册图形相接，状如鱼鳞，故称鱼鳞图册。

洪武元年（1368年），朱元璋建卫所军制，卫5600人，千户所1120人，百户所112人。卫所的军兵是世袭的，称为军户。每个军户从政府获得50亩田地和耕牛、农具，向卫所缴纳"子粒"并且服兵役。卫所还实行屯田，称作军屯。边境军队供给还通过商屯获得补充。商屯即商人们出资在边地招民耕种，将粮食就近缴纳给军队，换取食盐运输和销售凭证"盐引"，以便从事食盐贸易。

公元 单位：年	帝王	年号	大事件
1381	明太祖	洪武十四年	徐达等出塞击元，俘获甚众；是年，定赋役籍，编里甲，造黄册。
1382	明太祖	洪武十五年	置锦衣卫。置都察院。置殿阁大学士，以备顾问。
1383	明太祖	洪武十六年	遣西平侯沐英镇守云南，从此沐氏世守其地。
1384	明太祖	洪武十七年	改定都察院官制；颁科举取士程式。
1385	明太祖	洪武十八年	三月，郭桓案发，株连者数万人；十月，颁《大诰》。
1386	明太祖	洪武十九年	福建僧彭玉琳组织白莲会，称晋王，旋被镇压；令划入匠籍之工匠轮班入京师服役。
1387	明太祖	洪武二十年	编绘鱼鳞图册，与黄册并行。
1388	明太祖	洪武二十一年	明军至捕鱼儿海，俘元皇子及妃嫔等数万人，北元主远走。
1391	明太祖	洪武二十四年	编定天下赋役黄册。

尽管"子粒"、军屯、商屯诸法，并不足以完全解决军事供应问题，但是，明初军队开支并不完全依赖中央财政，表明朱元璋的"寓兵于农"政策在一定的历史阶段是成功的。

皇明祖训：明朝皇帝的家法

洪武二十八年（1395年），朱元璋编定《皇明祖训》。这是明朝皇帝的家法，同时也是国法。年近七旬的朱元璋对身后的事情做了周密的安排。他强调，朱姓诸王在朝廷出现"奸臣"时可以奉密诏"靖难"。清朝的四库馆臣们点评道，朱元璋《祖训录》（即《皇明祖训》）所念念不忘的，即其"亲藩体制"。

从洪武三年（1370年）起，朱元璋将其儿子陆续分封到各地。藩王有极高的地位，拥有护卫军。朱元璋封王建藩的目的，就是要子孙共同维护朱姓天下。

然而，所谓亲情，永远只是一个相对有限的圈子，是一个以核心家庭为中心向外适度扩散的圈子。而且，朱元璋大概也没有想到，祸起萧墙往往比来自外部的攻击更具有毁灭性！

洪武三十一年（1398年），朱元璋完成了他人生的谢幕。从农民变为皇帝，朱元璋的一生绝对可以用传奇来形容。他改变了中国的历史，创建了一个持续了二百余年的王朝。

公元 单位：年	帝王	年号	大事件
1393	明太祖	洪武二十六年	蓝玉案发。蓝玉因谋反被杀，株连死者一万五千余人。
1395	明太祖	洪武二十八年	颁《皇明祖训》。
1397	明太祖	洪武三十年	南北榜案发，开明朝取士分南北之先例。
1398	明太祖	洪武三十一年	闰五月，太祖卒，皇太孙允炆即位，是为建文帝。即位后议定削藩，削废周、齐、湘、代、岷五王。

靖难之役：骨肉相残，朱棣登上皇位

洪武三十一年（1398年），朱元璋逝世。由于太子朱标已去世，朱元璋遗命皇太孙朱允炆即位，年号建文，史称建文帝。建文帝担心分封在外的叔父们不受朝廷约束，遂着手削藩，在短短半年内削夺了周王等五个藩王的封号。分封在北京的燕王朱棣，次年举兵反叛朝廷。

朱棣从小熟习军事，曾率军大破蒙古军队，称得上明朝一名战将；尽管朝中老将已被朱元璋诛杀殆尽，但中央军在数量上占有优势，也还有几个不错的将领，双方缠斗了数年之久。最后技高一筹的朱棣终于打进南京，建文帝则是从人间蒸发，既没投降，也找不到他的尸体，成为历史上的一个谜团。

于是朱棣即位，是为明成祖，后迁都北京。虽然他得位不正（因此翰林学士方孝孺斥其"燕贼篡位"，而拒绝为他起草即位诏书，成祖因此诛杀他"十族"），人品也不怎么高尚，他仍是明代最英明有为的皇帝，和唐太宗及清朝雍正皇帝一样，都属于"逆取顺守"型的君主，在位22年，史称"永乐之治"。

公元 单位：年	帝王	年号	大事件
1399	明惠帝	建文元年	靖难之役开始，七月，燕王朱棣起兵北平。
1402	明惠帝	建文四年	六月，燕兵攻入南京。宫中起火，建文帝不知所终。燕王朱棣即帝位，是为明成祖。
1403	明成祖	永乐元年	二月，改北平为北京。
1405	明成祖	永乐三年	命宦官郑和与王景弘等出使南洋各地，郑和下西洋自此始。
1407	明成祖	永乐五年	《永乐大典》成书，凡22937卷，11095册；改安南置交趾布政使司。

郑和下西洋：四海扬威，八方来贡

明成祖即位后不久，便于永乐三年（1405年）派遣太监郑和率领一支拥有62艘船、两万七千多人的大型船队前往西洋。当时的西洋指的是婆罗洲以西，即东南亚各国及印度洋一带。

为何成祖要劳师动众地举行这种前所未有的大型远航活动呢？有人说是为了寻找在靖难之役中不知所踪的惠帝，这当然不无可能，但郑和前后七次下西洋，历时28年，只是为了在茫茫大海中寻找一个人，不但希望渺茫，也未免太夸张了。所以一般来说，还是倾向于认为这是明成祖向西洋各国宣扬国威的一种手段，希望那些番邦小国见识到明朝的强大而遣使来华朝贡，除了有助于重振中华上国的雄威外，也可提升其个人威望。

郑和，云南回族人，原姓马，名和，小字三保，世称三保太监。永乐二年（1404年）受成祖赐姓为"郑"，从此便称为郑和。自永乐三年第一次出航起，至宣宗宣德八年（1433年）最后一次返航止，总计七次下西洋，有六次是在永乐朝，足迹遍及东南亚及印度洋沿岸诸国，最远到达了非洲东岸（有人认为他们到过美洲及澳洲）。

郑和下西洋的确圆满地达成了成祖所赋予"宣扬国威"的任务，许多与中国久已失去联系或从未曾有过接触的国家，都因此重新建立起外交关系。使节来华，络绎不绝，有些国家甚至由国王亲率使团前来朝贡。美其名是朝贡，其实贡品多是价值不高的地方土产，却能得到明朝所赏赐的金银财宝、绫罗绸缎，甚至还可以带些东西来华贸易，赚些钱或是换些中国的瓷器、丝绸等精美工艺品回国。同样地，明朝也希望借着与各国的接触，而得到香料、宝石及可供赏玩的奇珍异物，最有名的便是带回了中国传说中的祥兽——麒麟。后来的人看到当时所绘制的麒麟图，才知道原来就是动物园所常见的长颈鹿。

宣宗以后，明朝国力日下，再也无力持续这种劳民伤财的远程航行，遂中止了此一空前绝后的"海上外交"活动。

公元 单位：年	帝王	年号	大事件
1409	明成祖	永乐七年	置奴儿干都司；乌斯藏黄教（格鲁派）创始人宗喀巴在拉萨行大祈愿法会，黄教渐成执政教派。
1410	明成祖	永乐八年	明成祖亲击鞑靼本雅失里，至斡难河，本雅失里兵溃。
1411	明成祖	永乐九年	疏浚黄河与会通河。命姚广孝、夏原吉等重修《太祖实录》。
1414	明成祖	永乐十二年	成祖亲领步骑50万击瓦剌马哈木，大破之。
1419	明成祖	永乐十七年	辽东总兵刘江大破倭寇于金州望海堝。
1420	明成祖	永乐十八年	山东蒲台唐赛儿起义，同年失败；置东厂，由宦官掌管，专职缉查军民官吏。
1421	明成祖	永乐十九年	迁都北京，以南京为留都。
1424	明成祖	永乐二十二年	成祖第五次率师亲征鞑靼。七月病逝于榆木川。皇太子高炽即位，是为明仁宗。
1425	明仁宗	洪熙元年	五月，仁宗病亡。六月，太子瞻基即位，是为宣宗。
1429	明宣宗	宣德四年	始设钞关，以船只大小收税，称"船料"。
1430	明宣宗	宣德五年	各省专设巡抚。
1433	明宣宗	宣德八年	郑和第七次自西洋还。

土木堡之变：明英宗与王太监不拿国家当回事

蒙古族退入草原后，分裂为鞑靼、瓦剌、兀良哈三部，其中鞑靼、兀良哈两部因受到明成祖的大力打击，衰弱下去。而瓦剌部经过两代人的休养生息，到明英宗时期，已经构成对明统治的威胁。

正统十四年（1449年），瓦剌部首领也先率先挑起北方的战争，入侵大同。

明英宗朱祁镇在自己最宠信的宦官王振的鼓动下，决心光大太祖、成祖的荣光，亲率二十余万大军，号称50万，从北京出发，西征瓦剌。

明大军出居庸关，过怀来，抵宣府。八月初，大军到达大同，王振还想北进，这时，前方全军覆没的消息传来，英宗和王振这才开始慌张起来，于是决定回师。几经周折，行至距怀来城仅20里的土木堡，终于被日夜兼程的瓦剌骑兵追上。

许多大臣主张进怀来城抵御。王振坚持辎重未到，不愿进城，驻兵土木堡。土木堡很快被瓦剌兵重重包围。由于地势高，挖井二丈多深不见水，人马饥渴难耐，而瓦剌兵越集越多，并开始分路发动进攻。第二天，也先派使臣假装请和，指挥军队佯退。王振见瓦剌退兵，急忙下令移营取水。瓦剌兵乘机从四面冲杀过来，明军争相逃跑，被瓦剌骑兵往来践踏，死伤遍野。英

公元 单位：年	帝王	年号	大事件
1435	明宣宗	宣德十年	正月，宣宗卒，太子祁镇即位，是为英宗；以宦官王振掌司礼监，明代宦官专权自此开始。
1436	明英宗	正统元年	推广"折色"之法，是为金花银。
1442	明英宗	正统七年	设建州右卫，建州三卫之名始此。
1445	明英宗	正统十年	处州人叶宗留聚众至福建开矿，被禁，遂杀官反抗。
1447	明英宗	正统十二年	叶宗留聚众数万起义，称大王，攻建阳、建宁等地。
1448	明英宗	正统十三年	福建沙县佃农邓茂七起义，称铲平王。
1449	明英宗	正统十四年	瓦剌也先犯大同；七月，英宗率军亲征。八月十五日，在土木堡被瓦剌也先军所破，英宗被俘，全军覆没，史称土木之变。九月，祁钰即帝位。十月，瓦剌也先挟英宗逼京师，被于谦击退。

宗随亲兵突围受阻，便下马盘膝而坐，成了俘虏。

此役，明军死伤几十万人，瓦剌也先带着缴获的大量马匹、辎重，拥着英宗皇帝，退兵北去。这就是明史上的"土木堡之变"。土木堡之败，是明朝由盛而衰的分水岭，也是英宗人生经历的第一个谷底。

夺门之变：皇室内部的争夺和变乱

明英宗在位22年，其间被俘北居一年，南宫幽居七年，又于景泰八年（1457年）趁景帝病重，在武清侯石亨、左都御史杨善以及副都御史徐有贞、太监曹吉祥等人的拥戴下复登皇位，真可谓经历了天上人间的剧烈变化。

英宗被瓦剌释放回京，以太上皇的身份居住在南宫。景泰八年（1457年），明景帝病重，召来边关重将石亨等人，希望他们能拥立自己的儿子即位。

然而，明英宗在位时重用武将，而明景帝则依靠于谦等文臣登上了皇位，大力打压勋臣武将，所以将领等大多心向英宗。石亨在看到景帝病重后，便决定拥戴英宗复辟。

正月十六日晚上，石亨、徐有贞等勾结太监曹吉祥等人，从南宫中迎

公元 单位：年	帝王	年号	大事件
1450	明代宗	景泰元年	瓦剌也先在大同、宣府等地被明总兵官郭登等击退，乃与明约和。
1454	明代宗	景泰五年	瓦剌也先被部下所杀，瓦剌遂衰。
1457	明英宗	天顺元年	正月，宦官曹吉祥及其党羽石亨等乘景帝病危，迎太上皇英宗复位，史称夺门之变。二月，景帝死。
1460	明英宗	天顺四年	鞑靼孛来率军分路南下，抵雁门。京师大乱。后鞑靼军退。
1464	明英宗	天顺八年	正月，英宗卒，太子见深即位，是为宪宗。始以内批授官，时称传奉官。

出明英宗,并在第二天朝会上造成复辟的既成事实。随后明景帝被迫迁到西宫,降级为郕王,不久在凄凉中病死。英宗复辟后,大力提拔那些拥立的大臣,曹吉祥、石亨也随之飞扬跋扈,最后还酿出企图造反的曹石之变。而著名的民族英雄于谦则被冤杀,北京保卫战的功臣大多被贬谪。

夺门之变是土木堡之变的延续,也是明统治集团参与皇室争斗的一场内乱,而于谦则成了这次政治斗争中的牺牲品。

心学王阳明:从格物竹林到龙场悟道

王阳明是中国古代哲学发展到后期最有影响的哲学家。他先迷恋于侠士之道,沉醉于骑射之术,再徘徊于章句之乐和神仙之境,其一生可谓是求知甚广,旷达不羁。

据说,他21岁时听到朱熹的格物学说便很兴奋,通读了朱熹的著作。一次他和朋友一起讨论如何通过推究心外之物,达到心中之理的自我认识这一朱熹学说的修养方式时,两人对着庭院前的竹子试行起格物来。

他的朋友"格"了三天,即病倒了。他不灰心,独自坐在竹子前边,昼夜不停,但仍"沉思其理不得",第七天也病倒了。

此后十几年,他几次研究朱熹学说,终于厌倦,未能从朱熹提供的知识框架中得以解脱。

他曾有过入山修道之念,未能实行,但确实修习了道家的"导引"之术,他的旷达不羁,求知甚广,或许可以说是困于知识之境而未能化解贯融之故。

知有所困,知识不能代替智慧,在王阳明,应该说是合于实情的。

因为得罪权贵,王阳明三十多岁被贬到贵州一个叫龙场口的地方,途中差点死去,在龙场,历尽人生苦难之后,有天夜半静坐,王阳明突然悟到了格物致知的本旨。

这就是所谓的龙场悟道。

王阳明非常高兴,他的心学之说"心即理"由此萌起,成为继陆象山之后中国唯心说的先驱。

王阳明说:"心外天花,你没有此花的时候,就没有关于花的感觉,花便不存在。看见,感觉了,花才呈现。可见此花不在你的心外,它不能离开你的感觉独立存在。"

在主观唯心方面,王阳明的确走得太远,这是不言而喻的,但对王阳

公元 单位:年	帝王	年号	大事件
1465	明宪宗	成化元年	刘通、石龙等率荆襄流民起义于湖北房县。
1470	明宪宗	成化六年	刘通旧部李原领导荆襄流民再次起义,称太平王。
1471	明宪宗	成化七年	制定漕粮长运法。
1477	明宪宗	成化十三年	正月,置西厂,太监汪直掌之。
1487	明宪宗	成化二十三年	八月,宪宗卒。九月,太子祐樘即位,是为孝宗。遣散传奉官两千余人。
1488	明孝宗	弘治元年	鞑靼小王子遣使至京,自称大元可汗(达延汗),从此屡与明通使。达延汗在位时统一漠北,蒙古复强。
1492	明孝宗	弘治五年	改开中盐法,废盐商赴边纳粮,改在运司纳银,领盐引。
1505	明孝宗	弘治十八年	五月,孝宗卒。太子厚照即位,是为武宗。
1506	明武宗	正德元年	命刘瑾掌司礼监,大权尽归刘瑾。
1508	明武宗	正德三年	置内行厂,由刘瑾领其事。
1510	明武宗	正德五年	霸州文安人刘六、刘七起义,为明中叶规模最大的一次起义。
1519	明武宗	正德十四年	宁王宸濠反于南昌,南赣巡抚王守仁发兵征讨,克南昌。宸濠兵败被俘。
1521	明武宗	正德十六年	三月,武宗卒。四月,武宗从弟厚熜即位,是为明世宗。

明,这却是一种全新的感觉。

抛开哲学之争,王阳明从格物竹林到龙场悟道,就其本人而论,他实则完成了由求知到求得智慧的过程。

智慧乃是对自己身外万物的重新解释,它与知识不同。人们获得新知识,必须以已有的知识为基础,建立假设,然后遵循逻辑的程序加以推论,方可有得。而智慧的求得,则在于超越这些过程,排除一切思考的规则,直达目的。

倭寇袭扰东南:民族英雄戚继光抗倭

明朝初年,中日两国的交往十分密切,关系也很友好,但是,此时的日本正处在南北分裂时期,各路诸侯为了掠夺财富,组织一些地主、没落武士、浪人和走私商人,经常在中国沿海进行武装掠夺和骚扰,这些海盗就被称为倭寇,他们屠戮当地居民,烧毁房屋,经常出现"积骸如陵,流血成川"的惨剧。

明世宗后期的1555年,由汉、壮、苗、瑶等族人民组成的抗倭军队,在浙江总督张经的领导下,于王江泾(今浙江嘉兴北)大破倭寇,斩敌两千余人,才有效打击了倭寇的嚣张气焰。

但是不久,张经被陷害,沿海的防务没人指挥,倭寇的活动又猖獗起来。明世宗无奈,便把山东的将领戚继光调到浙江,这才扭转了局面。

戚继光是山东蓬莱人,他到浙江后,发现当地的军队纪律松散,根本不能打仗,就决心另行招募新军。他一发出招兵命令,马上有一批吃够倭寇苦的农民、矿工自愿参军,还有一些愿意抗倭的地主武装也参加了进来,新军很快发展到4000人。

戚继光是个精通兵法的将领,他根据南方沼泽地区的特点,研究了阵法,亲自教兵士使用各种长短武器。经过他严格训练,这支新军的战斗力特别强,"戚家军"的名气远近传开。

公元1561年,倭寇几千人焚掠浙江台州一带,戚继光率领他的"戚家军"一举荡平了倭寇,取得了决定性的胜利。随后,在福建的倭寇猖狂起来,戚继光又率戚家军入闽剿倭，连战连捷。公元1565年，戚继光和抗倭名将俞大猷一起，再次平定了在福建的倭寇。随后俞大猷进入广东，歼灭了在那里肆虐的倭寇。至此，东南沿海历时19年的倭患被全部扫除。但是中国为此付出的代价是数十万人死亡，东南沿海的富庶地区残破。仅杭州一城，倭寇所杀的中国人的血，就汇流成河。

公元 单位：年	帝王	年号	大事件
1524	明世宗	嘉靖三年	定大礼议，群臣力争，下狱者一百数十人。
1542	明世宗	嘉靖二十一年	宫婢杨金英等谋杀世宗未遂，是为宫婢之变。
1544	明世宗	嘉靖二十三年	严嵩升任首辅。
1549	明世宗	嘉靖二十八年	海盗王直、陈东与倭寇勾结，劫掠浙东，沿海倭寇猖獗。
1550	明世宗	嘉靖二十九年	庚戌之变是指发生在明朝庚戌年的一次蒙古侵犯明朝的事件，这次事件其实是由于明世宗嘉靖皇帝拒绝与蒙古进行交易的情况下，由蒙古土默特部落首领俺答发动的一场战争，这场战争的战火一直燃烧到了北京城下。战争的结局充分地显现出了明朝政府的腐败和无能。
1551	明世宗	嘉靖三十年	应俺答要求，明政府开马市。
1563	明世宗	嘉靖四十二年	巡抚谭纶率戚继光、俞大猷、刘显三将大破倭寇，收复兴化，浙、闽倭寇渐平。
1566	明世宗	嘉靖四十五年	十二月，世宗服丹中毒死。子载垕即位，是为穆宗。

万历新政：张居正的改革

隆庆六年（1572年），穆宗病亡，由年仅十岁的太子即位，是为神宗。此时的内阁成员主要为高拱和张居正二人，高拱因为过于高傲自大，得罪了握有大权的司礼监掌印太监冯保。张居正趁机拉拢冯保，斗垮高拱，当上了内阁首辅。

神宗与母亲李太后非常尊重张居正，对他言听计从，因此张居正可称得上是大明帝国实际的统治者。他上任后，开始了一连串的改革，史称"万历新政"。其中以两方面最重要，一为整顿吏治，他大力推行考成法，严格考察中央及地方官员的行政绩效，不合格的一律免职，为政府扫除不少尸位素餐的冗官冗员，省下了大笔不必要的开销；二为实行一条鞭法。

"一条鞭法"的内容较为复杂，概括起来主要有以下几点：

一、赋役合并。将田赋和各种名目的徭役合在一起征收，并将部分丁役负担摊入田亩。

二、农民可以出钱代役，力差由官府雇人承应。

三、田赋征银。田赋中除政府需要征收的米麦以外，其余所有实物都改为用银折纳。

四、赋役征收由地方官吏直接办理，废除了原来通过粮长、里长办理征解赋役的办法。

张居正在位期间，国家财富激增，为明朝开创了一番新气象。万历十年（1582年），张居正病逝。或许是张居正对于神宗皇帝的管教过于严格，使这个小皇帝时常担心会被这位"张先生"废掉，因此神宗对他是又惧又恨的。张居正一死，神宗如释重负，20岁的他已经大权在握，为了树立皇帝的威信，他先处理了飞扬跋扈的太监冯保，把他贬到南京去种菜；继而查抄张居正的家产，由于官员手段过于激烈，还闹出十几条人命。

张居正的改革，毫无疑问是成功的，可惜的是他过于自大，不断玩弄权术，其用意可能是出于为国为民，但却逾越了一名臣子的分寸，惹恼了不能虚心受教的万历皇帝，并牵累了他的家人于其死后遭到清算。

公元 单位：年	帝王	年号	大事件
1567	明穆宗	隆庆元年	张居正入阁。
1569	明穆宗	隆庆三年	海瑞以右佥都御史巡抚应天，贪官污吏不敢作恶；戚继光任总兵官，镇守蓟州等地。
1570	明穆宗	隆庆四年	应天巡抚海瑞疏浚吴淞江，浚白茆河，并抑制豪强，被劾离职。
1571	明穆宗	隆庆五年	封俺答为顺义王，开互市。自此宣大以西平静无事。戚继光修成蓟镇长城，又调浙兵加强边军训练。
1572	明穆宗	隆庆六年	五月，穆宗卒。六月，太子翊钧即位，是为明神宗；张居正任内阁首辅。
1573	明神宗	万历元年	张居正请行"考成法"，以整顿吏治。
1578	明神宗	万历六年	诏清丈天下田亩；俺答汗尊乌斯藏喇嘛领袖索南嘉措为达赖喇嘛，是为达赖三世；张居正举潘季训总理河漕。
1579	明神宗	万历七年	诏毁天下书院，凡毁64所。
1581	明神宗	万历九年	张居正进行赋役制度改革，全面推行一条鞭法。
1583	明神宗	万历十一年	爱新觉罗·努尔哈赤袭封为指挥使，起兵攻尼堪外兰。
1587	明神宗	万历十五年	明政府封索南嘉措为"朵只儿唱达赖喇嘛"；海瑞死于南京右都御史任，南京市民为之罢市致哀。

利玛窦来华：远来的和尚念圣经

明神宗万历十年（1582年），利玛窦来到澳门担任罗明坚教士的助手。30岁的他，开始学习汉语及中国历史文化，以为传教工作做好准备。万历十一年（1583年），他们终于被允许在广东肇庆定居，迈出在中国传教的第一步。刚开始他们效法佛教僧人的打扮，身着僧服，并剃光头发。后来慢慢了解到当时的一般人民其实很瞧不起和尚，士人的地位才是最崇高的，便改穿儒服，并加强其儒学知识，以便与士大夫、官员们交游。

就像早期的佛教僧人会利用魔术等奇妙事物来吸引民众注意，并塑造出法力高超的形象一样，利玛窦也利用西方的自鸣钟（即时钟）、玻璃器皿、西洋琴等新奇物品来吸引中国人，借此拉近彼此距离，达到传教的目的。靠着

公元 单位：年	帝王	年号	大事件
1588	明神宗	万历十六年	努尔哈赤统一建州五部。
1592	明神宗	万历二十年	五月，日本关白丰臣秀吉侵朝鲜。明兵赴援，大败。乃任李如松为防海御倭总兵官。
1593	明神宗	万历二十一年	李如松收复平壤、开城，进攻王京，日军弃王京，退据釜山。明撤主力回国。
1594	明神宗	万历二十二年	吏部郎中顾宪成被责革职，遂回无锡修东林书院，讽议朝政评论人物，东林党议始于此。
1596	明神宗	万历二十四年	遣宦官赴通州、天津征税，从此税使继矿使四出。
1597	明神宗	万历二十五年	日本再侵朝鲜。
1598	明神宗	万历二十六年	明军再次赴援。丰臣秀吉死，日军撤走。
1599	明神宗	万历二十七年	遣宦官至各地征税、办矿。临清、沙市、武昌等地民变。
1600	明神宗	万历二十八年	播州杨应龙作乱多年，明军平乱，史称播州之役；耶稣会教士利玛窦到京，神宗允许在京师建教堂传教。
1604	明神宗	万历三十二年	发生"楚宗之乱"。宗室数百人大肆抢掠。

这些"奇技淫巧"以及与士大夫交往所累积的人脉，他一步步获准深入韶州、南昌、南京等地，最后终于抵达他最想要去的地方——北京，并将自鸣钟等物品进贡给皇帝。由于神宗很喜欢巧妙的自鸣钟，利玛窦因此获准在北京定居，以便随时入宫修理，从此他便以北京为根据地，在中国各地拓展耶稣会的传教事业。

万历三十八年（1610年），利玛窦病逝于北京。他虽然在华时间总计只有二十余年，但却在中西文化交流史上扮演了极重要的角色。

三大奇案：明末不受控制的党争

明代自朱元璋废丞相后，便不再设立丞相一职，却让位卑权重的给事中来监督执政者，因此皇权越发孤立而强大起来。明中叶，皇帝往往采用所谓的"帝王心术"，利用朝臣之间的争斗来掌控权力，因此明中晚期的党争愈演愈烈，其中最具代表的就是三大奇案。

万历四十三年（1615年）五月，宫外男子张差手持木棒闯入大内东华门，一直打到皇太子居住的慈庆宫，是为梃击案；泰昌元年（1620年），皇帝朱常洛服用太医进献的药丸，离奇死亡，是为红丸案；朱常洛死后，李选侍把持宫禁，试图垂帘听政，权臣涌入宫殿，拥立太子朱由校即位，并逼迫李选侍离开乾清宫，是为移宫案。

这三桩案件都是有人在幕后推波助澜，最后演变成各派系的相互指责，并且最终造成大批高层人员下台，政治动荡。

再后来，随着政治斗争的升级，明政局形成东林党和阉党的分野。

东林党是江南士绅集团的代言人，起源于东林书院。这些人"讲习之余，往往讽议朝政，裁量人物"，其言论被称为清议，形成了广泛社会影响力。东林党以正人君子自诩，利用社会舆论对朝廷政策进行攻击，臧否官员，影响巨大。

皇帝则依靠亲信太监，网罗东林党的对手组成了阉党。阉党以魏忠贤为首，他们利用手中的权力和皇帝的信任，将东林党排斥出政局，并对东林党成员进行大肆捕杀。

这种党争都是为了反对而反对，其最终结果就是将明王朝推入走向灭亡的深渊。

公元 单位：年	帝王	年号	大事件
1615	明神宗	万历四十三年	梃击案发，杀张差结案；努尔哈赤正式建立八旗制度。
1616	明神宗	万历四十四年	正月，努尔哈赤在赫图阿拉称汗，国号金，史称后金。
1618	明神宗	万历四十六年	后金汗努尔哈赤以"七大恨"誓师征明，毁抚顺，拔清河堡。
1619	明神宗	万历四十七年	明辽东经略杨镐率四路军攻后金，大败。萨尔浒之战，西路军被歼。
1620	明光宗	泰昌元年	七月，神宗卒。八月，太子常洛即位，是为光宗。光宗病，红丸案发。廷臣恐光宗选侍李氏操纵朝政，迫令迁宫，是为移宫案。皇长子由校即位，是为熹宗。
1621	明熹宗	天启元年	后金攻陷沈阳，又陷辽阳。后金迁都辽阳。
1622	明熹宗	天启二年	荷兰人入侵台湾；白莲教首领徐鸿儒在山东起义，称中兴福烈帝，不久败亡。

后金崛起：建号满洲，改革政权

1616年正月，努尔哈赤在赫图阿拉称汗，国号金，史称后金。努尔哈赤死后，时任旗主的第八子皇太极称汗，对后金政权进行了一系列改革。

改革集中在四个方面：

一、加强汗权。后金的八旗制下，各旗的旗主贝勒各领旗众，共同参与国家大政方针的决策，国家大事由四个贝勒轮流当值处理，大汗的权力非常有限。为了加强中央集权，推进集权化的改革，皇太极打击、削弱分权势力，提高汗权。

二、建立国家机构。皇太极仿照明制，逐步建立国家统治机构，以取代八旗制度所行使的国家权力。天聪三年（1629年），建立了由满汉文人组成的"文馆"，职掌"翻译汉字书籍""记注本朝政事"，为皇太极推行汉化运筹帷幄。天聪五年（1631年），设立吏、户、礼、兵、刑、工六部，分掌国家行政事务。天聪十年（1636年），又将"文馆"扩充为内国史院、内秘书院、内弘文院，统称"内三院"。

公元 单位：年	帝王	年号	大事件
1623	明熹宗	天启三年	阉党顾秉谦、魏广微入阁。魏忠贤提督东厂。
1625	明熹宗	天启五年	魏忠贤兴大狱，捕杀杨涟、左光斗、魏大中等人，杀前辽东经略熊廷弼，罢孙承宗，命放弃关外各城；三月，后金迁都沈阳，称为盛京。
1626	明熹宗	天启六年	苏州市民因反对滥捕东林党人，发生民变。颜佩韦、杨念如等五人挺身投案被杀，葬于虎丘，称五人墓；八月，努尔哈赤卒。九月，皇太极即位，是为清太宗。
1627	明熹宗	天启七年	皇太极攻宁远、锦州，被袁崇焕击退，时称宁锦大捷；八月，熹宗卒，弟信王由检即位，是为明思宗。十一月，宣布魏忠贤罪状，魏自缢死。
1628	明思宗	崇祯元年	以袁崇焕为兵部尚书，总督蓟辽；陕西连旱，王嘉胤、高迎祥等起义，明末农民战争开始；张溥、孙淳等联合几社、闻社、南社、匡社等结成复社。
1629	明思宗	崇祯二年	后金大举攻明，袁崇焕率军抵抗；崇祯帝中后金反间计，将袁下狱；开历局，以徐光启监督。

三、在军事上，为了平衡满族八旗的势力，他创建了汉军八旗和蒙古八旗，把统治下的汉人和蒙古兵编入八旗，旗主由皇帝任命，不能世袭。

四、在进行这些内政改革的同时，皇太极还加紧了与蒙古、朝鲜的联络，先后使得蒙古各部臣服于后金政权，变朝鲜为属国，割断了明朝与朝鲜的藩属关系。天聪九年（1635年）十月十三日，正式下令把族名定为满洲。这标志着满洲族（简称"满族"）正式形成。明崇祯九年（1636年），皇太极宣布将国号由"金"改为"清"，年号崇德。这标志着后金改革的初步完成，从此皇太极将主要力量放在进攻明朝上，明、清之间的战略关系进入了一个新的阶段。

大明王朝成为过去：李自成进北京，清廷却渔翁得利

明崇祯二年（1629年），出身陕西榆林府米脂县的农民李自成在甘肃当兵，朝廷调其所在队伍去北京防守，部队开到金县（今甘肃榆中），因索取欠饷同县令发生冲突，李自成带领士兵杀死了县令和参将，率众参加了农民起义队伍。两年后，他们辗转加入了闯王高迎祥部，就这样，李自成率领的起义军成为众多活跃在西北、河南、陕南等地的农民起义军中的一支。

鉴于农民起义愈演愈烈的情况，崇祯皇帝任命兵部尚书洪承畴为三边总督，对义军进行清剿。明崇祯八年、后金天聪九年（1635年），各地起义军聚集在河南荥阳，共商对敌作战的方略，这就是历史上著名的"荥阳大会"。在这次大会上，农民军确定了"三面防御、向东攻击"的战略，高迎祥、李自成、张献忠等率领东路军，一直攻打到安徽凤阳，捣毁了明朝皇帝的祖坟和龙兴寺，这一行动，给明朝以巨大的打击。

明崇祯十六年、清崇德八年（1643年），李自成在湖北襄阳被拥立为"新顺王"，改襄阳为襄京，初步建立政权。明崇祯十七年（1644年）春节，李自成正式宣布建国，改西安为西京，国号大顺，年号永昌。

明崇祯十七年三月十七日，李自成指挥大顺军开始攻打北京城。十九日

公元 单位：年	帝王	年号	大事件
1630	明思宗	崇祯三年	李自成杀县令，加入农民起义队伍；张献忠起义于陕西米脂。
1635	明思宗	崇祯八年	高迎祥、张献忠东进，破凤阳。明廷因战区扩大，命卢象升总督山、陕；张献忠率部西入陕西，与李自成会合。
1636	明思宗	崇祯九年	高迎祥为孙传庭所杀，李自成代为闯王；四月，皇太极即帝位，改国号为清。
1637	明思宗	崇祯十年	宋应星所著《天工开物》刊行。
1638	明思宗	崇祯十一年	明廷推行招抚政策，张献忠据谷城受抚，但拒绝解甲。李自成屡为明军所败，兵力微弱，起义军入商洛山中；清多尔衮大举攻明；清改蒙古衙门为理藩院。
1639	明思宗	崇祯十二年	五月，张献忠谷城再起，破房山、保康。九月，杨嗣昌出京督师。
1640	明思宗	崇祯十三年	张献忠、罗汝才合兵攻四川，破绵州，逼成都。李自成重入河南。
1641	明思宗	崇祯十四年	张献忠东进。正月，破明军于川东开县黄陵城。二月，破襄阳，进破光州等地。李自成攻入洛阳，杀明福王朱常洵。
1642	明思宗	崇祯十五年	清军攻陷松山。
1643	明思宗	崇祯十六年	李自成自称"奉天倡义文武大元帅"；八月，清太宗卒，子福临即位，是为清世祖。以郑亲王济尔哈朗、睿亲王多尔衮辅政；九月，李自成进兵汝州，大败孙传庭。十月，破潼关。
1644	明思宗	崇祯十七年	正月，李自成陷西安，改西安为长安，号西京，于西安称王，国号"大顺"；三月，李自成率大顺军攻占北京，明崇祯帝自缢，明亡。

凌晨，崇祯皇帝在煤山寿皇亭旁的一棵小树上自缢身亡；上午，大顺军占领北京；中午，李自成从德胜门进入北京城。至此，相传16代、统治中国276年的明王朝被燃烧的地火所吞灭。

当时镇守山海关的是吴三桂，李自成的农民军在北京城大肆抢掠，他认定农民军不能长久，转而投向清廷。李自成得知吴三桂拒绝投降后，亲率20万大军前往攻打。四月二十二日，吴三桂迎接多尔衮入关，与清军联合在山海关附近的一片石与李自成展开决战。由于李自成对清军参战估计不足，仓促应战，损失惨重。二十六日，李自成退回北京。二十九日，李自成率领新政府的文武百官于紫禁城武英殿匆匆即位，过了一夜的皇帝瘾后，于三十日狼狈撤离北京，返回关中，以图后起。五月一日，多尔衮率清军进入这个他们曾经围攻多次而未能得手的北京城，明朝的文武百官、遗老遗少出城五里以外跪迎。十月，清朝小皇帝福临登上了紫禁城的皇帝宝座，中国历史上最后一个封建王朝正式走向历史舞台。

第十章
清　朝

　　清朝是由建州女真部族创建的，是中国最后一个封建王朝。清初军事上平定大顺、大西、南明等政权。后又平定三藩之乱、统一郑氏台湾，逐步掌控全国。康雍乾三朝走向鼎盛，在此期间，中国社会的各个方面在原有的体系框架下达到极致，改革最多，国力最强，社会稳定，经济快速发展，人口增长迅速，疆域辽阔。由于清朝闭关锁国，以天朝自居，与世界的差距越来越大，鸦片战争打开国门，清朝在内忧外患下走向灭亡。

顺治帝亲政：清算与调整

多尔衮在入关前夕为了顾全大局，放弃了嗣君之争，扶立福临，但他并非一个淡泊权力的人。尤其是随着清王朝统治局面的不断好转，他的权力欲越来越膨胀，甚至发展到有些忘乎所以的地步。冲突一触即发之际，多尔衮却意外死亡。

公元 单位：年	帝王	年号	大事件
1645	清世祖	顺治二年	二月，遣多铎移师经略江南。四月，清军破扬州，明督师史可法不屈遇害。五月，占南京，弘光政权覆灭。八月，攻占江阴，死难者十七万余人。重申剃发令，违者无赦；颁行汤若望制订的《时宪历》。明鲁王朱以海在绍兴监国；唐王朱聿键在福州即帝位。江南抗清斗争激烈。
1646	清世祖	顺治三年	九月，明桂王朱由榔在肇庆监国后即帝位；明郑芝龙降清，其子郑成功在海上起兵抗清。
1647	清世祖	顺治四年	三月，制订《大清律》。
1650	清世祖	顺治七年	十二月，多尔衮卒，福临亲政。
1653	清世祖	顺治十年	册封达赖五世罗桑嘉措为："西天大善自在佛所领天下释教普通瓦赤喇怛喇达赖喇嘛"，确定了达赖喇嘛的西藏佛教领袖地位。
1655	清世祖	顺治十二年	六月，于内十三衙门立铁牌，严禁太监干政。
1657	清世祖	顺治十四年	十月，编《赋役全书》，颁行天下。
1661	清世祖	顺治十八年	正月，福临卒，玄烨即位，是为清圣祖，改元康熙。以索尼、遏必隆、苏克萨哈、鳌拜等四大臣辅政；十二月，吴三桂率清军入缅，俘朱由榔，杀之，南明政权覆灭；郑成功收复台湾。

顺治八年（1651年）正月十二日，14岁的少年天子福临在紫禁城太和殿宣布亲政，颁诏大赦天下。顺治八年二月十五日，原多尔衮近侍苏克萨哈等，上疏揭露多尔衮私制帝服、私藏御用之物。顺治帝命在朝大臣进行商讨，结果众臣一致同意应追治多尔衮之罪。如此大逆不道之罪，自然要予以严惩。尽管多尔衮已死，但他仍受到剖棺、鞭尸、砍掉脑袋、暴尸示众的惩罚，其母亲、妻儿也受到牵连，受到不同程度的惩罚。

顺治帝以迅雷不及掩耳之势清算多尔衮及其势力集团，是势所必然的：一方面，他出于自己的最高权威受到威胁的原因，起而做自我保护；另一方面，从统一和稳定全国的角度考虑，很有必要扭转多尔衮等一部分满洲权贵的过激统治思路。

亲政后的顺治帝，果断地对统治思路和策略进行了一系列调整。如，督促各级官吏招徕流民开垦荒地，给予一定的优惠政策；对关系国家财政收入的赋役制度进行整顿，编纂成《赋役全书》，颁行全国；丈量土地，绘制成鱼鳞图册，并将人丁、丁银、地、粮四项编制成黄册，即户口册；整顿吏治，严惩贪官；协调与边疆各民族的关系：对蒙古，主要采取封爵和联姻的方法，对西藏地区，则实行政、教并用政策，扶持顾实汗和达赖喇嘛分别掌管行政、宗教事务等。

这些举措，在一定程度上纠正了多尔衮摄政期间的许多过激行为，从而为其后的统治奠定了较为坚实的基础。

少年天子的风度：康熙亲政，诛灭鳌拜

顺治十八年（1661年）正月初七夜子时，年仅24岁的顺治帝，在天花病魔的折磨下，撒手人寰，却成就了另一个人，那就是皇三子玄烨。考虑到玄烨年纪尚小，顺治帝在征得孝庄皇太后的同意后，指定索尼、苏克萨哈、遏必隆、鳌拜四大臣辅政。

顺治十八年（1661年）正月初九，顺治帝去世后的第三天，玄烨在紫禁城太和殿登基，继承皇位大统，诏告天下，改次年为康熙元年。

康熙六年（1667年），年已14岁的康熙帝到了亲政的年龄。鳌拜心里虽

一万个不情愿,但也不便公开反对,只好于三月领衔上奏,提议皇帝亲政。但康熙帝以自己年纪小为由,表示想再等等。六月二十三日,索尼去世。鳌拜的气焰更盛,俨然以首辅自居。

这一事态,使孝庄太皇太后深感不安,她同意康熙帝亲政。七月初七,在太和殿举行了隆重的亲政大典。在祖母孝庄太皇太后的支持下,少年老成的康熙帝筹划了一个智取鳌拜的妙计。

第一步,他悄悄组织起一支由皇后的叔父索尼第三子索额图率领的少年卫队。第二步,康熙帝有意借各种名义把鳌拜的亲信党羽派遣出京,以扫除障碍。

康熙八年(1669年)五月初十,康熙帝在南书房召见鳌拜。他刚走进房内,早就埋伏好的摔跤勇士们便冲了出来,将他团团围住。鳌拜虽然在疆场上能征惯战,但此时手无寸铁的他,哪里是众多身手矫健的小伙子的对手,转瞬间便被擒住。接下来,鳌拜的其他主要亲信党羽也全部被缉拿监禁。

年仅16岁的少年天子康熙,兵不血刃地解决了鳌拜及其集团对皇权和政局的威胁。这一果断行动,无论是对最高统治权的稳固,还是对清王朝的发展,无疑都是至关重要的。

公元 单位:年	帝王	年号	大事件
1667	清圣祖	康熙六年	八月,玄烨亲政,康熙是清朝统治中国最久的一位皇帝,在位61年。
1669	清圣祖	康熙八年	三月,清廷决定允许明代各省废藩田的变价法;五月,捉鳌拜。
1673	清圣祖	康熙十二年	八月,下令撤藩;十二月,三藩之乱开始。
1680	清圣祖	康熙十九年	康熙颁旨,设武英殿造办处,专门负责内府图书的雕版、印刷、装潢。
1681	清圣祖	康熙二十年	十一月,清军攻破昆明,吴世璠兵败自杀。三藩之乱告平。
1682	清圣祖	康熙二十一年	达赖五世死,第巴桑结嘉错匿丧不报。
1683	清圣祖	康熙二十二年	八月,郑克塽降清,台湾统一。
1684	清圣祖	康熙二十三年	开放海禁。

雅克萨之战与《尼布楚条约》：中俄边境和平一百多年

俄国自16世纪后期开始，即不断往东方扩张，在1644年清军入关时，俄国的哥萨克骑兵也已经推进到黑龙江流域。

康熙二十四年（1685年），康熙帝派遣都统彭春、黑龙江将军萨布素率领水陆二军开往俄人盘踞的雅克萨城。清军先是派人送达康熙皇帝给俄国的国书，要求他们离开，但狂妄的俄人根本不予理会，清军随即架起大炮，猛

公元 单位：年	帝王	年号	大事件
1685	清圣祖	康熙二十四年	雅克萨之战发生。六月，驱逐沙俄侵略者，收复雅克萨城。
1686	清圣祖	康熙二十五年	四月，设广州十三行。洋行制度由此始。
1687	清圣祖	康熙二十六年	四月，清圣祖玄烨御笔亲书碑刻一幢，故名"康熙御碑亭"。康熙御碑由碑额、碑身、碑座三部分组成。碑额浮雕神龙祥云，镌刻精美细致，形象生动饱满。上篆书"御制孟子庙碑"六字。 十二月，清太宗爱新觉罗皇太极之妃，孝庄文皇后逝世。
1688	清圣祖	康熙二十七年	一月，厄鲁特蒙古准噶尔部首长噶尔丹，在沙俄策动下，率十万骑兵，击败喀尔喀蒙古土谢图汗部、车臣汗部、札萨克汗部。 五月，清政府派遣侍卫内大臣索额图、护军都统佟国纲、尚书阿喇尼、左都御史马齐、护军统领马喇等率代表团前往色楞格斯克。
1689	清圣祖	康熙二十八年	七月，中俄《尼布楚条约》签订，划分中俄东段边界。

轰雅克萨城。最后俄人死伤惨重，只有举白旗投降一途，并遵从康熙下达的指示，收拾包袱出城离去，彭春等人则毁城后南返。

然而，这批被赶出雅克萨的俄国人在抵达不远的尼布楚后，听说清军已撤离，便又回头重新占领雅克萨，且加强防御工事。康熙帝得知后，自然是龙颜大怒，随即于康熙二十五年（1686年）再度出兵雅克萨，这次采取的是围城战略。经过几个月的包围封锁，俄军几乎弹尽援绝，俄国政府只好遣使乞和，双方最后在康熙二十八年（1689年）签下了《尼布楚条约》。

虽然俄国于谈判过程中小动作不断，但清方的谈判代表索额图见招拆招，仅因顾虑到俄国与蒙古的噶尔丹可能联合起事，而略作让步，大体上并未受到影响。最后不负所望，双方约定以格尔毕齐河及额尔古纳河为界，清廷保有黑龙江流域的外兴安岭地区，中俄之间自此维持了一百多年的和平。

康熙帝御驾亲征：平定噶尔丹叛乱

噶尔丹是蒙古族的上层贵族，为了实现割据独立，控制中国新疆、青海等地的阴谋，噶尔丹和沙皇俄国侵略势力勾结起来，发动了背叛祖国的叛乱活动，叛军前锋打到离北京只有900华里的乌珠穆沁。

对噶尔丹的叛乱，清朝的大臣们议论纷纷。有人认为必须坚决平叛，消除后患，才能巩固边防；更多的人认为要向噶尔丹求和谈判，他们胆战心惊地跪倒在康熙帝面前，说什么"路远难以平叛"呀；"沙漠地带不好打仗"呀；"荒凉无用之地割给噶尔丹也无所谓"呀；"万一沙俄打了进来就不得了"呀；等等。这种悲观投降的论调如果被采纳，必将造成祖国分裂、沙俄侵略势力大举入侵的严重后果。康熙帝不为多数人的意见所左右，决定自己亲率大军，北征平叛。

自康熙二十九年（1690年）七月起，清廷派大军向噶尔丹发起了反击。在征讨噶尔丹的过程中，康熙帝曾于三十五年（1696年）二月、九月和三十六年（1697年）二月，三次率军亲征，这表明了他彻底打击噶尔丹的坚定决心。

几经较量，清军先后在乌兰布通、昭莫多之役中获得大胜，重创噶尔丹军，将其有生力量消灭殆尽。康熙三十六年闰三月十三日，众叛亲离、走投无路的噶尔丹身亡于阿察阿穆塔台。

公元 单位：年	帝王	年号	大事件
1690	清圣祖	康熙二十九年	亲征准噶尔。八月，清军与准噶尔军发生乌兰布通之战。
1691	清圣祖	康熙三十年	四月，玄烨与喀尔喀三部首领于多伦会盟。
1696	清圣祖	康熙三十五年	五月，清军于昭莫多大败准噶尔军，是为昭莫多之战。
1697	清圣祖	康熙三十六年	春，玄烨亲赴宁夏，命费扬古、马思哈分两路出兵进剿准噶尔残部，噶尔丹身亡。
1703	清圣祖	康熙四十二年	始在承德修建热河行宫（避暑山庄）。
1712	清圣祖	康熙五十一年	规定"滋生人丁永不加赋"；派出图理琛使团探望土尔扈特部。

驱除准噶尔军：康熙两次派兵入藏

继噶尔丹之后，策妄阿拉布坦成为准噶尔部首领。他趁青藏各派势力冲突、形势复杂多变之际，企图控制青藏地区，依附沙俄，以壮大自己的势力范围。康熙五十五年（1716年），清廷发动了对西藏的武力征服。

为稳定西藏动荡局势，康熙帝两次派军队入藏，康熙五十九年（1720年）九月，将准噶尔军驱逐出西藏。

驱准噶尔军保藏获得胜利后，清政府在西藏设置噶伦，任命康济鼐等藏官总理藏政，以加强对西藏的直接管理；并派4000军队留驻拉萨，维护治安。

公元 单位：年	帝王	年号	大事件
1713	清圣祖	康熙五十二年	册封班禅五世罗桑意希"班禅额尔德尼"，承认班禅的宗教地位。
1717	清圣祖	康熙五十六年	准噶尔部策妄阿拉布坦派大策零敦多布领兵侵袭西藏。
1718	清圣祖	康熙五十七年	九月，命皇十四子胤禵为抚远大将军，驻节西宁，指挥进藏平叛各路清军。
1720	清圣祖	康熙五十九年	清军逐准噶尔部出西藏。
1722	清圣祖	康熙六十一年	十一月，玄烨卒，胤禛即位，是为清世宗，改元雍正。

雍正帝勤政务实：对康乾盛世做出巨大贡献

康乾盛世的连接期就是雍正王朝，雍正帝名胤禛，庙号清世宗，是康熙帝的第四子，经过了与众多兄弟激烈的竞争后才取得皇位，年号雍正。

雍正帝在位13年，是一位非常勤奋的皇帝，对清廷政治机构和吏治都做了一系列改革。如为加强对西南少数民族的统治，实行改土归流、耗羡银归公、建立养廉银制度等。特别是雍正七年（1729年）在出兵青海、平定罗卜藏丹津叛乱后，为提高军务效率，在离养心殿百步之遥的隆宗门内设立军机处，更是铸就了沿袭至清末的帝后独揽军政要务的集权模式。有鉴于康熙朝诸皇子争储位的惨痛教训，雍正创立秘密建储制，即将已选定的储君姓名，写好密藏匣内，置于乾清宫"正大光明"匾后，以备不测。这一制度，有助于以后乾嘉道咸几朝皇权的顺利过渡。

雍正在位的13年中，所处置的六部及各省题本共19.2万余件，平均每年达1.47万件之多，共批阅奏折大约在2.3万～3.5万件之间，可见雍正帝非常勤于政务。

虽然统治手段严苛，但雍正帝的改革确有成效。"摊丁入亩"第一次将人头税并入土地税之中，结束了中国几千年征收人头税的历史，这有利于穷人，对人口迅猛增长起了作用。也正因为这个顺利的过渡期，才使"康乾盛世"得以延续。

公元 单位：年	帝王	年号	大事件
1723	清世宗	雍正元年	八月，雍正帝秘密立储；诏令次年实行"摊丁入亩"制度；青海和硕特蒙古贵族首领罗卜藏丹津叛乱。
1726	清世宗	雍正四年	修成《古今图书集成》。云贵总督鄂尔泰上疏请在西南地区实行改土归流；中俄双方先后签订《布连斯奇条约》《阿巴哈依图界约》《色楞额界约》《恰克图条约》。
1729	清世宗	雍正七年	三月，命岳钟琪、傅尔丹分西、北两路出师征讨准噶尔噶尔丹策零；因西北用兵，设军机房，后改为军机处。
1730	清世宗	雍正八年	文字狱迭兴。
1732	清世宗	雍正十年	六月，喀尔喀亲王额附策棱大败准噶尔部于额尔德尼昭（光显寺）。
1735	清世宗	雍正十三年	八月，胤禛卒，弘历即位，是为清高宗，改元乾隆。

十全老人：乾隆的文治武功

乾隆帝继承了康熙帝打下的强大帝国，到晚年的时候，为了纪念自己这一生在边疆地区所取得的辉煌战绩，乾隆帝特意用满、汉、蒙、藏四种文字，将自己的十大战功刻在石碑上，封自己为"十全老人"。

1755年，乾隆帝亲率大军镇压准噶尔部的叛乱，噶尔丹策凌的外甥阿睦尔撒纳先是投降，后又反叛。1757年清朝廷派兵彻底平定了这股势力。1747年和1766年，乾隆又先后派兵取得了大小金川之战的胜利。

乾隆即位后，文字狱更加频繁。翰林学士胡中藻有句诗曰"一把心肠论浊清"，乾隆帝看到后大发雷霆："加'浊'字于国号'清'字之上，是何肺腑？"胡中藻遂因一"浊"字被杀，他的家人、老师、朋友都没能幸免。有个叫徐述夔的人，著有《一柱楼》诗集，其中"明朝期振翮，一举去清都"二句，被乾隆帝定为"大逆"，理由是借朝夕之"朝"读作朝代之"朝"，"要兴明朝而去我本朝"。不但已死的徐述夔及其子被戮尸，徐述夔的孙子和为诗集校对的人也全都处死。

清朝前期屡兴文字狱，而且处刑极为严酷。当时有个叫梁诗正的老臣，总结出这样一条处世经验："不以字迹与人交往，即偶有无用稿纸，亦必焚毁。"

据姚觐元《清代禁毁书目》、孙殿起《清代禁书知见录》、陈乃乾《索引式的禁书总录》、雷梦辰《清代各省禁书汇考》、王彬主编《清代禁书总述》等的统计，清廷禁毁的图书达三千一百多种、十五万一千余部，销毁的书版在八万块以上。

公元 单位：年	帝王	年号	大事件
1747	清高宗	乾隆十二年	大金川土司沙罗奔举兵反。清廷派重兵镇压。两年后平定。
1754	清高宗	乾隆十九年	三月，准噶尔部阿睦尔撒纳率部归降清廷。
1755	清高宗	乾隆二十年	阿睦尔撒纳复叛。
1757	清高宗	乾隆二十二年	二月，清军攻准噶尔部。七月，阿睦尔撒纳逃往俄境；大小和卓之乱起，清廷派兆惠率军进讨，两年后天山南北路皆平。
1761	清高宗	乾隆二十六年	文字狱复起。
1762	清高宗	乾隆二十七年	设伊犁将军，"总统新疆南北两路事务"。
1771	清高宗	乾隆三十六年	土尔扈特部长途跋涉，从沙俄重返祖国。九月，渥巴锡等在热河行宫朝见弘历；大金川土司索诺木与小金川土司僧格桑再次反清；清廷命温福等往攻大金川，五年后平定。

编纂《四库全书》：东方文化的金字塔

乾隆六年（1741年），乾隆帝就曾责成各省督抚、学政访求天下遗书。三十七年（1772年）正月，他再度颁诏求书，但因应者寥寥，他大为恼火，于十月又下诏进行督促。一年之内连下两道谕旨，可见乾隆对访求遗书的重视和迫切心情。

在此情形之下，安徽学政朱筠率先响应，在所上《谨陈管见开馆校书折子》中，对图书征集、著录、校雠等事宜，提出四条具体意见。三十八年（1773年）二月初六，乾隆选派总裁官；十二日，又决定："将来办理成编时，著名《四库全书》。"

到了乾隆四十六年（1781年）十二月，第一份《四库全书》缮写完工。四十七年至四十九年（1782～1784年），又各完成三份。其中四份分别藏于紫禁城文渊阁、圆明园文源阁、承德避暑山庄文津阁、沈阳盛京文溯阁，称为"北四阁"。此外，乾隆为彰显国家藏书美富、便利江浙士子就近观摩誊

公元 单位：年	帝王	年号	大事件
1773	清高宗	乾隆三十八年	开《四库全书》馆。
1776	清高宗	乾隆四十一年	正月，大金川索诺木出降，大小金川之役结束。
1780	清高宗	乾隆四十五年	七月，班禅六世由后藏入京，到热河行宫祝贺乾隆帝七十寿辰；十一月，在北京西黄寺圆寂。
1782	清高宗	乾隆四十七年	《四库全书》修成。
1784	清高宗	乾隆四十九年	美国商船"中国皇后号"从纽约出发，绕道好望角，驶抵广州。
1786	清高宗	乾隆五十一年	台湾爆发天地会领袖林爽文领导的汉族、高山族农民起义，两年后失败。
1788	清高宗	乾隆五十三年	八月，廓尔喀入侵西藏。

录，还下令再缮写三份，分藏于扬州大观堂文汇阁、镇江金山寺文宗阁、杭州西子湖畔文澜阁，称为"南三阁"。

《四库全书》共收书 3461 种，计 79309 卷；存目 6793 种，计 93551 卷。全书按经、史、子、集四部分类，共计 44 小类，66 子目。为了有所区别，经部封面用绿色、史部用红色、子部用蓝色、集部用灰色。

马戛尔尼来华：中国与世界的距离

英国从 18 世纪后期开始了工业革命，生产力大增，更急迫地要将产品卖出去，因此颇希望中国可以满足他们的需求，以改善贸易环境。乾隆五十八年（1793 年），英国以向乾隆皇帝祝寿之名，派遣马戛尔尼使团来华，其实是想趁机向清廷提出互派使节驻京、增开贸易口岸、拥有贸易据点等请求。

乾隆原本很欢迎马戛尔尼等人的来访，但得知他们的真实目的后，就不大愉快了；加上双方又因为觐见礼仪问题而产生歧见，局面变得更僵。虽然后来乾隆准许马戛尔尼在觐见时使用单腿下跪的西方礼节，而不是中国的三跪九叩，但并没有答应他们的贸易要求。马戛尔尼等人只好失望而返，中国也丧失了一个与世界接轨的机会。

然而，由于乾隆想让英国人瞧瞧中华帝国的富强，便让他们沿陆路南下，并派大臣沿途接待，使得马戛尔尼有机会得以一窥这个神秘又封闭的古老帝国。结果，他发现看似强盛的中国其实只是虚有其表。因此，后来曾如此说道："中华帝国像是一艘破烂不堪的旧船，仅靠着几位能干的船长谨慎掌舵，才得以航行 150 年而未沉没。它以其庞大身躯使邻近的国家感到畏惧，但假如来了个能力不足的人掌舵的话，船并不会立即沉没，但它将会随波逐流，最后在岸边撞个粉碎，而且永远无法修复。"

公元 单位：年	帝王	年号	大事件
1791	清高宗	乾隆五十六年	一月，四大徽班进京，京剧开始形成。
1792	清高宗	乾隆五十七年	乾隆帝定金瓶掣签决定达赖、班禅转世灵童之制。
1793	清高宗	乾隆五十八年	六月，英国马戛尔尼使团到达大沽；八月，乾隆帝在热河行宫接见英国使节。
1795	清高宗	乾隆六十年	九月，立皇十五子颙琰为皇太子，定次年继承皇位，改元嘉庆。
1796	清仁宗	嘉庆元年	正月，举行授受大典，颙琰即位，尊弘历为太上皇帝；川、楚、陕、甘、豫五省白莲教起义爆发，九年后失败。

和珅专权：史上第一贪官

和珅早年为宫廷侍卫，乾隆四十年（1775年）25岁的他开始受到乾隆的宠信。此后数年间，历任正蓝旗副都统、内务府大臣、户部侍郎、军机大臣等重要职位，升官速度之快，为清朝开国以来第一人。后来乾隆还将女儿嫁给他儿子，彼此结成儿女亲家。

据说和珅本人颇有才干，但能够得到乾隆如此的破格重用，多半也是因为他擅长揣摩上意，故深得乾隆的欢心，对他言听计从。和珅也在他当朝的二十几年间，靠着权势疯狂地贪污索贿，累积了大量财富。乾隆皇帝年轻时或许称得上英明，但到了老年，判断力已大不如前，且日渐健忘，在最后几年间，甚至常得仰赖和珅所提供的信息来下达意旨。清朝国事，经和珅之上下其手，焉得不坏？

嘉庆四年（1799年），太上皇帝乾隆驾崩，已经隐忍很久的嘉庆皇帝随即将和珅治罪，赐令自尽，并将他的家产抄没充公，据估计价值达八亿两白银之多！以清朝当时国家收入每年七千多万两来计算，其财产足以抵得上全中国十年的收入，数量可谓惊人。因此，后来民间便流传着一句俗谚："和珅跌倒，嘉庆吃饱。"用以形容和珅之贪婪。

公元 单位：年	帝王	年号	大事件
1799	清仁宗	嘉庆四年	正月，弘历卒，颙琰亲政；处死大学士和珅，籍没家产。
1813	清仁宗	嘉庆十八年	九月，天理教起义。林清率领的起义军攻入紫禁城，旋败。
1820	清仁宗	嘉庆二十五年	七月，颙琰卒，旻宁即位，改元道光；大和卓之孙张格尔在浩军统治者与英国殖民者支持下，潜入南疆发动叛乱。
1821	清宣宗	道光元年	清廷重申禁烟令，严禁在澳门、黄埔囤放和售卖鸦片。
1827	清宣宗	道光七年	张格尔叛乱被平定。

鸦片战争（上）：战争前的国际与国内形势

鸦片战争前，中国依然沉醉在天朝上国的美梦中，而西方则早就进入了新时代。

经过17世纪工业化的洗礼，西方世界先后完成蒸汽动力取代人力、火器取代冷兵器的工业革命。由于工业和近代科学的迅猛发展，西方社会真正进入了海洋时代。决胜于海洋，是这个时代的主题。美国独立和法国大革命开启了西方民主国家纷纷建立的浪潮，而启蒙运动则将理性推广到政治、社会生活中。议会制、共和国成为工业资本主义拓展世界市场的制度保障。殖民主义采取血腥的方式在全球寻找着新的工业市场和统治空间，并且纷纷制定出规范各国竞争与行动的国际法。一个"崭新"的国际秩序在全球迅速蔓延。当以西方资本主义制度为主导的现代国际关系遇到以大清王朝为领导的东亚传统宗藩体系时，这场冲突不可避免地来到了。

而此时的大清，康乾盛世结束后，国内矛盾尖锐，自然经济占主导地位，资本主义萌芽缓慢发展，土地兼并严重，农民和地主阶级矛盾尖锐；政治上官员结党营私,互相倾轧,卖官鬻爵,贿赂成风,日益腐败;军事上,装备陈旧,操练不勤,营务废弛,纪律败坏;而在财政上国库日益亏空,入不敷出,皇室和旗人成了财政上的巨大包袱;思想文化上,读书人埋头于故纸堆,训诂学发达,可是思想上则空洞无物。

可以说,大清已经逐渐落后于同期的时代了。

公元 单位:年	帝王	年号	大事件
1838	清宣宗	道光十八年	十一月,命林则徐为钦差大臣,前往广州办理禁烟事宜。
1839	清宣宗	道光十九年	四月二十二(6月3日),林则徐在虎门海滩销毁收缴的鸦片。
1840	清宣宗	道光二十年	清廷命琦善为钦差大臣,赴广州与英谈判。林则徐被革职。十二月(1841年1月),英军攻陷虎门外沙角、大角炮台,鸦片战争爆发。
1841	清宣宗	道光二十一年	一月,清廷下诏宣战。二月,英军攻陷虎门炮台。四月,英军攻击广州城,奕山向英军乞和,签订《广州和约》,七月以后,英舰队北犯,攻陷厦门、镇海、宁波。

鸦片战争(下):清朝走向没落,近代史由此开始

大清在经济上自给自足,而英国对中国的丝绸、瓷器、茶叶有着旺盛的需求,处于国际贸易的不利地位,英国商人阶层就采取了卑劣的手段,向中国大量走私特殊商品——鸦片。

早期鸦片走私,大多是在东印度公司的特许下以"非政府"的名义实现的。然而,东印度公司的贸易垄断地位不断受到自由贸易主义的挑战。道光十四年(1834年),英国国会废除了东印度公司的垄断权,而将远东贸易向所有公民自由开放。这一举措产生了两大后果:其一为鸦片走私规模迅速扩

大；其二为中英之间的贸易关系，失去了东印度公司这个中介，而由两国政府直接面对。这两个后果都是中国极其不愿看到的。

　　鸦片的输入严重败坏了社会风尚，摧残了人民的身心健康。烟毒泛滥不仅给中国人在精神上、肉体上带来损害，同时也破坏了社会生产力，造成东南沿海地区的工商业萧条和衰落。于是担任两广总督的林则徐在道光帝的支持下大力禁烟，并在虎门销烟。中国禁烟消息传到英国后，便成了英国向中

公元 单位：年	帝王	年号	大事件
1842	清宣宗	道光二十二年	五月，英军攻陷吴淞炮台，英国舰队进入长江，六月，攻陷镇江，七月，进抵南京江面；七月二十四（8月29日）清廷被迫签订《江宁条约》(《南京条约》)；十二月，魏源著《海国图志》五十卷。
1843	清宣宗	道光二十三年	八月，中英在虎门签订《虎门条约》。
1844	清宣宗	道光二十四年	先后签订中美《望厦条约》、中法《黄埔条约》。
1845	清宣宗	道光二十五年	十一月，英国驻沪领事与上海道台订立《上海租地章程》，是为外国侵略者在中国设立租界之始。
1846	清宣宗	道光二十六年	第一次鸦片战争以后，大批西方传教士涌入中国，清政府解除对天主教的禁令。
1847	清宣宗	道光二十七年	沙俄武装入侵巴尔喀什湖东南喀拉塔勒河、伊犁河等七河地区。
1849	清宣宗	道光二十九年	一月，英国香港总督文翰带兵强入广州城，广州社学率众十万余人反对，文翰被迫放弃入城要求。
1850	清宣宗	道光三十年	一月，旻宁卒，奕詝即位，改元咸丰；十二月初十（1851年1月11日）太平天国金田起义开始。

国挑起战争的借口。

道光二十年（1840年），英国派出一支舰队来华。道光皇帝下令不可示弱，因为他还沉湎在康雍乾盛世的昔日荣光中，以为清军能打胜仗。没想到几场战役下来，彻彻底底让清朝廷见识到英国工业革命的成果，船坚炮利的英军，以寡击众，把战技、武器久未更新的清朝军队打得落花流水。最后，英军推进至南京城外，并扬言将先打南京，再攻北京，不达目的，决不罢休。面对这般凶霸的"英国绅士"，清廷无奈，只好与英军签订了屈辱的城下之盟，即影响深远的《南京条约》。条约中包含了割让香港、赔款、开港通商等内容。这场战争也让洋人认识到清廷只是只大而无用的纸老虎，可以借由武力对它予取予求。

鸦片战争对旧中国来说，打破了清廷统治下的中国以自我为中心的封闭状态。至此，中国封建王朝史结束，近代史开始。